C. Hope Flinchbaugh

Tränen im Land des Lächelns

Roman

Über die Autorin

C. Hope Flinchbaugh ist Schriftstellerin und Mutter und stammt aus Pennsylvania, USA. Sie beschäftigt sich mit den Themen Christenverfolgung und Erweckung sowie mit Familienproblemen und schreibt dazu Beiträge für amerikanische Magazine.

Kapitel 1

„Vater, langsamer!“, flüsterte ich, während ich auf Zehenspitzen im Schatten des Zuckerrohrfeldes entlangschlich. „Der Mond scheint so hell, dass sie uns sehen könnten.“

Mein Rücken begann zu schmerzen, weil wir schon eine halbe Stunde lang in dieser gebückten Haltung gingen, aber mein Herz jubelte vor freudiger Erwartung. Obwohl der Weg dorthin unheimlich war, freute ich mich immer auf unseren wöchentlichen Gottesdienst in unserer Hausgemeinde. Ich hielt den Griff unseres Picknickkorbes fester und schlich Vater hinterher, der unsere Schreibhefte und die Laterne trug, die allerdings nicht angezündet war.

„Beim Mondschein werden wir die Abzweigung in den Wald leichter finden“, flüsterte er zurück.

„Es ist ja fast taghell“, erwiderte ich. „Wir könnten vom Kader gesehen werden.“

„Keine Angst, Mei Lin.“ Er drehte sich wieder nach vorne um und wir schlichen vorsichtig weiter.

Obwohl es erst September war, war es schon recht kühl. Ich fror und zog meine Jacke fester an mich. Vater und ich schlichen geduckt um die ersten beiden Zuckerrohrfelder. Sie waren beinahe erntereif und erfüllten die Luft mit ihrem schweren, süßlichen Geruch. Im sanften Mondlicht sahen wir die Reisterrassen am weiter entfernt gelegenen Hang, die wie übergroße Treppenstufen aussahen.

Ich fragte mich, wer wohl diesmal die Bibel dabeihatte. Sie wurde immer heimlich weitergegeben. Auf diese Art konnte jeder von uns, der gefragt wurde, ganz ehrlich sagen, dass er es nicht wisse. Ich behielt den Waldrand am Hang zu unserer Rechten unablässig im Auge – ein perfektes Versteck für einen Kader, um uns aufzulauern. Meine Schuhe waren nass vom Tau und quietschten bei jedem Schritt.

Dort bewegte sich etwas.

Vater blieb unvermittelt stehen und ich schmiegte mich an ihn. Ich deutete zu den Büschen auf der rechten Seite.

Da war es wieder. Mir lief ein Schauer über den Rücken.

Vater gab mir ein Zeichen und wir legten uns beide auf den Boden.

Ich lag ganz flach da, und mein Herz schlug bis zum Hals. Mit dem Bauch im Matsch krochen wir seitwärts an das Zuckerrohrfeld, um Deckung zu finden.

Einige Sekunden lagen wir regungslos da. *Was wäre, wenn sie uns jetzt erwischen würden?,* fragte ich mich. Würde ich mich unter den Schlägen ihrer Elektroschocker vor Schmerz winden?

Ich ließ meine Augen über den Hügel wandern, wo ich die Bewegung zuerst entdeckt hatte. Da erkannte ich einen Menschen mit breiten Schultern, der uns zuwinkte.

„Es ist Liko“, flüsterte ich mit heiserer Stimme. Ich stand auf und lief in gebückter Haltung zu ihm hinüber.

„Chen Liko, was treibst du denn hier? Ich dachte schon, du wärst einer der Kader!“

Liko gab mir zu verstehen, dass ich leise sein sollte. Seine Augen wanderten suchend umher, bis er Vater auf uns zukriechen sah. Wir kauerten alle drei dicht aneinandergedrängt im Gebüsch.

„Mein Vater ist beunruhigt“, erklärte Liko. „Er glaubt, er wurde diese Woche beobachtet. Er hat mich hierhergeschickt, um den Pfad und die Straße nach Anzeichen der Geheimpolizei abzusuchen.“

Erst letzte Woche hatte uns Likos Vater, Pastor Chen, gewarnt und erzählt, dass das Büro für öffentliche Sicherheit die Kader vermehrt unter Druck setze, um das Gesetz der Kommunistischen Partei durchzusetzen und alle Hausgemeinden in den umliegenden Bezirken zu schließen.

„Auf dem Pfad scheint die Luft rein zu sein“, sagte ich. In Likos Gegenwart wollte ich furchtlos klingen, aber innerlich schauderte mich bei dem Gedanken, gefasst zu werden. Liko und ich waren beide erst achtzehn, und Jugendlichen war der Besuch einer Hausgemeinde erst recht verboten. Die Regierung brüstete sich ganz besonders mit der Parteitreue der jungen Generation.

„Lasst uns trotzdem vorsichtig sein“, sagte Vater. Wir schlichen weiter, immer am Waldrand entlang.

Vater hatte Recht gehabt; im Mondschein konnten wir die Abzweigung zum Waldpfad ohne Probleme finden. Liko ging voraus und verschwand in der Dunkelheit zwischen den Bäumen. Die verlassene Scheune, in der sich unsere Hausgemeinde traf, lag im nächsten Tal. Man gelangte entweder über eine alte, unbefestigte Straße oder über den Waldpfad dorthin; aber der Pfad war sicherer.

Eine Viertelstunde später erreichten wir das verwitterte Gebäude. Die wettergebleichte, graue Scheune war längst vom Unkraut überwuchert – das perfekte Versteck für unsere heimlichen Gottesdienste. Vorsichtig öffnete Vater die quietschende Tür und winkte uns herein.

Der goldene Schimmer der Laternen, die ringsum an den Wänden hingen, und das Knacken des Feuers im alten Ofen wärmten mir das Herz. Bei der herzlichen Begrüßung unserer christlichen Freunde vergaß ich die Furcht, die mich auf dem Hinweg bis noch vor ein paar Sekunden fest im Griff hatte.

Ich stellte unseren Picknickkorb in den leeren Futtertrog, der im hinteren Teil der Scheune stand, und setzte mich mit meinem Schreibheft zu den anderen auf die Bänke.

„Liko kann neben mir sitzen, gegenüber von Mei Lin“, sagte Vater.

„Wir können ja nach dem Gottesdienst mit Chens gemeinsam essen“, schlug ich vor.

Liko zwinkerte mir lächelnd zu. „Ich sage meiner Mutter Bescheid.“

Ich beobachtete ihn, als er aufstand und zu seiner Mutter hinüberlief. Liko war hochgewachsen, was für jemanden aus dem Süden ungewöhnlich war, und durch und durch ein wohlerzogener chinesischer Kavalier.

Unsere Eltern waren schon befreundet gewesen, bevor Liko und ich geboren wurden. Sie hatten oft abends beim Tee zusammengesessen.

Als wir noch klein waren, hatten wir uns häufig davongeschlichen und auf dem Hügel hinter unserem Haus gespielt. Wir waren den Hang hinaufgerannt, hatten uns oben flach auf den Bauch gelegt und uns anschließend hinunterrollen lassen.

Das war noch, bevor Mutter so krank wurde, genauer gesagt, kurz bevor ich in die Schule kam. Nach ihrem Tod wurden unsere abendlichen Treffen bei einer Tasse Tee seltener. Liko und ich blieben trotzdem Freunde. Obwohl wir in derselben Klassenstufe waren und beide in acht Monaten unseren Schulabschluss machen wollten, waren unsere Stundenpläne dieses Jahr so verschieden, dass wir kaum Gelegenheit hatten, uns zu sehen. Ich freute mich jedes Mal, wenn ich mich bei den Treffen unserer Hausgemeinde mit ihm unterhalten konnte.

Nach und nach kamen noch ein paar mehr Leute herein. Die Männer saßen auf der rechten, die Frauen auf der linken Seite. Wir waren etwa sechzig Leute, unsere Gemeinde wuchs ziemlich stark. Ich saß in der zweiten Reihe und versuchte mir vorzustellen, wie es wohl wäre, wenn wir unsere Gottesdienste ganz frei abhalten könnten, wie in manchen anderen Ländern; wenn ich Loblieder singen könnte, wann immer mir danach zumute war; wenn ich öffentlich beten könnte oder eine eigene Bibel hätte, die ich daheim für jeden sichtbar ins Regal stellen könnte, und es würde niemanden stören ...

Meine Gedanken wanderten zur Universität von Shanghai. Wie auch einige meiner Freunde wollte ich durch ein Studium der ländlichen Armut und der Unterdrückung durch den Kommunismus entkommen.

Liko kam zurück und nahm auf der anderen Seite des schmalen Mittelgangs Platz, genau mir gegenüber. Er beugte sich herüber und wir unterhielten uns. „Geht es dir gut?", fragte er.

„Ich habe mich diese Woche um einen Studienplatz beworben", erzählte ich ihm ganz aufgeregt. „Und du hast immer noch vor, an der WuMa-Uni Medizin zu studieren, stimmt's?"

„WuMa liegt wenigstens näher an unserem Dorf", erwiderte Liko und wurde plötzlich sehr ernst. „Shanghai ist so weit weg." Er beugte sich vor und stützte die Ellenbogen auf die Knie. Seine dunklen Augen blitzten. „Was fasziniert dich so an Shanghai?"

„Wenn du das neue China kennenlernen willst, musst du Shanghai kennenlernen", antwortete ich. „Ich möchte die Nanjing-Einkaufsstraße entlangbummeln. Mein Politiklehrer hat erzählt, dass die ganze Straße ein einziges großes Einkaufszentrum ist, wo es nur so von Menschen wimmelt, so weit man sehen kann. Viele Geschäfte dort sind wie in Amerika! Und ich möchte die historische Altstadt besuchen und sehen, wie unsere Vorfahren früher gelebt haben."

„Aber du musst doch nicht auf die Uni gehen, um das zu sehen", frotzelte Liko. „Fahr doch einfach als Tourist hin."

Ich ignorierte seine Bemerkung und erzählte weiter. „Ich möchte ganz oben auf dem höchsten Gebäude von Shanghai stehen und bei Nacht die vielen Lichter sehen. Außerdem habe ich gehört, dass in Shanghai alle einen Farbfernseher und ein eigenes Fahrrad haben."

„Mei Lin, du weißt doch genau, dass zum Leben mehr gehört als Farbfernseher und bunte Lichter."

„Und ein eigenes Fahrrad, das darfst du nicht vergessen." Ich konnte ein Kichern nicht unterdrücken.

„Dein Vater wird dich sehr vermissen, wenn er nur noch deine Großmutter zur Gesellschaft hat." Liko gab nicht auf.

„Er wird sich daran gewöhnen." Ich wandte den Kopf ab, um ihm mein Lächeln nicht zu zeigen. War es möglich, dass Liko sich nicht nur um meinen Vater Sorgen machte? Aber nur eine Andeutung seiner Zuneigung war einfach nicht genug, um mich in Tanching zu halten. Fast jede Familie hier hatte seit Generationen in Tanching gelebt und war nie über die Grenzen des Dorfes hinausgekommen.

Ich wandte mich wieder Liko zu und sagte mit leiser Stimme, sodass unsere Eltern es nicht hören konnten: „Ich habe nicht vor, für den Rest meines Lebens in Tanching Reis- oder Zuckerrohrfelder zu bestellen."

Jetzt hatte Liko wieder dieses warme Lächeln auf den Lippen. „Ich kann es dir nicht verübeln, dass du wegwillst", erwiderte er sanft. „Ich träume auch davon, eines Tages Arzt zu sein und genug Geld zu verdienen, damit meine Eltern nicht mehr so hart arbeiten müssen. Und ich habe gehört, dass es in Shanghai jede Menge Bibeln gibt."

„Ich weiß! Stell dir vor, Gott würde mich dort in Kontakt bringen mit Christen, die Bibeln übrig haben, und ich könnte sie hierher in die Provinz Jiangxi schmuggeln. Wie wohl die Treffen der Hausgemeinden in einer Großstadt aussehen?"

„Wahrscheinlich sind sie größer." Liko schaute auf die Uhr. „Es ist halb eins. Der Gottesdienst geht gleich los."

Unsere gemeinsame Zeit in dieser muffigen alten Scheune war für mich der Höhepunkt der Woche. Hier konnte ich ganz ich selbst sein und meine Gedanken frei äußern, ohne gezwungen zu sein, kommunistische Lippenbekenntnisse abzugeben. Bei meinen christlichen Freunden fühlte ich mich sicher. Ich wusste, dass ich den anderen mein Leben anvertraute, aber ich wusste auch, dass sie mein Vertrauen nicht enttäuschen würden, genauso wenig wie ich ihres.

Als alle saßen, breitete sich erwartungsvolle Stille aus. Pastor Chen, der die Gottesdienste leitete, stand immer hinter einem kleinen hölzernen Tisch, auf dem eine Bibel lag. Das schwache Licht der Laternen fiel auf die Seiten. „Ich möchte unser Treffen mit Gebet beginnen“, sagte er. „Wer mag, darf gerne laut mitbeten. Wer ein Gebetsanliegen hat, soll aufstehen und es sagen.“ Dann setzte er sich vor Liko in die erste Reihe.

Ein Mann in der dritten Reihe stand auf. „Ich habe große Probleme mit meiner Frau. Sie war früher auch Christ, aber als ihre Mutter starb, wandte sie sich von Gott ab. Sie schreit mich immer an, wenn ich beten oder Lieder singen will. Einmal hat sie Blätter, auf denen ich Bibelstellen notiert hatte, einfach zerrissen.“

Er hatte kaum zu Ende gesprochen, als hinter mir Frau Huang aufstand. Ihre Tochter Yan war mit mir zusammen in der Politikklasse. „Ich habe auch große Probleme. Mein Mann will sich von mir scheiden lassen. Er ist sehr gegen meinen christlichen Glauben und verbietet unserer Tochter, zu unserer Hausgemeinde zu kommen. Manchmal, wenn ich etwas später von einem Gottesdienst nach Hause komme, hat er die Haustür abgeschlossen und lässt mich nicht herein. Er lässt mich die ganze Nacht vor der Tür warten. In einem Wutanfall hat er auch meine Blätter mit den Bibelstellen zerrissen. Bitte betet für mich.“

Kurz darauf stand ein junger Mann auf und sagte: „Ich möchte euch etwas Ermutigendes erzählen, von meinem Vetter in Zhaoyi. Er hat uns geschrieben und berichtet, dass der dortige Kader ihre Hausgemeindetreffen jetzt nicht mehr weiter beachtet. Mein Vetter ist überzeugt, dass der Kader sich positiv verändert hat. Er bittet uns, für den Kader zu beten, dass er Jesus kennenlernt und mit dem Druck von der Sicherheitsbehörde klug umgehen kann.“

Frau Chen, Likos Mutter, die vor mir saß, stand auf. „Mein Bruder ist Pastor in der Provinz Guangdong. Seine Familie wird immer wieder von der Geheimpolizei besucht. Als er einmal nicht zu Hause war, kamen einige Leute, die vorgaben, Christen zu sein, und wollten seine Familie über seine Tätigkeit und seine Auslandskontakte aushorchen. Bitte betet für ihre Sicherheit.“

Danach stand niemand mehr auf. Dann fingen auf einmal alle gleichzeitig an, laut zu beten. Es waren einfache Gebete für unsere Glaubensgeschwister, die wie Pfeile durch das Gebälk zum Himmel aufschossen. Manche knieten dabei, andere saßen, einige standen und wieder andere lagen mit dem Gesicht auf dem staubigen Boden.

Ich betete zuerst für Likos Onkel und für die arme Frau Huang, die von ihrem Mann nachts ausgesperrt wurde. Die Gegenwart des allmächtigen Gottes war spürbar in der Scheune. Ich konnte ihn fühlen. Ich fühlte mich wie eine Prinzessin im Thronsaal und nicht wie ein einfaches Bauernmädchen in einer verlassenen Scheune. Gott brachte mich an einen Ort, an dem alles möglich und alles vollkommen war.

Nach einer Weile hörten die Gebete genauso unvermittelt wieder auf, wie sie begonnen hatten. Keiner sagte mehr ein Wort. Die Atmosphäre war erfüllt mit der Gegenwart Gottes.

Mein Vater, der immer noch neben Liko kniete, stimmte sein Lieblingslied an, das vom Kreuz Jesu handelte:

„Sieh an sein dorngekröntes Haupt,
aus seinen Wunden quillt sein Blut,
und wer an solche Liebe glaubt,
dem kommt sein Kreuzesschmerz zugut."

Hinter mir stimmte eine Frau ein anderes Lied an, und so ging es weiter, bis Pastor Chen hinter den Holztisch lief und die Bibel aufschlug.

„Weil Gott so viel Erbarmen mit euch gehabt hat", las er aus dem Römerbrief vor, „bitte und ermahne ich euch: Stellt euer ganzes Leben Gott zur Verfügung! Bringt euch Gott als lebendiges Opfer dar, ein Opfer völliger Hingabe, an dem er Freude hat. Das ist für euch der vernunftgemäße Gottesdienst."

Seine Augen funkelten im Licht der Laternen, als er sprach. Die Ähnlichkeit zwischen Liko und ihm war so offensichtlich, dass ich schmunzeln musste. Pastor Chen war nicht so hochgewachsen wie sein Sohn, aber Likos freundliche Augen, seine vollen Lippen und seine ausgeprägten Kieferknochen waren die seines Vaters.

„Meine lieben Geschwister", sagte Pastor Chen, „wir müssen jeden Tag so leben, als ob es unser letzter wäre, und bereit sein, alles aufzugeben, für das Vorrecht, Gott zu kennen."

Pastor Chen sprach sehr überzeugend. Innerlich kämpfte ich jedoch mit dem, was er sagte. Ich schrieb das Datum des heutigen Tages in mein Heft und schrieb darunter: „In Römer 12,1 steht, dass wir unser Leben als lebendiges Opfer für Gott darbringen sollen. Mein Ziel ist es, Lehrerin zu werden, wenn ich den Universitätsabschluss in Shanghai geschafft habe. Was für ein Opfer könnte er wohl von mir verlangen?"

Pastor Chen beugte sich über den Tisch und sagte: „Ich muss euch mitteilen, dass ich diese Woche von der Geheimpolizei beobachtet wurde."

Mir lief ein Schauer über den Rücken, und ich dachte an Likos Warnung auf dem Weg hierher.

„Ich sehe, dass ihr alle etwas zu essen dabeihabt für unser gemeinsames Mahl nach dem Gottesdienst. Ich habe jedoch den Eindruck, dass es diesmal besser wäre, wenn wir unser Treffen früher als gewöhnlich beenden und die Mahlzeit in Sicherheit zu Hause einnehmen."

Alle wurden unruhig auf ihren Bänken und schauten sich an.

Einer der Männer stand auf. Er scharrte mit den Füßen, sah sich unruhig um und sagte: „Pastor Chen, diese Woche hat mich die Geheimpolizei über Sie ausgefragt, als wir gerade bei der Zuckerrohrernte auf dem Feld waren."

„Mich haben sie auch gefragt", sagte jemand anderes.

„Mich auch", fügte ein Mann von ganz hinten hinzu.

Pastor Chen senkte für einen Augenblick traurig den Kopf. Dann sah er in unsere Gesichter. Sein Blick begegnete für einen Moment dem meinen, und ich hatte das Gefühl, als schaute er mir direkt in die Seele.

„Habt keine Angst", sprach er weiter. „Wir sind keine arme kleine Dorfgemeinde. Wir sind reich, weil wir Gottes Liebe haben. Jesus selbst wurde von Judas, einem seiner Freunde, verraten, der drei Jahre mit ihm zusammen gewesen war. Obwohl Jesus wusste, wer ihn verraten würde, liebte er ihn dennoch."

Ein unruhiges Gemurmel entstand und ich hatte das Gefühl, dass jedem der Gedanke auf der Stirn geschrieben stand: Wird einer von uns unseren Pastor verraten?

Pastor Chen zitierte eine andere Stelle aus dem Römerbrief: „Ich bin fest überzeugt, dass, egal, was passiert, niemand und nichts uns von der Liebe Gottes trennen kann."

Ich hatte zwar schon gehört, dass sich an anderen Orten Leute als Christen ausgegeben hatten, um an den Treffen der Hausgemeinden teilzunehmen, nur um sie dann der Geheimpolizei zu melden. Aber ich hatte nie geglaubt, dass das bei uns passieren könnte. Ich hatte Angst.

„Ich habe keinen Grund anzunehmen, dass jemand aus unseren eigenen Reihen uns bei der Geheimpolizei verraten könnte", fuhr Pastor Chen fort. „Wer uns verrät, ist nicht so wichtig. Wichtig ist, ob wir alle genauso wie Jesus lieben können, ob wir jedem genauso bedingungslos vergeben können."

Einige nickten nachdenklich, andere murmelten ein „Ja, das stimmt". Dann wurde es still.

Ich schaute zu Liko hinüber und fragte mich, was er wohl dachte. Sein Vater war in Gefahr, das stand fest. Aber was konnte er tun? Ich legte Frau Chen die Hand auf die Schulter. Sie schaute mich an, und ich konnte Tränen in ihren Augen sehen. Sie legte ihre Hand auf meine und tätschelte sie sanft.

Schon seit Jahren hatte Vater immer wieder gesagt, dass die Treffen unserer Hausgemeinde gegen das Gesetz waren und wir geschlagen oder sogar verhaftet werden könnten, wenn sie uns je erwischten. Jetzt schienen seine Warnungen Wirklichkeit zu werden. Ich wollte die Gefahr einfach aus meinen Gedanken ausblenden, wie ich es immer getan hatte. Aber diesmal hatte die Realität mich eingeholt. Ich war erschüttert.

Nach einer Weile erhob sich Frau Huang und beendete unser Treffen mit einem Lied:

„Herr, schenk mir Gnade, nur für dich zu leben,
nur dich zu lieben, oh Herr,
von ganzem Herzen, mit ganzer Kraft, mit all meinen Gaben,
nur dich zu lieben, oh Herr.
Was auch geschieht, nur dich zu lieben, oh Herr,
in Wort und Tat, nur dich zu lieben, oh Herr."

Kapitel 2

Ich war erleichtert, als ich am Montagmorgen die gefährliche Welt der Hausgemeinde wieder hinter mir lassen und in das normale Schulleben der Tanching-Oberschule abtauchen konnte. Nach dem Unterricht gingen meine beste Freundin Ping und ich gemeinsam nach Hause, wie wir es schon seit der ersten Klasse getan hatten. Wir nahmen immer die Hauptstraße durch das Ortszentrum, an Likos Haus und dem Markt vorbei, und nahmen dann die Abkürzung durch die kleinen Gässchen, die sich zwischen den Häusern hindurchschlängelten. Weil wir uns beide Geschwister wünschten, aber keine haben konnten, hatten wir in der Grundschule oft so getan, als seien wir Schwestern. Wir hatten einander die Haare geflochten und die gleichen Sachen angezogen.

„Wann wirst du dich in Shanghai bewerben?“, fragte Ping.

„Ich habe mich schon beworben“, antwortete ich. „Letzte Woche. Und du? Hast du dir schon überlegt, was du nach der Schule machen willst?“

„Meinst du, was ich noch machen will, außer einen Beamten der Sicherheitsbehörde zu heiraten?“, meinte Ping scherzhaft. „Du weißt doch, ich bin Parteimitglied.“

„Ja, ich weiß“, sagte ich streng, um mich zu revanchieren. Ping erinnerte mich immer gerne daran, dass sie der Partei angehörte, was ihr viel Ansehen im öffentlichen Leben einbrachte.

„Ich träume davon, einen Soldaten aus dem Norden zu heiraten“, fuhr sie fort. „Die Leute aus dem Norden sind groß und stark, und vor allem werden sie gut bezahlt.“

Ich versuchte mir Ping als Ehefrau eines dieser grausamen Kerle vorzustellen, die bei unseren Ortsversammlungen Kommunismusparolen über Lautsprecher verbreiteten und ständig drohten, alle Christen einzusperren. Aber ich konnte ihr nichts davon erzählen, dass unser Pastor Chen unter Beobachtung stand. Sie hätte dafür kein Verständnis gehabt.

Stattdessen erwiderte ich: „Soldaten tragen Waffen und werden dazu ausgebildet, Menschen zu töten. Was ist, wenn du einen Soldaten heiratest, der leicht wütend wird? Vielleicht behandelt er dich dann schlecht oder schlägt dich sogar?“

„Das kann natürlich passieren“, antwortete Ping. „Aber wir hätten unseren eigenen Farbfernseher und einen richtigen Kühlschrank. Und vielleicht bekämen wir im Sommer sogar zwei Ventilatoren. Außerdem hätte ich immer genug zu essen und ein warmes Haus. Die Regierung bezahlt ihre Soldaten gut. Ich könnte dann meine Eltern unterstützen.“

„Ping, glaubst du wirklich alles, was uns im Politikunterricht erzählt wird?“, fragte ich.

Ping schaute etwas beleidigt. „Nicht alles“, sagte sie.

„Tut mir leid“, erwiderte ich und kickte ein paar lose Steine über die staubige Straße. „Ich wollte dir nicht wehtun.“ Ping wurde still, und wir hingen beide unseren Gedanken nach.

Ich sah zu ihr hinüber. Ihr Haar war kürzer als meines, es ging nur bis zum Kragen. In letzter Zeit trug sie es nicht mehr zurückgesteckt, sondern streifte einfach die vorderen Strähnen hinter die Ohren. Es war nicht schwer für mich, mir meine beste Freundin in einem Hochzeitskleid vorzustellen.

Ich nahm das Gespräch wieder auf. „Ehrlich gesagt, wärst du eine wunderhübsche Braut.“

Ping sah mich an und packte mein Handgelenk. „Meinst du wirklich?“

„Natürlich meine ich das so! Ich kann dich schon mit hochgestecktem Haar und rotem Spitzenschleier vor dem Gesicht sehen."

„Nein, kein Schleier! Mutter hat gesagt, sie würde mir einen Phönix-Kronreif mit wunderschönen roten Perlen und Fransen kaufen."

„Ping, das klingt ja wunderbar!", rief ich begeistert.

„So tragen manche Mädchen im Norden ihren Brautschleier", erklärte Ping. „Und das ist noch nicht alles. Mutter hat meine Geburtsurkunde einem Wahrsager auf dem Sommerfest gezeigt und ihm Geld gegeben, damit er ihr meinen Glückstag für den Hochzeitstermin sagt. Sie will mir das Datum aber noch nicht sagen. Sie sagt, das bringe Unglück."

„Ich dachte, um den Hochzeitstermin vorherzusagen, brauche man das Geburtsdatum von Braut und Bräutigam. Gibt es denn schon einen Auserwählten, von dem ich nichts weiß?", neckte ich sie.

Ping lachte. „Nein, es gibt keinen Auserwählten, Mei Lin, und du wärst die Erste, die es erfahren würde!"

Als wir gerade unsere gewohnte Abkürzung nahmen, sahen wir das kleine Mädchen der Mins. Es fuchtelte mit einem Besen in der Luft herum und versuchte so, die Hühner der Familie wieder in den Hof zu treiben.

„Du musst den Besen tief über dem Boden halten", rief ich ihr zu. „Da oben in der Luft können ihn die Hühner gar nicht sehen."

Das Mädchen antwortete nicht, aber sie hielt den Besen jetzt direkt über dem Boden und schrie die Hühner an, die irritiert gackerten und umherflatterten.

Ping schüttelte den Kopf. „Du musst immer irgendjemandem irgendetwas beibringen, nicht wahr? Und sei es nur, wie man Hühner scheucht."

„Ich liebe es zu unterrichten", antwortete ich voller Ernst auf ihre Neckerei. „Aber ich möchte den Kindern mehr beibringen als nur, wie man Landwirtschaft betreibt. Ich möchte den Kindern zeigen, wie das Leben anderswo in China aussieht – in ländlichen Gebieten, aber auch in Peking, in den modernen Städten. Ich möchte, dass sie wissen – vor allem die Mädchen –, dass sie nicht ihr ganzes Leben in Tanching Reis und Zuckerrohr anbauen müssen. Sie können auch anderswo arbeiten und ..."

„Und reich, intelligent und mächtig werden", ergänzte Ping meinen Satz.

„Das ist dein Traum, nicht meiner", meinte sie, als wir kurz an ihrem Hoftor stehen blieben.

„Vergiss nicht, für die mündliche Englischprüfung zu lernen", erinnerte ich sie noch im Weitergehen.

„Bestimmt nicht! Ich muss das ‚L' üben", rief sie mir nach. Bei ihr klang das „L" eher wie ein englisches „R".

„Ich auch!" Ich winkte ihr nach, bevor sie im Haus verschwand.

Ich musste noch zehn Minuten laufen, bis ich zu unserem Haus kam. Es lag am Ende der Hauptstraße, am Ortsrand von Tanching.

Ich hatte mein ganzes Leben in diesem Haus gelebt. Es war das erste, wenn man vom Feld kam, und das letzte, wenn man vom Ortszentrum aus der Hauptstraße folgte.

Wir besaßen einen kleinen Anteil am Reisfeld unseres Dorfes, einige Hühner und Enten, einen großen Gemüsegarten und im Hinterhof sogar einen kleinen Fischteich.

Unser Haus war aus grauen Backsteinen gemauert und mit Ziegeln gedeckt, die noch eine Spur grauer waren. Hinter dem Haus führte die Hauptstraße vorbei. Abgesehen von dem Bambuszaun, der unser Grundstück zu den Feldern hin abgrenzte, sah unser Haus genauso aus wie alle anderen an der Straße. Das Haus unserer Nachbarn, der Langs, lag nur fünf Meter von unserem entfernt, und das ihrer Nachbarn wiederum fünf Meter von ihrem und so weiter.

„Amah!", rief ich, als ich den Hof betrat. „Amah, ich bin da!"

Meine kleine, zierlich gebaute Großmutter erschien mit einem Wassereimer am Hoftor. Ihr langes silbernes Haar hatte sie im Nacken zu einem Knoten hochgesteckt, und der abgewetzte, hellbraune Schal hing lose über ihre gebeugten Schultern.

Ich war Großmutters einzige Enkelin, und seit ich mich erinnern kann, war sie wie eine Mutter für mich. Ich konnte mich noch dunkel an Mutter erinnern, wie sie bei unseren abendlichen Tee-Treffen mit Frau Chen lachte. Es stand mir noch lebhaft vor meinem inneren Auge, wie sie kurz vor ihrem Tod, als ich gerade sechs war, im Bett neben dem Ofen in der Stube lag, wo jetzt Vater schlief. Aber die Gedanken an Amah verdrängten die Erinnerungen an meine Mutter.

Wie die meisten chinesischen Frauen hatte sich auch Amah einen Enkel gewünscht, damit der Familienname weiterbesteht. Dass ich ein Mädchen war, war für sie eine große Enttäuschung gewesen. Trotzdem sorgte sie sich ständig um mich, und ich liebte sie von ganzem Herzen.

„Musst du heute Abend noch lernen, mein Mädchen?", fragte Amah und blinzelte in der Abendsonne.

„Nur für einen Englisch-Test, Amah."

„Ich weiß nicht, wie Englisch einer Frau bei der Feldarbeit oder im Haushalt helfen soll." So oder ähnlich reagierte sie fast immer, wenn ich von der Schule erzählte. Großmutter konnte überhaupt nicht lesen oder schreiben. Ich hatte ihr schon öfter angeboten, ihr das Lesen beizubringen, aber sie hatte sich immer geweigert und erklärt, dass eine Frau dazu da sei, einen Sohn zu gebären und gemeinsam mit ihrem Mann die Felder zu bestellen.

„Amah, eines Tages wirst du stolz auf deine Enkelin sein, wenn sie frühmorgens zur Arbeit geht, um Kinder zu unterrichten, statt gebückt in der heißen Sonne auf den Reisfeldern zu arbeiten."

„Ach was! Du hast nur Flausen im Kopf. Du bist wie deine Mutter."

Ich ging über den Hof. Großmutter füllte ihren Eimer an der Pumpe und folgte mir dann ins Haus, wobei sie die ganze Zeit wie üblich von der traditionellen Rolle der Frau in China plapperte.

Meine Augen mussten sich erst an das Dämmerlicht im Haus gewöhnen. Durch zwei Glasziegel in dem niedrigen Dach strömte ein wenig des kostbaren Tageslichtes herein. Die einzige Glühbirne hing über dem Tisch. Aber sie brannte erst, wenn bei Einbruch der Dunkelheit der Strom eingeschaltet wurde. An den unverputzten Backsteinwänden hingen noch einige farbenfrohe Poster von der letzten Neujahrsfeier. Um den Tisch standen vier einfache Holzstühle mit hohen Lehnen; einige Schemel und eine Bank für Gäste standen weiter hinten im Raum.

Links an der Wand hing der ehemalige Familienschrein, an dem die Ahnen verehrt wurden. Er diente jetzt als Garderobe, auf dem nun die Schulsachen und aller möglicher Krimskrams abgelegt wurden. Vaters Bett stand gegenüber der Tür an der Wand, in der Nähe des Ofens.

Großmutter goss Wasser in das Spülbecken und fing an, die Kohlköpfe zu schneiden und zu waschen, die sie gerade aus dem Garten geholt hatte. Nach dem allabendlichen Kochen, Essen und Abspülen lief ich zu unserem Zuckerrohrfeld. Es war schon zu großen Teilen abgeerntet. Ich sammelte trockene Blätter und Stängel für das Feuer, schnürte sie zusammen, nahm das Bündel auf den Rücken und ging nach Hause. Unterwegs warf ich den Hühnern noch schnell ein paar Körner hin.

Nach Sonnenuntergang saß ich am Tisch und machte meine Hausaufgaben, während Vater zu Besuch bei Freunden war, um mit ihnen Tee zu trinken. Großmutter blieb eine Weile im hinteren Schlafzimmer. Dann kam sie mit ihrem Schal in der Hand heraus, nahm eine Laterne und ging zur Tür.

„Amah, wo gehst du hin?“, fragte ich.

„Die Enkelin fragt ihre Großmutter, wo sie hingeht?“, bemerkte sie etwas unwirsch. „Ich gehe weg.“

„Amah ...“

Die Tür fiel ins Schloss.

An diesem Abend lag ich wach im Bett und horchte, ob Großmutter zurückkam. Wir teilten uns das einzige Schlafzimmer. Hier war gerade genug Platz für ein Bett, unsere beiden Kommoden und einen Kleiderständer.

Ich hatte mir noch nie Gedanken darüber gemacht, was Großmutter eigentlich den ganzen Tag tat, wenn ich in der Schule oder bei den Treffen unserer Hausgemeinde war. Für mich war sie immer nur da, um sich um Vater und mich zu kümmern.

Jetzt hörte ich die Haustür. Großmutter war zurück.

Ich kroch tiefer unter die Decke und tat, als ob ich schlief. Großmutter kam herein, um nach mir zu sehen. Dann ging sie in die Küche, wo ich sie mit dem Geschirr hantieren hörte. Ich stand leise auf, schlich zur Tür und schaute vorsichtig um die Ecke.

Großmutter hatte lange, dünne Stäbchen in der Hand und etwas, das wie ein Bilderrahmen aussah. Sie stellte das Bild auf die Garderobe, nahm ein Streichholz und zündete eines der Stäbchen an. Dann stellte sie es in einen Halter neben dem Bild meines Ururgroßvaters. Im Zimmer begann es nach Gewürzen zu riechen.

Ich vergaß, dass ich eigentlich schlafen sollte, und rannte ins Zimmer. „Aber Amah, wir sollen doch keine Ahnen anbeten!"

„Wieso spionierst du deiner Großmutter nach?"

„Amah, das darfst du nicht tun", sagte ich. „Wir sollen Gott anbeten und sonst niemanden!" Ich ging zu dem Bild und wollte es wegnehmen, aber Großmutter trat dazwischen. Sie stand mit zornig blitzenden Augen vor mir.

„Du könntest die Gunst deiner Ahnen jetzt gut gebrauchen, junge Frau", sagte sie mit erhobenem Finger. Ihre Lippen waren nur noch ein dünner Strich. „Du hast sie vielleicht beleidigt, weil du zu der Scheune im Wald gehst. Das ganze Dorf spricht über Chen Biao und dass er von der Geheimpolizei beobachtet wird, weil er verbotene religiöse Treffen abhält. So hat das Unglück deiner Mutter auch angefangen."

„Das Unglück meiner Mutter?"

Großmutter wurde rot vor Wut. „Es wird Zeit, dass du die

Wahrheit erfährst!", platzte sie heraus. „Deine Mutter starb, weil sie sie im Gefängnis gefoltert hatten!"

Ich stand stocksteif da und fühlte mich, als ob mir gerade jemand einen Schlag in die Magengrube verpasst hätte. „Aber ... aber Vater und du, ihr habt mir doch immer gesagt, sie sei an einer Krankheit gestorben?"

„Natürlich war sie krank. Sie war auf einem Ohr taub von den Schlägen im Arbeitslager. Ihre Fingerspitzen waren bis auf die Knochen verbrannt, weil sie sie mit glühenden Zangen gepackt hatten. Und warum?" Sie wurde noch röter. „Weil sie Christ war!"

Ich begann am ganzen Leib zu zittern. „Amah ..."

„Als sie aus dem Gefängnis in Shanghai nach Hause kam, war sie fast verhungert und hatte lauter Prellungen im Gesicht. Sie haben sie gefoltert, um sie zu zwingen, Jesus zu verleugnen." Jetzt war Großmutters Stimme nur noch ein Zischen. „Sie hat nicht nachgegeben. Sie haben sie nur nach Hause geschickt, weil sie keinen Todesfall in ihrer Gefängnisstatistik haben wollten."

Ich stand da wie angewurzelt. Dann gaben meine Beine nach, ich fiel auf die Knie und vergrub mein Gesicht in meinen Händen. Ich unterdrückte ein Schluchzen, konnte die Tränen aber nur mühsam zurückhalten.

Großmutter zögerte, dann seufzte sie. „Ich wollte es dir nicht auf diese Weise sagen, Mei Lin. Deinem Vater wird das gar nicht gefallen. Ich will nur nicht mit ansehen müssen, wie du sinnlos leidest, wie deine Mutter. Es kann doch nicht schaden, wenn wir in so einer gefährlichen Situation um die Gunst unserer Ahnen bitten."

„Amah, du denkst ganz falsch", murmelte ich. „In der Bibel steht, dass wir niemanden außer Gott anbeten sollen. Er ist der einzig wahre Gott."

Ich glaubte, sie zitterte am ganzen Körper, als sie einen Schritt zurücktrat. „Die Hausgemeinde hat deine Mutter ins Grab gebracht und meinen Sohn als Witwer zurückgelassen", sagte sie bitter und wandte sich wieder dem Altar und dem

Weihrauch zu. „Heißt es in eurem religiösen Buch nicht auch, dass man die Eltern und Alten ehren soll?“

„Ja.“ Ich wusste, worauf sie hinauswollte.

„Dann geh jetzt ins Bett und lass mich alleine.“

„Amah, ich bin kein kleines Kind mehr. Vater wird es auch nicht gefallen, was du hier tust.“ Ich stand auf und nahm das Bild von der Garderobe. „Wo warst du heute Abend?“

Ich wusste, dass ich mit dieser Frage zu weit gegangen war.

Großmutter griff mit ihrer knochigen Hand nach dem Bild. „Wer bist du eigentlich?“

Ich konnte sie nur anstarren, während sie mir das Bild aus der Hand nahm und es wieder auf die Garderobe stellte. Ich hatte sie noch nie so wütend erlebt.

Ich ging zurück ins Schlafzimmer, bevor ich etwas sagte, das ich später bereuen würde. Der Duft der Räucherstäbchen zog jetzt durch das ganze Haus und Großmutter betete in einem seltsamen Singsang. Ich lag wach im Bett und fühlte mich elend. In Gedanken war ich bei meiner Mutter. Ich versuchte mir vorzustellen, wie ich bei solchen Qualen standhaft bleiben und zu meinem Glauben stehen könnte. Mein Traum von Shanghai schien Mutters Albtraum gewesen zu sein. Wie konnten Menschen nur so grausam sein?

Plötzlich durchströmte mich eine große Liebe zu meiner Mutter. *Unglaublich,* dachte ich. Sie musste eine unglaubliche Frau gewesen sein.

Ich werde nach Shanghai gehen. Aber nicht so wie Mutter. Ich werde als Studentin und als Lehrerin hingehen, als christliche Lehrerin. Mutter hatte viel durchgestanden. Das werde ich auch. Und ich werde die Kommunisten mit ihren eigenen Waffen schlagen!

Nach zwanzig Minuten hatte Großmutter ihr Ritual beendet, das Nachthemd angezogen und war unter unsere gemeinsame Decke geschlüpft.

Ich versuchte es noch einmal. „Amah, willst du mir nicht sagen, wo du heute Abend warst?“

„Es geht dich gar nichts an, wo ich hingehe. Passt ihr nur

auf, dass ihr nicht erwischt werdet, wenn ihr zu euren Treffen geht."

Ich wusste, dass sie es gut meinte, aber ich drehte ihr den Rücken zu.

„Wir passen schon auf", sagte ich schließlich. „Gute Nacht, Amah."

Sie tat, als ob sie schon schlief.

Meine Gedanken wanderten zu Liko. Ich dachte an Samstag, den Tag, an dem wir uns in der verlassenen Scheune wiedersehen würden, und schlief ein.

Kapitel 3

Am Samstag war ich so aufgeregt wegen der Drohungen gegen Pastor Chen, dass ich vor unserem nächtlichen Treffen keinen Mittagsschlaf halten konnte. So saß ich um Mitternacht gähnend auf meiner Bank in der Scheune.

Nach dem letzten Lied lehnte Liko sich über den Mittelgang zu mir herüber und meinte: „Mei Lin, du verschluckst noch eine Fliege, wenn du so weitermachst."

Ich verzog das Gesicht, und Frau Chen drehte sich lachend zu uns. „Liko, behandelst du so unsere Gäste? Mei Lin, wir möchten dich und deinen Vater einladen, gemeinsam mit uns zu essen."

„Es wäre eine Ehre für mich", antwortete ich und verneigte mich.

„Soll ich eine Bank oder ein Bett für dich hinstellen?", neckte mich Liko.

„Eine Bank reicht schon", erwiderte ich. Liko hob eine Bank auf seine Schultern und drehte sich noch einmal um, um mir zuzuzwinkern.

Um uns wurden Bänke gerückt, damit unsere Familien ihre gemeinsame Mahlzeit einnehmen konnten. Ich legte die Schreibhefte in den Futtertrog, holte den Essenskorb und goss Wasser aus dem Behälter an der Wand in unsere Becher.

Frau Chen und ich stellten unsere mitgebrachten Speisen auf die Bänke, die in der Nähe der Tür standen. In der Zwischenzeit ging Pastor Chen mit einer Laterne nach draußen, um nach dem Rechten zu sehen.

Wir waren nur zu fünft, und so saßen Frau Chen und ich auf der einen Bank, Vater und Liko saßen uns gegenüber. Pastor Chen kam wieder herein und legte Holz in den Ofen.

„Warum bist du so müde, Mei Lin?", fragte mich Liko und lehnte sich zu mir herüber. „Hast du diese Woche so viel lernen müssen?"

„Nein", erwiderte ich lächelnd. „Ich musste nur die ganze Zeit daran denken, wie gefährlich es sein könnte, heute hierherzukommen, und da konnte ich keinen Mittagsschlaf machen."

„Versuche einfach zu beten, wenn du dir Sorgen machst", meinte Liko mitfühlend. „Wenn du dir Sorgen machst, wirst du nur Angst haben."

Pastor Chen zog seine Bank näher an die Tür, um den Eingang im Auge zu behalten, während wir aßen. „Es ist ziemlich kalt für September", sagte er und rieb seine Hände.

Vater sprach das Tischgebet, dann aßen wir gemeinsam. Die Chens teilten ihre Mahlzeit mit uns und ich bot ihnen von Großmutters köstlichem Gemüse-Rührei-Gericht und dem Reis an.

„Sie haben sehr leidenschaftlich gepredigt, Pastor Chen", meinte Vater, während er sich ein wenig Reis nahm. „Was Sie gesagt haben, war sehr ernüchternd."

Pastor Chen schien kein Interesse am Essen zu haben. Er drehte seinen Wasserbecher gedankenverloren in der Hand. „Ich wollte unsere kleine Herde stärken."

Frau Chen und ich wechselten einen besorgten Blick.

„Die Geheimpolizei war diese Woche schon wieder auf den Feldern", fuhr er fort. „Man hat mir berichtet, dass sie die Arbeiter über mich ausgefragt haben."

„Du meinst, sie wollten etwas über deine angeblichen konterrevolutionären Aktivitäten wissen", sagte Liko. „Vater hat den Verdacht, dass einige der Arbeiter sogar dafür bezahlt werden, dass sie ihn beobachten“, erklärte er.

„Wurden Sie auch verhört?“, fragte Vater unseren Pastor.

„Ja. Sie haben mich auch verhört. Aber was kann man sagen, ohne zu lügen?“

„Nun ja, ich weiß, dass Lügen Sünde ist“, erwiderte Vater. „Aber sogar König David hat gelogen und einen Verrückten gespielt, um einem fremden König zu entkommen, der ihn sonst hätte töten lassen.“

„Sie meinen also, ich sollte so tun, als sei ich durchgedreht, Kwan So?“, fragte er lächelnd zurück.

„Das wäre eine schöne Geschichte, die wir dann abends beim Tee erzählen könnten“, meinte Frau Chen und brachte uns alle zum Lachen.

Ich lehnte mich vor und wandte mich an den Pastor: „Aber müssen wir der Geheimpolizei immer die Wahrheit sagen?“

„Diese Frage müssen wir uns alle stellen“, antwortete er und stellte seinen Becher neben sich auf den Boden. „Ich habe gerade letzte Woche die Geschichten über David gelesen und war schockiert, dass Gott Samuel sogar den Auftrag gegeben hatte, dem König die Wahrheit zu verheimlichen! Samuel wusste, dass König Saul ihn töten würde, wenn er erfuhr, dass er David zum König gesalbt hatte. So fragte er Gott, was er sagen sollte, wenn er nach Bethlehem kam. Gott befahl Samuel, eine junge Kuh mitzunehmen und allen zu erzählen, er sei gekommen, um Opfer darzubringen. Samuel hat zwar tatsächlich geopfert, aber der eigentliche Anlass seines Besuchs war, David zum König zu salben.“

„Warum achten wir dann so sehr darauf, dass niemand weiß, wo unsere Bibel gerade ist?“, fragte ich herausfordernd. „Wenn uns jemand danach fragt, könnten wir doch einfach sagen, dass wir es nicht wissen.“

Pastor Chen streckte seine Beine aus und verschränkte seine Arme. Nachdenklich antwortete er: „Jesus hat gesagt, dass wir dem Kaiser geben sollen, was dem Kaiser gehört, und Gott, was Gott gehört.“

„Wir sollten uns also darum bemühen, unserer Regierung das zu geben, was sie verlangt?", fragte Liko.

„Ja, soweit das möglich ist. Aber wenn Gottes Wort sagt, dass wir uns versammeln und die Gute Nachricht verkünden sollen, das Gesetz in unserem Land dies aber verbietet, dann müssen wir Gott gehorchen."

„Eines Tages werden wir vielleicht die Freiheit haben, Gott anzubeten und von ihm zu sprechen, wann und wo wir wollen", sagte ich zuversichtlich, obwohl sich innerlich alles in mir zusammenzog.

Plötzlich wurde die Tür aufgestoßen, die direkt neben Pastor Chen gegen die Wand krachte.

Ich war steif vor Schreck und starrte die uniformierten Männer an. Sie hielten Elektroschock-Schlagstöcke in den Händen.

„Konterrevolutionäre!", schrie der Kader.

„Negative Elemente!", fauchte ein anderer.

Der Anführer packte Pastor Chen und schlug ihn mit dem Stock auf den Rücken.

„Biao!", schrie seine Frau auf.

Liko zog seine Mutter sofort zu Boden. Vater, der mir gegenübersaß, machte einen Satz über unseren Korb, zog mich ebenfalls zu Boden und legte sich über mich.

Ich hörte das Knallen der Stöcke. Obwohl ich vor Angst fast den Verstand verlor, zwang ich mich, unter Vaters schützender Deckung hervorzuschauen, um zu sehen, was da vor sich ging. Überall standen Polizisten und schlugen auf wehrlose Christen ein.

Ich hörte, wie ein Stock durch die Luft sauste und dann auf einen Körper krachte. Liko stöhnte.

„Liko!", schrie ich.

„Psst, sei still, Mei Lin", sagte Vater und hielt mich fester. Einige der Stockschläge trafen auch Vater. Zum ersten Mal seit dem Tod meiner Mutter weinte ich.

„Schlagen Sie sie nicht! Ich bin verantwortlich!", schrie Pastor Chen und versuchte aufzustehen, während er sich an einer Bank festklammerte.

Der Polizist, der Vater geschlagen hatte, hörte für einen Moment auf damit. Er drehte sich um und schlug Pastor Chen mit seinem Stock auf die Brust. Ich glaubte, den Schmerz in meiner Brust spüren zu können, und sah, wie er taumelte und zusammenbrach. Mehrere Polizisten zerrten ihn zur vordersten Bank und schlugen mit ihren grausamen Stahlstöcken weiter auf ihn ein.

Ich zitterte am ganzen Körper und biss die Zähne aufeinander. Ich fragte mich, wann ich wohl an die Reihe käme.

„Wer sind die anderen Anführer?“, fragte ihn der Kader drohend.

„Ich bin der einzige“, stieß Pastor Chen mühsam hervor, während er nach Luft rang.

Die Schläge hörten einen Moment lang auf. Der Kader kniff die Augen zusammen, beugte sich über Pastor Chen und knurrte: „Wer sind deine ausländischen Kontaktpersonen, du giftige Natter?“

„Das ... kann ich nicht sagen“, sagte er mit halb erstickter Stimme.

„Schlagt ihn!“

Sie fielen erneut über Pastor Chen her und schlugen mit voller Wucht auf ihn ein. Noch nie zuvor hatte ich solche Schläge auf einem menschlichen Körper gehört. Mir wurde ganz übel. Ich zitterte unter Vaters schützender Deckung.

Inzwischen lagen alle auf dem Boden. Alle um mich herum weinten.

„Bitte! Erbarmen!“, schrie Vater mit heiserer Stimme. Ich war mir nicht sicher, ob er zu Gott oder zu den Beamten schrie.

Liko lag neben Vater und mir und versuchte seine Mutter zu schützen. Sie wollte aufstehen, um ihrem Mann beizustehen, aber Liko hielt sie am Boden. „Nein, Mutter!“ Seine Hände zitterten. „Sie werden dich auch schlagen, und das wird Vater noch mehr wehtun. Er könnte es nicht ertragen, wenn sie dir wehtäten.“

Liko hatte Recht, und seine Mutter wusste es. Sie gab nach und fing an zu schluchzen.

Pastor Chens gebrochene Stimme drang durch das schreckliche Geräusch der Schläge.

„Widersteht ihnen nicht, vergebt! Vergebt!"

Wieder Schläge. Die Stöcke der Beamten schlugen gegen seine Rippen, seinen Rücken und seine Beine. Mir standen alle Haare zu Berge bei dem Gedanken, dass diese Schläge mich treffen könnten.

Pastor Chen lag stöhnend am Boden. Einer der Polizisten trat ihn und trampelte auf ihm herum, bis er Blut spuckte. Ein anderer zog ihn hoch und hielt ihn fest, während die übrigen weiter auf ihn einschlugen. Ich schrie innerlich auf. Wie lange würde das noch so weitergehen?

Plötzlich entdeckte der Kader die Bibel, die vom Tisch gefallen war, und fing an zu toben.

„Schmuggelware!" Er schnappte das Buch, starrte reihum in die angstverzerrten Gesichter und befahl: „Verbrennen!"

In der Scheune hielten alle die Luft an.

Er schleuderte die Bibel auf den Boden. Einer der Beamten hob unseren größten Schatz auf und warf ihn in Sekundenschnelle in den Ofen. Mein Herz drohte zu zerspringen. Wie sollten wir ohne Bibel überleben?

„Sucht nach mehr Schmuggelware!", befahl der Kader.

Die Polizisten hörten auf, Pastor Chen zu schlagen, und fingen an, die ganze Scheune nach Bibeln, Schreibheften und anderen Dingen zu durchsuchen, die etwas mit unserem Glauben zu tun hatten.

Ich spürte, wie Vater seinen Arm anspannte. Ich wusste, dass er hoffte, die Polizisten würden glauben, ich sei seine Frau. Wenn sie hier Jugendliche entdeckten, würde es für alle noch schlimmer werden. Ich drehte vorsichtig den Kopf, um zu sehen, wie die Männer in den hinteren Teil der Scheune gingen. Sie warfen die Futtertröge um und kippten unsere Essenskörbe aus.

Liko machte einen Satz zum Ofen, zog die brennende Bibel mit bloßen Händen heraus und erstickte die Flammen mit einer Jacke.

„Schreibhefte“, rief ein Beamter, der mit einer Hand voll Hefte nach vorn kam. „Verbrennen!“

Ich fühlte mich wie betäubt und hatte schließlich das Gefühl, ganz weit weg von allem zu sein, was hier gerade passierte.

Sie fanden noch mehr Notizbücher. Schließlich bewegten sich die schweren Stiefel zum Ausgang. Die Tür wurde zugeschlagen, die Geheimpolizisten gingen davon und schleppten unseren Pastor mit sich.

In der Scheune konnten wir die Stockschläge hören ... und wie Pastor Chen immer wieder rief: „Vergebt!“

Wir hörten den Lastwagen, in dem sie unseren Pastor verschleppten. Seine Frau schluchzte. Alle im Raum weinten.

Eine Bank wurde über den Boden gezogen. Vater stand auf und ich sah, dass ihm der Schweiß auf der Stirn stand. Jemand stürzte zum Ofen, um das Feuer zu löschen. Ich fragte mich, ob von den Heften wohl noch irgendetwas übrig war.

Das Weinen ließ nach und verstummte schließlich ganz.

Stille breitete sich aus.

Mein Vater zitterte.

Ich hatte das Gefühl, mich übergeben zu müssen, aber die Angst schnürte mir die Kehle zu.

Frau Huang stand langsam auf. „Wir kämpfen nicht mit Fleisch und Blut“, zitierte sie mit zitternder Stimme einen Bibelvers.

„Wenn ihr aber trotzdem leiden müsst, weil ihr tut, was Gott will, dann dürft ihr euch glücklich preisen“, sagte jemand anderes.

„Unser Herr Jesus hat gelitten, warum sollten wir nicht auch leiden?“

„Wenn er beleidigt wurde, gab er es nicht zurück. Wenn er leiden musste, drohte er nicht mit Vergeltung, sondern überließ es Gott, ihm zum Recht zu verhelfen.“

„Liebt eure Feinde. Tut denen Gutes, die euch hassen.“

Liko stand mit tränenüberströmtem Gesicht auf. „Ich werde meine Gemeinde bauen“, sagte er mit erstickter Stimme. „Und die Pforten der Hölle werden sie nicht überwinden.“

Die Tür wurde erneut aufgestoßen. Mir schoss das Adrenalin durch die Adern und mein Herz schlug bis zum Hals. Liko blieb mutig stehen.

Es war unser Kader. „Von jetzt an steht ihr alle unter Beobachtung“, sagte er etwas näselnd. Sein dünner Schnauzbart wackelte beim Sprechen. „Die Chens sind eine Schande für ganz Tanching. Ihr anderen müsst vorerst keine Strafe zahlen. Ich gebe euch eine zweite Chance. Wer sich der Partei widersetzt, wird bestraft.“

Wir alle kannten die Parolen der Parteitreuen. Seit der ersten Klasse und bei allen Ortsversammlungen, die der Ortskader und die Sicherheitsbehörde einberufen hatten, hatten wir sie immer wieder gehört.

„Geht jetzt nach Hause! Alle!“

Wortlos gehorchten wir und sammelten unsere Essenskörbe, Laternen und verstreuten Essensreste ein. Der Kader stand an der Tür und schrieb alle Namen auf, als wir einzeln an ihm vorbeigingen.

Mein Vater ging vor mir hinaus. Dann versperrte mir der Kader die Türe. Erschreckt von seiner abrupten Bewegung hielt ich die Luft an. Obwohl Kader Fang nicht so groß war wie Liko, war seine Statur genauso unnachgiebig wie seine Haltung.

„Die Partei verabscheut es, wenn eine so hübsche junge Frau von konterrevolutionärer Propaganda beeinflusst wird“, sagte er und kniff seine stahlgrauen Augen misstrauisch zusammen.

Ich sah zu Boden, um seinem Blick auszuweichen.

„Du weißt, dass ich die Tochter von Kwan So für die Universität von Shanghai empfehlen könnte.“

Ich starrte ihn an.

„Ich könnte aber auch gar kein Universitätsstudium empfehlen“, fügte er mit einem verschlagenen Lächeln hinzu.

Ich bemühte mich, ihm gerade in die Augen zu schauen,

musste den Kopf aber wieder senken. Ich wollte ihm nicht zeigen, wie sehr ich es verabscheute, dass er von meinem Traum wusste.

„Außer ... Kwan Mei Lin wäre an einer politischen Karriere interessiert. Es gäbe da durchaus Möglichkeiten, in den Genuss der Privilegien eines Kaders zu kommen – zum Beispiel durch eine Heirat."

Ich bekam einen ganz roten Kopf vor Wut. Eines konnte die Regierung ganz bestimmt nicht tun: mir vorschreiben, wen ich zu heiraten hatte! Wie konnte dieser engstirnige, egoistische Kerl glauben, ich würde ihn für ein paar Privilegien und ein paar Yuen mehr heiraten! Außerdem war er viel zu alt für mich. Die Regierung erlaubte Frauen erst mit einundzwanzig zu heiraten. Ich war aber erst achtzehn. Aber mir war klar, dass ich meine Abneigung niemals offen zeigen durfte. So biss ich mir auf die Zunge und bemühte mich, ruhig zu bleiben. Ich sah auf und antwortete wohlüberlegt: „Ich weiß die Freundschaft, die Sie unserer Familie erwiesen haben, zu schätzen. Aber ich hoffe, dass Sie eine zu Ihrem Alter und Ihrer Lebenserfahrung passendere Frau finden werden."

„Du bist so dickköpfig wie deine Mutter. Sei kein Dummkopf, Mei Lin, wirf dein Leben nicht einfach weg, wie sie es getan hat."

Ich hatte gelernt, wie man sich in der Volksrepublik China verhalten musste: Gib vor, zuzustimmen, auch wenn du es nicht tust, und lass dir keine Angst einjagen. Das ist das Machtwerkzeug des Kommunismus.

„Darf ich gehen?", fragte ich.

„Für heute, ja."

Der Kader trat zur Seite und ließ mich vorbei. Meine Beine zitterten, aber ich bemühte mich so aufrecht wie möglich zu gehen.

Liko und seine Mutter waren nach mir gekommen und hatten die ganze Unterhaltung mit angehört. Den gesamten Rückweg mussten wir unter dem argwöhnischen Blick unseres Kaders laufen. So konnten wir natürlich nicht darüber reden.

Die Sonne ging auf und malte den Himmel blutrot und rosa, als wir uns Tanching näherten. Ich hörte, wie jemand von hinten auf uns zukam. Es war Liko. Als er an mir vorüberging, streifte er mich und steckte etwas tief in die Tasche meiner Jacke.

Dann war er weg.

Kapitel 4

An diesem Morgen gingen Vater und ich auf der staubigen Hauptstraße zurück ins Dorf. Auf der rechten Seite befand sich die steile, mit Bambus bewachsene Böschung, links lagen die Reis- und Zuckerrohrfelder.

Als ich mir sicher war, dass der Kader uns nicht mehr hören konnte, fragte ich: „Vater, ist alles in Ordnung?“

„Ich habe nur ein paar Schläge auf den Rücken bekommen, Mei Lin. Wir sollten uns eher Sorgen um Pastor Chen machen.“

„Was werden sie mit ihm machen?“

„Sie werden ihn ins Bezirksgefängnis stecken und ihn wahrscheinlich verhören.“

„Verhören? Heißt das, sie werden ihn noch mehr schlagen?“

Vater sah zur Seite, während er sich nervös mit den Fingern durch sein schwarzes Haar fuhr.

„Vater?“

„Ach, Mei Lin, wir haben dich in so einem grausamen Land zur Welt gebracht. Es ist nicht der richtige Ort, um ein Mädchen großzuziehen. Und du hast noch so viele Träume für deine Zukunft.“

„Mein Glaube ist stark, Vater.“

„Ja, dein Glaube und deine Liebe, genau wie bei deiner Mutter“, erwiderte er.

Selbst Pastor Chen hatte beeindruckt davon gesprochen, wie fest meine Mutter an Gott geglaubt und wie sehr sie ihn geliebt hatte. Ich war innerlich ein wenig stolz, dass Vater dachte, ich sei ihr ähnlich.

„Vielleicht verlegen sie ihn in ein Gefängnis in einer anderen Provinz“, fuhr Vater fort. „Dort wird er dann geschlagen und gefoltert. Oder sie schicken ihn in ein Arbeitslager, um ihm dort seinen Glauben durch schwere körperliche Arbeit auszutreiben.“

„Ich muss immer wieder über uns nachdenken, Vater. Sie hätten uns heute auch verhaften können.“

„Mei Lin, als deine Mutter starb, nahm ich mir fest vor, dich vor diesen grausamen Dingen zu schützen. Wir wollten beide, dass du deine Kindheit genießen kannst. Wir wollten, dass du lachen, spielen und träumen kannst. Aber wenn ich dich jetzt ansehe, kann ich wohl kaum behaupten, dass du noch ein Kind bist.“

Ich lächelte ihm zu und wünschte mir, er hätte nach dem Tod meiner Mutter noch einmal geheiratet. Er war zwar schon Mitte vierzig, aber sah immer noch sehr gut aus und hatte eine kräftige und markante Erscheinung. Unter seinem weißen Sonntagshemd konnte man den muskulösen Körper erkennen, das Ergebnis jahrelanger, harter Feldarbeit. Sein dunkles Haar war nach hinten gekämmt.

„Wir sind zu Hause“, riss er mich plötzlich aus den Gedanken.

Vater und ich bogen von der Hauptstraße in den schmalen Weg ein, der den kleinen Hang hinauf zu unserem Haus führte.

„Lass mich Amah erklären, was heute passiert ist“, sagte Vater. Ich nickte nur.

„Amah!“, rief ich, als wir in den Hof kamen. „Wir sind wieder da!“

Großmutter erschien mit einem Korb in der Tür. Wie immer war sie früh aufgestanden, um die Eier einzusammeln.

„Was ist passiert, mein Sohn?“, fragte sie und hielt Vaters Arm fest. „War die Geheimpolizei da?“

„Lass uns reingehen, Amah“, antwortete Vater. Er warf einen schnellen Blick zu den Langs hinüber, als er seine Mutter sanft am Arm nahm. „Unsere Nachbarn werden noch früh genug alles erfahren.“

Als wir drinnen waren, stellte er die Essenskörbe auf den Tisch und setzte sich.

Vater berichtete Großmutter von der Razzia der Geheimpolizei. Um sie nicht zu sehr zu beunruhigen, versuchte er, die grausame Behandlung von Pastor Chen zu verharmlosen.

Während die beiden sich unterhielten, erinnerte ich mich, dass Liko mir auf dem Heimweg etwas in die Jackentasche gesteckt hatte. Ich zog das Päckchen heraus und öffnete es vorsichtig. Es war in eines der Tücher aus Frau Chens Essenskorb gewickelt.

„Oh!“, stieß ich überrascht hervor. Etwas Asche fiel auf den Tisch. „Vater! Unsere Bibel!“

Behutsam legte ich die verkohlten Seiten unserer Gemeindebibel auf den Tisch. „Chen Liko hat sie mir in die Tasche geschoben.“

Großmutter wurde kreidebleich.

„Amah, du siehst aus, als hättest du ein Gespenst gesehen!“, rief ich aus.

„Wie lange müssen wir die Bibel hierbehalten?“, fragte sie entsetzt.

„Beruhige dich, Amah. Wir werden sie gut verstecken“, sagte Vater.

Großmutter erwiderte nichts. Sie ging an den Herd und begann nervös mit ihren Töpfen und Pfannen zu hantieren, als ob sie ein großes Mahl vorbereiten wollte.

„Wir behalten sie diese Woche hier und geben sie so bald wie möglich an ein anderes Gemeindemitglied weiter.“

„In diesem Haus hat es seit Jahren keine Bibel mehr gegeben“, sagte Großmutter. Sie war offensichtlich bemüht, ihre Fassung wiederzugewinnen.

„Viel zu viele Jahre", antwortete Vater. „Das Johannesevangelium, die Apostelgeschichte, der Römerbrief und der erste Korintherbrief scheinen noch heil zu sein. Die übrigen Seiten sind wenigstens noch zur Hälfte lesbar. Gott sei Dank! Chen Liko muss sich verbrannt haben, als er sie aus dem Feuer geholt hat. Wenigstens haben wir noch einen Teil der Bibel."

Als er in den verkohlten Seiten blätterte, fiel ein Zettel zu Boden.

Ich bückte mich, um ihn aufzuheben. Vater und ich starrten die Schriftzeichen an. Die Notiz war kurz und nicht unterschrieben, aber ich erkannte Likos gleichmäßige Handschrift. „Komm am Freitag um sieben in den alten Kuhstall hinter eurem Haus."

Vater warf einen Blick zu Großmutter hinüber. „Sag ihr nichts davon, sie würde sich nur aufregen."

Ich nickte. Da Großmutter nicht lesen konnte, war das Geheimnis wohl sicher, solange keiner von uns etwas verriet.

„Der alte Kuhstall ist ein perfekter Treffpunkt", flüsterte Vater. „Er wurde lange nicht mehr benutzt. Die meisten haben wohl schon vergessen, dass er noch dort steht."

„Wahrscheinlich hat Liko ihn deshalb vorgeschlagen", antwortete ich.

„Er ist nahe genug, damit ich dich im Auge behalten kann. Du musst sehr vorsichtig sein, Mei Lin."

„Das werde ich", versprach ich. Trotz der Aufregung der vergangenen Nacht musste ich wieder gähnen. „Wo sollen wir die Bibel verstecken?"

Vater lächelte.

„Warum lächelst du?", fragte ich. Sein spitzbübischer Gesichtsausdruck brachte mich ebenfalls zum Lächeln.

„Ach, es gibt da ein paar Geheimnisse, die du noch nicht kennst, Mei Lin."

„Was? Was für Geheimnisse?", antwortete ich aufgeregt und beugte mich über den Tisch zu ihm hinüber.

Vater ging leise nach draußen, um nachzusehen, ob auch

niemand in der Nähe war. Als er wieder hereinkam, machte er die Haustür zu, ging zu seinem Bett und zog es über den Boden. Er beugte sich darüber, schob einige verstaubte Kisten zur Seite und hob mit einem Zuckerrohrstängel eine lose Diele aus dem Boden.

„Vater! Du hast ja ein Versteck!“ Ich rannte zu ihm und war neugierig zu sehen, was sich unter der Diele verbarg.

„Das war die Idee deiner Mutter“, sagte Vater. Er lächelte traurig. „Sie sagte immer, wenn man den Kommunisten entkommen oder Bibeln verstecken wolle, solle man es tun. Hier sind auch ihre Notizen, Mei Lin. Sie hat früher in der Hausgemeinde hier und in DuYan, auf der anderen Seite des Berges, unterrichtet. Außer ihrer Bibel waren diese Notizbücher ihr kostbarster Besitz.“

„Sie hatte eine eigene Bibel?“, fragte ich ungläubig. „Ganz für sich?“

Vater sah mich nur an und lächelte.

Die Notizbücher waren in alte Reissäcke gewickelt. Er zog sie heraus und ließ seine Finger sanft über eines der Bücher gleiten, während er in Gedanken versunken war.

Großmutter stand wie angewurzelt am Küchenregal. Ich hatte noch nie ein so seltsames Verhalten an ihr beobachtet.

„Darf ich sie sehen?“, fragte ich Vater.

„Tu sie zurück“, befahl Großmutter. „Wir haben schon genug Ärger gehabt.“

Vater warf ihr einen kurzen Blick zu. „Es wird Zeit, dass Mei Lin von diesen Büchern erfährt, Amah“, sagte er. „Vielleicht solltest du sie besser später anschauen, Mei Lin.“

Ich nickte. Ich brachte Vater die Bibel, damit er sie zusammen mit den Notizbüchern in das Versteck zurücklegen konnte, und half ihm dann, die Kisten und das Bett wieder an seinen Platz zu schieben.

„Wie wird die Familie ohne das Einkommen von Chen Biao überleben?“, fragte Amah, während sie heißen Tee in unsere Tassen goss. Sie schien sich wieder zu entspannen, nachdem die Bibel versteckt war.

„Wir werden in der Gemeinde ein Opfer für sie sammeln", antwortete Vater, der sich wieder an den Tisch gesetzt hatte. „Chen Liko und seine Mutter werden wahrscheinlich einen großen Teil ihrer Einkünfte aus der Ernte einbüßen. Sie werden wohl eine saftige Strafe bezahlen müssen."

„Es ist hart, wenn man sein tägliches Brot verliert", sagte Großmutter. „Während der Hungersnot 1960 musste ich ganz ohne Reiszuteilung fünf Kinder ernähren."

„Und was wird aus Liko?", fragte ich und setzte mich. „Kann er noch den Schulabschluss machen? Wir sind doch schon in der Abschlussklasse."

„Ich weiß nicht", antwortete Vater. „Vielleicht will Liko gar nicht mehr zur Schule gehen, wenn er merkt, wie schwer sie es ihm machen werden."

„Aber Vater, er will doch in WuMa Medizin studieren. Er muss die Abschlussprüfung bestehen!"

„Für dich steht auch einiges auf dem Spiel", sagte Vater. „Dein Studium in Shanghai könnte abgelehnt werden, wenn unser Kader sich durchsetzt."

„Hast du gehört, was er zu mir gesagt hat?", fragte ich.

„Ja, aber das wusste ich schon. Er hat schon draußen auf dem Feld von dir gesprochen. Du hast sehr klug geantwortet. Wenn du ihn beleidigst, wird es für dich schwierig, wenn nicht sogar unmöglich zu studieren."

Großmutter schaute mir direkt in die Augen. Sie schien mich mit ihrem Blick von oben bis unten zu mustern.

„Der Kader weiß, was Schönheit ist", sagte sie nüchtern und fügte hinzu: „Und was können wir tun, um ihn davon abzubringen, mein Mädchen?"

Ich sprang auf und versuchte meine Verlegenheit zu überspielen. „Ich weiß etwas! Ich werde nur noch zerknitterte Kleider tragen und mit schmutzigem Gesicht herumlaufen!" Ich zerknitterte meine Bluse und schmierte mir Dreck vom Ofen auf die Backe, dann ließ ich mein schulterlanges Haar ins Gesicht fallen und setzte Vaters Strohhut auf. „Wollen wir doch sehen, ob der Alte mich jetzt immer noch will!", rief ich lachend.

„Es braucht schon ein bisschen mehr als ein paar Haare und einen Cao Mao, um deine hübsche kleine mongolische Nase zu verstecken", neckte mich Vater.

„Vater!", rief ich entrüstet. Sogar Großmutter musste lachen.

„Eine Lotusblüte bleibt eine Lotusblüte – auch unter einem alten Cao Mao", sagte sie lächelnd. „Ich habe deiner Mutter schon bei deiner Geburt gesagt, dass deine langen, gebogenen Wimpern und deine vollen, roten Lippen einmal viele Männer anziehen werden."

„Ach, Amah!" Ich tat immer noch entrüstet, aber mir wurde ganz warm ums Herz von diesem seltenen Kompliment, das mir meine Großmutter soeben gemacht hatte.

Vater nahm mir den Strohhut vom Kopf, setzte ihn auf und nahm den Wassereimer, der neben der Tür stand.

„Ich sehe nach dem Kohl", sagte er.

Ich merkte, dass er alleine sein wollte.

Als wir das Frühstücksgeschirr und die Teetassen gespült und alles aufgeräumt hatten, griff Großmutter nach ihrem Schal.

„Amah, wo gehst du denn um diese Tageszeit hin?" Ich hatte ganz vergessen, dass es dieselbe Frage war, über die wir diese Woche schon einmal gestritten hatten.

„Es geht dich nichts an, wo ich hingehe. Pass du besser auf, dass dir der Kader wohlgesonnen bleibt. Du darfst ihn dir nicht zum Feind machen, Mei Lin."

Ich erwiderte nichts mehr. Großmutter stand in der Tür.

„Mei Lin?" Sie wartete auf eine Antwort.

„Ich werde mein Bestes tun, Amah. Aber ich werde ihn nicht heiraten!"

„Pass nur auf, dass du ihm das nie sagst", erwiderte sie in dem gleichen Tonfall, in dem sie mich als kleines Kind immer ermahnt hatte. Die Tür ging hinter ihr zu und ich war froh, allein zu sein. Schnell holte ich eines der Notizbücher meiner Mutter aus dem Versteck und rückte danach alles wieder an seinen Platz.

Ich strich über den Einband, so wie es Vater auch getan hatte. Ich schloss die Schlafzimmertür hinter mir und legte mich mit Mutters Notizbuch ins Bett. Ich überflog Seiten voller Lehrmaterial und Lieder, die sie abgeschrieben hatte. Einige der Lieder hatte ich noch nie gehört.

Als ich die Augen nicht mehr offenhalten konnte, stopfte ich das Notizbuch auf meiner Seite des Bettes unter die Matratze. Beim Einschlafen musste ich wieder an Liko denken und an unser Treffen am nächsten Freitag im alten Kuhstall.

Kapitel 5

Der Freitag war heiß und schwül und abends zog ein Gewitter auf unser Dorf zu. Tiefhängende Wolken jagten über den Himmel. Dahinter leuchtete immer wieder für einen Augenblick der Mond auf.

„Bleib gebückt und pass auf, dass dich niemand sieht", sagte Vater. „Hier ist das Geld." Er steckte mir einen dicken Umschlag in die Tasche meiner Regenjacke. „Und hier ist noch etwas Fisch und Gemüse, das Amah für die Chens gekocht hat."

„Amah weiß Bescheid?", fragte ich, während ich die in Tücher gewickelte Mahlzeit in meine Taschen stopfte.

„Sie ist nebenan bei den Langs zum Teetrinken. Ich habe ihr versprochen, dass ich den Chens das Essen zukommen lassen werde."

Sobald ich sicher angekommen sein würde, wollte Vater ebenfalls zu den Langs herüberlaufen. Er wollte sie ablenken, damit sie während dieser Zeit nicht den Hügel und den alten Kuhstall beobachteten.

Langsam stapfte ich zwischen den Gärten den matschigen Hang hinauf durch die weiche, aufgewühlte Erde. Ich warf einen Blick zurück und sah, wie Vater im schwachen Licht der Türöffnung stand und mir besorgt nachschaute. Der Kuhstall lag genau auf dem Hügel. Zu versuchen, mich zu verstecken, schien sinnlos. Wer sollte schon an so einem regnerischen Abend in einen verlassenen Kuhstall kommen wollen?

Ich war zuerst oben. Als ich durch die offene Tür trat, wurden alte Erinnerungen in mir wach. Hier hatte einmal die einzige Kuh im Dorf gestanden und ich hatte mich zusammen mit Großmutter um sie gekümmert. Ich konnte immer noch das feuchte Heu riechen. Drinnen war es so dunkel, dass ich die Hand vor meinen Augen nicht sehen konnte. Eine Mücke summte neben meinem Ohr. Ich schlug nach ihr. Würde Liko wohl eine Laterne mitbringen?

Der warme Wind strich um die Ecken des alten Stalles und blies durch die Ritzen zwischen den Bambusstämmen. Der Regen rauschte gleichmäßig. Zentimeterweise tastete ich mich an der Wand entlang, um nicht gesehen zu werden.

Jemand erschien in der Tür. „Mei Lin?"

Ich atmete erleichtert auf. „Hier drüben bin ich", antwortete ich. „An der linken Seite."

Liko kam herein und ich hörte seine Regenjacke an der Wand entlangstreifen, während er sich zu mir tastete.

„Hast du etwas von deinem Vater gehört?", fragte ich. „Waren sie schon bei euch, um die Strafe zu kassieren?"

„Nein, wir haben nichts von Vater gehört", seufzte er. „Und bis jetzt war auch niemand da, um die Strafe zu kassieren. Aber sie werden sicher bald kommen."

„Hast du eine Laterne dabei?"

„Ja, aber ich hoffe, dass wir sie nicht brauchen werden."

Ich rückte ein Stück zur Seite, um ihm Platz zu machen. Da versank mein Fuß etwas im Boden.

„Liko, mein Fuß versinkt", sagte ich.

Wir scharrten mit den Füßen und schoben die lose Erde ein wenig zur Seite. Dann ertasteten wir etwas, das sich wie Bambus anfühlte.

„Was ist das?", fragte ich.

Liko schlich zur Tür, um nachzusehen, ob jemand kam. Erleichtert stellte er fest, dass niemand zu sehen war, kam zurück und zündete die Laterne an. Er zog die Abdeckung aus Bambus zur Seite, und wir fanden in dem Loch, das in den Boden gegraben war, eine hölzerne Kiste.

„Lass sie uns öffnen", sagte ich.

Wir tasteten mit den Fingern am Rand der Kiste entlang, bis wir die Deckelöffnung gefunden hatten. Die Kiste ging ganz leicht auf, als wir daran zogen, und drei Paar Augen starrten uns an.

„Iihhh, was ist denn das?"

„Nur ein paar alte Buddhafiguren", sagte Liko.

Sechs Glasaugen funkelten im Schein der Laterne. Eine der Figuren war aus Ton, die anderen beiden aus Holz.

„Ein Buddha mit Glasaugen! So etwas Hässliches!", sagte ich empört. „Und sie sind so dick wie unser Bezirkskader."

Liko lachte. „Wer will schon einen dicken, hässlichen Gott aus Ton und Holz anbeten?"

Wir hoben die Götzen heraus und entdeckten etwas noch viel Interessanteres darunter.

„Das sind Ahnentafeln", erklärte Liko. Er hielt die Laterne direkt in die Vertiefung im Boden und versuchte, die Namen der Vorfahren zu entziffern.

„Um welche Familie geht es denn hier?", fragte ich.

„Um die Familie Kwan." Er sah mich an. „Das ist deine Familie, Mei Lin."

„Das kann nicht sein", erwiderte ich. „Amah hat ihre Tafeln in ihrer Kommode, weil Vater ihr verboten hat, sie anzubeten."

„Aber hier steht Kwan. Schau doch!"

Liko hatte Recht. Es handelte sich um die Ahnentafeln von acht Generationen der Familie Kwan. Vielleicht waren die Tafeln, die Großmutter besaß, nur Nachahmungen. Wie es bei den meisten Chinesen üblich ist, hatte man auch in meiner Familie einmal im Jahr Speiseopfer vor diesen Tafeln, an den Gräbern der Vorfahren, dargebracht.

„Was meinst du, wer hat sie hier versteckt?", fragte Liko.

„Amah", antwortete ich ahnungsvoll. „Letzten Sonntag

habe ich gesehen, wie sie vor einem Ahnenbild Weihrauch verbrannt hat."

Liko guckte mich verwundert an.

Ich schüttelte den Kopf. „Ich glaube, sie konnte sich nicht von ihren alten Buddhafiguren trennen. Vermutlich hat sie die Götzen zu den Ahnentafeln gelegt, weil sie dachte, das würde den Ahnen gefallen."

„Ich kann kaum glauben, dass jemand so hässliche Figuren anbetet", sagte Liko. „Ich habe viele davon beim alten Einzahn gesehen."

„Du warst bei ihm?", fragte ich verwundert. Der alte Einzahn war Wahrsager, und Vater hatte mir strengstens verboten, zu ihm zu gehen.

Liko lächelte. „Mein Vater sagt, dass auch der alte Einzahn das Evangelium hören muss. Vor ein paar Jahren war ich einmal mit Vater bei ihm, um ihm von Jesus zu erzählen. Bei ihm stehen überall Buddhafiguren herum – auf dem Boden, auf den Regalen, mitten auf dem Tisch. Wenn man eine Weile dort ist, bekommt man so ein ganz unheimliches Gefühl."

„Jetzt wird Buddha nicht einmal mehr im Tempel angebetet, seit sie den Tempel vor ein paar Jahren in eine Werkhalle umfunktioniert haben."

„In China werden keine Götter mehr geduldet, außer dem roten Drachen des Kommunismus", sagte Liko. „Trotzdem haben die meisten meiner Freunde noch Buddhafiguren zu Hause."

Ich stimmte ihm zu. Bei Ping zu Hause stand auch eine. Ping meinte, das halte die Dämonen fern.

„Amah hat mir berichtet, dass der alte Einzahn den Leuten erzählt, Buddhafiguren würden böse Geister abhalten", sagte ich.

„Aber Gott sagt, dass wir keine anderen Götter neben ihm haben sollen", erwiderte Liko. „Irgendwer muss das deiner lieben Großmutter einmal klarmachen."

„Ich wünschte, ich wüsste, wie ich ihr das verständlich machen kann. Es fällt ihr so schwer, diese Traditionen loszulassen. Ich bin froh, dass sie nicht weiß, dass wir uns heute hier treffen."

„Was machen wir jetzt damit?", fragte Liko. „Sollen wir sie zerstören?"

„Nein, das muss Großmutter selbst entscheiden. Wir können ihr das nicht abnehmen."

In der Ferne ertönte Donner. Vorsichtig legten wir die Ahnentafeln und die Buddhas in die Kiste zurück, verschlossen sie und bedeckten alles wieder mit Bambus und Erde. Liko drehte am Docht der Laterne und es wurde wieder stockfinster. Ich zitterte und tastete nach dem Inhalt meiner Jackentaschen.

„Ach ja, das hat mir Vater für dich und deine Mutter mitgegeben", sagte ich. „Es ist von der ganzen Gemeinde."

Liko nahm den Umschlag entgegen. „Was ist das?", fragte er.

„Wir haben für euch gesammelt."

„Nein, Mei Lin, das können wir nicht annehmen."

„Liko, du musst es nehmen. Es reicht kaum für die lange Zeit bis zum Frühjahr. Und in diesem Beutel ist Essen, das Amah für dich und deine Mutter gekocht hat."

Liko war einen Moment still, bevor er fortfuhr. „Ich bin euch sehr dankbar. Bitte richte allen ein Danke von uns aus. Wir werden das Geld im Garten verstecken." Er schob den Umschlag unter seine Jacke und hockte sich an die Wand. Ich setzte mich neben ihn.

„Hast du herausgefunden, ob jemand aus unserer Gemeinde unsere Treffen verraten hat?", fragte ich.

„Nein. Vater hat immer gesagt, das ist unwichtig. Ich kann mir kaum vorstellen, dass irgendjemand von uns das tun würde. Wir kennen uns alle schon seit Jahren. Selbst die jüngsten Christen sind schon seit zwei Jahren dabei. Vielleicht hat uns der Kader nur nachspioniert."

„Vielleicht", antwortete ich nachdenklich.

„Mein Vater hat mir Anweisungen gegeben, was wir tun sollen, falls er verhaftet wird", flüsterte er. „Er schlägt vor, dass wir uns gemeinsam mit einer anderen Hausgemeinde in Du-Yan treffen. Wir können den Pfad bis zum Schuppen nehmen. Oben am Hang teilt sich der Weg und führt um den Berg herum. Wenn ich das Unterholz auf dem Pfad entfernt habe, dauert der Marsch etwa drei Stunden."

„Aber wann willst du das denn machen?", fragte ich. Mir war unklar, wie er neben der Schule und der Arbeit in der Landwirtschaft seines Vaters dafür noch Zeit finden wollte.

„Ich habe schon damit angefangen. Ich denke, ich brauche noch etwa zwei Wochen – wenn ich nicht zur Schule gehe."

„Warum willst du nicht in die Schule gehen?"

„Wenn Vater ins Gefängnis kommt, ist unsere Familie auf dem Markt und in der Schule wahrscheinlich nicht mehr gern gesehen. Es war riskant für dich, heute Abend hierherzukommen, Mei Lin. Wenn dich der Kader mit mir zusammen sieht, wird es dir schlecht ergehen. Er scheint ein Auge auf dich geworfen zu haben."

„Du weißt doch, dass ich den Kader nur bemitleiden und verabscheuen kann", sagte ich. Nur der Gedanke an ihn machte mich schon wütend. „Und was die Schule angeht: Es ist für mich eine Ehre, mit dir befreundet zu sein, ganz gleich, was geschieht."

„Mei Lin, ich ...", seine Stimme versagte.

„Was ist, Liko? Bitte sag es mir."

„Alle meine Pläne sind zunichte. Du kennst ja die Redensart: *Zhongguo zhiye you san bao: siji, yisheng, zhuroulao.*"

Ich lächelte, als er diesen Reim zitierte. „In China gibt es drei sichere Berufe: Kraftfahrer, Arzt und Metzger."

„Ja", antwortete ich. „Das stimmt. Ein Metzger hat immer genug zu essen, ein Arzt immer die nötige medizinische Versorgung und ein Kraftfahrer kommt überall hin."

„Vielleicht hätte ich doch lieber Berufskraftfahrer werden sollen. Dann könnte ich dich nach Shanghai fahren", meinte er scherzhaft. „Mei Lin, ich hatte gehofft, dass du einmal stolz auf mich sein wirst."

„Ich bin stolz auf dich", antwortete ich und lehnte mich

seitlich zu ihm hinüber, um ihn mit meiner Schulter kameradschaftlich anzustoßen. „Kopf hoch, Chen Liko. Gott hat einen Plan für dich."

Er rührte sich nicht und sagte auch nichts. Erst jetzt wurde mir klar, wie tief er verletzt war. Als ich begriff, wie niedergeschlagen und gedemütigt er war, betete ich, Gott möge mir die richtigen Worte geben. „Es stimmt, dass ich etwas von der Welt sehen will. Das ist ein Grund, weshalb ich Lehrerin werden möchte. Aber sieh dich an. Du hast lauter ehrbare Motive, weshalb du Arzt werden möchtest. Und es gibt immer Hoffnung, Chen Liko. Das glaube ich wirklich. Gott hat einen Plan für deine Zukunft."

„Jetzt, da Vater nicht mehr da ist, braucht Mutter mich zu Hause. Und dann müssen wir noch die Strafe zahlen. Es kann Jahre dauern, bis wir genug von dem, was wir anbauen, verkauft haben, um sie abzubezahlen."

„Gott hat einen Plan", wiederholte ich noch einmal. „Was wirst du ..."

„Pssst!", zischte Liko plötzlich und legte mir die Hand auf den Mund.

Draußen waren Schritte zu hören.

Kapitel 6

Wir hatten keine Zeit mehr, uns irgendwo zu verstecken. So liefen wir schnell in den hinteren Teil des Stalls und drückten uns an die Wand. Eine kleine Gestalt stolperte keuchend und schluchzend herein.

„Wer ist da?“, fragte Liko.

„Nein, bitte tut mir nicht weh“, schrie eine Frauenstimme. Die Gestalt wandte sich um und wollte weglaufen.

Liko sprang zur Tür, um sie festzuhalten. „Wir tun Ihnen nichts. Wer sind Sie? Vor wem laufen Sie davon?“

„Die Frauenvereinigung ist hinter mir her. Wer seid ihr?“ Sie schaute vorsichtig aus der Tür und zum Dorf hinunter.

„Ich bin Chen Liko und das ist Kwan Mei Lin.“

„Seht ihr die Laternen da unten im Dorf?“, fragte sie, immer noch außer Atem. Liko ging zur Tür.

„Warum sind sie hinter Ihnen her?“, fragte ich.

„Ich bekomme mein zweites Kind. Gestern Abend bin ich aus DuYan weggelaufen.“ Jetzt fing ihre Stimme an zu zittern. „Sie werden mich ins Kreiskrankenhaus bringen und das Kind abtreiben. Ich bin im sechsten Monat. Bitte verratet mich nicht. Bitte! Ich will mein Kind! Bitte!“

„Wir werden Ihnen helfen“, sagte ich so ruhig, wie ich konnte. „Wie viele sind es?“

„Es sind vier bewaffnete Soldaten und die Leiterin der Frauenvereinigung“, erwiderte sie.

„Sie kommen hierher“, sagte Liko, der immer noch in der Tür stand und ins Dorf hinuntersah. „Sie sind auf der Straße hinter eurem Haus, Mei Lin. Wir müssen hier verschwinden. Aber wohin? Die Straßen werden sicher kontrolliert.“

„Ich weiß, wohin“, sagte ich. „Hinter dem Stall den Hang hinauf in die Reisfelder. Der Reis steht jetzt hoch. Dort finden sie uns nie.“

Genau in diesem Moment erleuchtete ein Blitz den Stall und wir sahen zum ersten Mal, wer unsere neue Freundin war.

„Sie haben ja nur ein Nachthemd an!“, sagte ich zu ihr. Es war mir peinlich für sie und für Liko.

„Ich musste schnell fliehen“, erwiderte sie verlegen mit vor Kälte und Angst zitternder Stimme.

Schnell zog ich meine Regenjacke aus und gab sie ihr. „Hier, ziehen Sie die an.“

„Lasst uns verschwinden“, sagte Liko und griff nach der Laterne und dem Beutel mit Essen, das Großmutter zubereitet hatte.

Wir duckten uns alle, bis wir hinter dem Stall waren. Dann rannten wir den Hügel hinauf, auf die Reisfelder zu. Der Regen prasselte auf uns nieder und stach in unseren Gesichtern. Als wir oben angelangt waren, liefen wir vorsichtig den schmalen Pfad zwischen den Reisplantagen hinauf. Der schmale Erdwall zwischen den Feldern war vom Regen aufgeweicht und rutschig. Liko und ich versuchten, die zitternde Frau zu stützen.

„Dort ist ein guter Platz“, sagte Liko und dirigierte uns zu einem flachen Felsen, der aus dem Reis herausragte.

„Der Regen lässt nach“, bemerkte ich. „Schaut, die Laternen sind jetzt am alten Kuhstall!“

Wir wateten durch knietiefes Wasser und versuchten, dabei die Reishalme nicht zu bewegen. Wir setzten uns auf den Felsen und beobachteten, wie sie mit den Laternen den Kuhstall durchsuchten.

Das Gewitter hatte in der Dunkelheit einen grauen Nebelschleier hinterlassen. Der Regen war in ein feines Nieseln übergegangen und Schwärme von Moskitos stiegen auf.

„Verschwindet", rief ich leise und schlug mir immer wieder auf die nackten Arme.

„Ich habe lauter Stiche an den Beinen", klagte die Frau.

„Die einzige Art, das zu verhindern, ist, ins Wasser zu gehen", sagte Liko, der sich schon in den Matsch gleiten ließ. „Im Wasser können sie einen nicht stechen und es juckt auch nicht mehr."

Die Frau tat es ihm gleich.

„Aaahh, das ist ja eiskalt und schlammig!", stellte sie fest.

Ich beschloss, auf dem Felsen zu bleiben und den Juckreiz auszuhalten.

Die Laternen entfernten sich wieder vom Kuhstall und bewegten sich über den Hügel zurück ins Dorfzentrum.

Nach etwa zwanzig Minuten wurden die Mückenstiche so unerträglich, dass ich mich doch in das schlammige Reisfeld hinuntergleiten ließ. Der Reis war schon fast reif. Mit der Hand schmierte ich mir den Schlamm auf die bloße Haut und ging in die Hocke.

Der Schlamm kühlte und half gegen das Jucken, aber sobald er auf der Haut getrocknet war, stachen die Moskitos uns wieder. So schmierten wir uns immer wieder voll Schlamm und warteten darauf, dass die Frauenvereinigung verschwinden würde.

„Mich kitzelt etwas am Bein", sagte die Frau.

„Mich auch", sagte ich.

„Blutegel", stellte Liko nüchtern fest.

„Blutegel?" Ich musste einen Schrei unterdrücken. Sofort kniete ich mich ins Wasser und zog meine Beine eng an mich, um so wenig Angriffsfläche wie möglich zu bieten.

So knieten wir zu dritt da und waren damit beschäftigt, Blutegel abzuwehren, Mückenstiche zu kratzen und unsere Arme und Gesichter immer wieder mit Schlamm einzuschmieren. Wir versuchten, uns durch ein Gespräch abzulenken.

„Ich heiße Liu An", sagte die Frau. „Und das ist Liu Manchu", sagte sie und tätschelte ihren Bauch. „Mein einziger Sohn."

„Sie wissen, dass es ein Junge ist?", fragte ich.

Sie lächelte und nickte. „Ja, ich bin Krankenschwester. Eine Freundin hat eine Ultraschalluntersuchung für mich gemacht."

„Gratuliere!", sagte Liko.

„Gratuliere, Liu An", wiederholte ich.

„Und ihr beide – seid ihr ein Liebespaar?", fragte An.

Ich spürte, wie ich ganz rot wurde vor Verlegenheit, und Liko schaute ganz verdutzt. Natürlich, so musste es wohl erscheinen – ein Liebespaar trifft sich nach Sonnenuntergang heimlich in einem verlassenen Stall. Ich versuchte nicht so verlegen zu klingen, wie ich mich fühlte.

„Wir, äh, wir sind Christen", sagte ich schließlich und kam mir dabei noch dümmer vor.

An kicherte. „Die Ausrede habe ich noch nie gehört", sagte sie.

Liko fand schließlich seine Sprache wieder. „Es stimmt. Letzten Sonntag haben sie meinen Vater bei einem Treffen unserer Hausgemeinde verhaftet. Jetzt planen wir, uns in DuYan, Ihrem Dorf, zu treffen."

„Liko, das Essen", erinnerte ich ihn und war froh, das Thema wechseln zu können. „Liu An ist wahrscheinlich halb verhungert."

„Ja, hier", sagte er und zog den Beutel aus seiner Jackentasche. „Für Sie und Liu Manchu."

Liu An unterdrückte ein Schluchzen. „Oh, vielen Dank. Ich habe seit gestern nichts mehr gegessen. Ich habe mir schon Sorgen gemacht, ob der Kleine das aushält. Danke, vielen Dank."

An wischte sich die Hände an dem Beutel ab. Die Tränen hinterließen helle Streifen auf ihrem schlammverschmierten Gesicht. Hungrig öffnete sie den Beutel und schaufelte sich das Essen in den Mund.

„Wohin werden Sie gehen?", fragte Liko.

„Ich weiß nicht", antwortete An. „Wir hatten eigentlich geplant, dass ich mich in einer Höhle oben am Berg verstecke, bis das Kind da ist. Mein Mann hatte schon Kleidung, Bettzeug und Essen hingeschafft. Aber ich hatte nicht damit gerechnet, dass die Frauenvereinigung so schnell ist. Bis Montag wusste noch niemand, dass ich schwanger bin, und schon am Donnerstagmorgen um eins standen sie vor der Tür. Ich musste im Nachthemd flüchten, während mein Mann sie an der Türe aufhielt. Im Dunkeln habe ich mich verirrt. Ich wusste plötzlich nicht mehr, wo ich war."

„So sehr verirrt haben Sie sich gar nicht", sagte ich. „Gott hat Sie hierhergeführt und Ihnen Essen für sich und das Baby gegeben. Und bis wir eine Möglichkeit gefunden haben, Sie zu der Höhle zu bringen, können Sie sich bei uns zu Hause verstecken."

„Aber ihr kennt mich doch nicht einmal", sagte An.

„Gott kennt Sie", antwortete ich. „Und er hat auch den kleinen Manchu erschaffen. Er sorgt für Sie beide. Ich bin mir sicher, dass mein Vater und meine Großmutter Sie willkommen heißen werden. Werden Sie mit mir kommen?"

„Wenn du dir sicher bist, dass das in Ordnung ist", erwiderte An.

„Ganz sicher", antwortete ich.

„Vielen Dank. Was für ein Glück ich heute Nacht habe!"

Für die nächsten Stunden saßen wir noch in der Dunkelheit zwischen den Reisfeldern und sahen zu, wie sich die Laternen von Haus zu Haus durch das Dorf bewegten. Dann wurde der Horizont langsam hell und es begann zu dämmern.

„Es scheint, als ob sich der Trupp zurückzieht", sagte Liko. „Wir sollten uns auf den Weg machen, solange es noch dunkel ist."

„Wie erfahre ich, wann der Pfad nach DuYan für unser Treffen mit der Hausgemeinde dort fertig ist?", fragte ich ihn.

„Schau immer freitags im alten Kuhstall nach. Ich hinterlasse eine Nachricht für dich unter der Kiste."

Liko ging zuerst. Er schlich sich zum Kuhstall und ging dann nach Hause. Liu Ans Verfolger waren jetzt außer Sicht, vermutlich am anderen Ende des Dorfes.

Meine Beine waren ganz steif, weil wir die ganze Nacht im Schlamm gehockt hatten. Ich überlegte, wie An sich wohl fühlen musste, als Schwangere und nach zwei Nächten auf der Flucht.

„Liu An, wir müssen hier verschwinden, bevor es noch heller wird."

„Dein Vater ... ist der auch Christ?", fragte sie, während sie auf den Felsen kletterte.

„Ja, und Amah bemüht sich auch, Gott zu lieben. Aber sie hängt an den Überlieferungen, wenn Sie wissen, was ich meine."

Vorsichtig gingen wir den Hügel hinunter zum Hühnerstall, um uns zu waschen, und hofften, die Hunde würden nicht anschlagen.

„Hier, nehmen Sie den Eimer", sagte ich.

„Aaahhhh!" Ich fuhr erschreckt zusammen. Vor mir stand Großmutter mit dem Eierkorb und zitterte, als hätte sie ein Gespenst gesehen. In der Ferne fingen Hunde an zu bellen.

„Amah, was ist los? Ich bin's, Mei Lin", sagte ich leise.

Großmutter sagte zunächst gar nichts. Sie stand nur da und starrte uns an.

Dann sah sie zu Liu An hinüber.

„Na ja, das ist kein Wunder", sagte ich lachend. „Schau uns nur an."

Und dann lachten wir alle drei. Nebenan bellte der Hund der Langs.

„Pssst!", sagte ich und unterdrückte ein Kichern.

„Du siehst aus wie ein Schlammmonster", flüsterte An.

„Und Sie – Sie sehen aus wie ein Schlammbuddha mit Ihrem dicken Bauch!", sagte ich.

„Mei Lin, bitte! Ein Schlammbuddha!", ermahnte mich Großmutter.

„Ich hole frisches Wasser, und dann könnt ihr Schlammmonster euch waschen."

Großmutter lief mit den Eimern nach draußen zur Pumpe. Als sie zurückgekehrt war, stellte ich ihr An vor.

„Amah, das ist Liu An aus ..."

„Ich weiß, wo sie her ist", unterbrach Großmutter mich und reichte jedem von uns einen Eimer sauberes Wasser. „Aus DuYan. Leute von der Frauenvereinigung waren letzte Nacht hier und haben nach ihr gesucht."

Ich wollte etwas sagen, aber Großmutter unterbrach mich erneut. „Aber es würde mich schon interessieren, wo ihr beide euch getroffen habt, Mei Lin." Großmutter warf mir diesen vorwurfsvollen Blick zu, der besagte, dass sie es missbilligte, dass ich mich die ganze Nacht draußen herumgetrieben hatte. „Mach dir keine Sorgen. Liu An kann bei uns bleiben, bis das Baby da ist."

„Oh, Amah, danke!" Ich verspürte das seltsame Verlangen, sie zu umarmen.

Großmutter warf mir ein Handtuch zu. „Ich bin froh, dass du in Sicherheit bist, mit oder ohne Schlamm." Dann ging sie wieder, um Eier einzusammeln. „Wer hat so was schon gehört?", murmelte sie. „Eine Schwangere zu jagen wie ein Huhn, um ihr ungeborenes Kind zu töten! Aber nicht in diesem Haus!"

„Vielen Dank, Großmutter von Mei Lin", sagte An. Sie verneigte sich höflich vor ihr, aber Großmutter war schon zu sehr mit den Eiern beschäftigt, um es zu bemerken.

Kapitel 7

Bevor er auf die Felder zur Arbeit ging, räumte Vater noch unseren kleinen Vorratsraum neben der Küche aus und stellte die Trinkwasserbehälter und Vorräte in den Vorratsschuppen. Dann stopfte er eine kleine Matratze in den engen Raum, damit An dort schlafen konnte. Im Vorratsraum war es gewöhnlich kalt, aber Vater versprach, später noch etwas zu bauen, damit man den Raum heizen konnte.

Samstags war die Schule schon mittags aus, damit die Kinder während der Erntezeit zu Hause mithelfen konnten. Ich wusste, dass ich zur Schule gehen musste – trotz dieser immer noch fürchterlich juckenden Mückenstiche –, sonst könnte jemand Verdacht schöpfen, dass ich im Zusammenhang mit Ans Verschwinden stehe.

Nach dem Frühstück, das wie gewöhnlich aus Reissuppe und Tee bestand, brachte Großmutter eines ihrer selbst gemixten pflanzlichen Heilmittel. „Mei Lin, lass mich Salbe auf deine Stiche auftragen, bevor du zur Schule gehst."

„O nein, Amah, es ist schon in Ordnung", antwortete ich und sammelte unsere schlammigen Kleider ein, um sie noch einzuweichen, bevor ich mich auf den Schulweg machte.

„Aber dann juckt es nicht so", erwiderte sie.

„Die anderen würden mich alle auslachen, wenn sie mich

mit dem braunen Zeug sehen“, widersprach ich ihr. „Damit würde ich zu viel Aufmerksamkeit auf mich ziehen, und alle würden mich fragen, wo ich die Stiche herhabe.“

Großmutter murmelte noch etwas und strich das schreckliche Zeug stattdessen auf Ans Arme und Beine.

Vater und Großmutter nahmen An auf, als sei sie eine enge Verwandte, und An versuchte dafür, sich nützlich zu machen, wo sie nur konnte.

„Lassen Sie mich nach dem Feuer schauen“, sagte sie. An ging zu dem Stapel mit dem getrockneten Zuckerrohr und den Zweigen. „Wenn ich schon nicht draußen Wäsche aufhängen kann, dann will ich wenigstens für heißes Wasser für die Teekannen sorgen.“

„Sie setzen sich jetzt hin und ruhen sich aus“, ordnete Großmutter an. „Sie müssen schlafen, während Mei Lin in der Schule ist. Sie sind doch bestimmt vollkommen erschöpft.“

„Vielen Dank“, sagte An. „Ich hatte wirklich Glück, als ich mich letzte Nacht in dem alten Kuhstall verstecken wollte.“

„Im alten Kuhstall?“, fragte Großmutter forschend und sah dabei von einer zur anderen. „Wie lange wart ihr im Kuhstall?“

„Ach, nicht lange, Amah“, antwortete ich schnell. „Liu An kam in den Stall gerannt, um sich wegen des Regens dort unterzustellen. Die meiste Zeit haben wir uns aber in den Reisfeldern versteckt.“

„Dort habt ihr euch also rumgetrieben“, murmelte sie. Ich hatte es vermutlich Ans Gegenwart zu verdanken, dass mir die unzähligen Fragen erspart blieben, die ich in Großmutters Augen lesen konnte.

Großmutter tat, als sei die Sache mit dem alten Kuhstall nicht weiter wichtig. Sie goss Wasser in die Töpfe auf dem Herd und sagte zu An: „Sag einfach Amah zu mir, so wie alle anderen auch.“

Ich griff nach dem Tragebalken, an den ich links und rechts die Wassereimer hängte, und ging dann zur Pumpe im Hof, um Wasser für den Waschzuber zu holen. Ich ließ das kalte Wasser über ein Stück Seife laufen und sah zu, wie das schäumende Wasser langsam die Eimer füllte. Dann tunkte ich die schlammigen Kleider in die Seifenlauge, um sie einzuweichen, bis ich sie dann mittags, nach der Schule, waschen konnte. Nervös setzte ich mich an den Tisch, um noch einmal den Stoff für den Politiktest durchzusehen, bevor ich mich auf den Weg machte.

Großmutter saß in ihrem Schaukelstuhl neben dem Herd und zeigte An die Stickerei, an der sie gerade arbeitete.

„Kwan Mei Lin, es war dein Glück, dass du in die Familie Kwan hineingeboren wurdest“, sagte sie.

Ich blickte kurz von meinem Buch auf und lächelte sie an. Großmutter machte ständig solche Bemerkungen.

„Es gibt nicht viele Mütter wie Liu An. Die meisten Eltern behalten ein Baby nicht, wenn es ein Mädchen ist. Das erste Kind der Schwester deiner Mutter war auch ein Mädchen, und dein Onkel Yiping wollte es nicht behalten. Er wollte einen Sohn, der ihm in der Landwirtschaft helfen konnte.“ Großmutter lehnte sich nach vorne.

„Ich werde nie vergessen, wie die junge Mutter geschrien und den Dorfarzt um Gnade angefleht hat. Ich hatte bei der Geburt geholfen. Aber der Arzt schenkte ihren Schreien keine Beachtung. Ich war vor Entsetzen wie gelähmt. Er steckte das Neugeborene in ein großes Glas und machte den Deckel zu. Zum Glück wurde Tante Te ohnmächtig. Manchmal sehe ich nachts immer noch das Baby vor mir, wie es langsam erstickte.“

„Wie grausam“, stöhnte An und wurde ganz blass.

„Amah, vielleicht solltest du das besser nicht ...“

„Tante Te wurde fast wahnsinnig, als sie ihr Kind umgebracht hatten“, fuhr Großmutter fort und ignorierte meine Warnung. „Ich glaube, was sie gerettet hat, war die zweite Schwangerschaft. Diesmal war es glücklicherweise ein Junge.“

„Amah!“

„Das könnte auch deine Geschichte sein, Mei Lin. Dein Vater hätte einen kräftigen Jungen in der Landwirtschaft gut gebrauchen können. Alle anderen Bauern haben auch nur die Jungen behalten."

„Fast alle anderen", warf ich ein.

Sie wusste, dass ich meine beste Freundin Ping meinte. Aber Großmutter hatte Recht. Die meisten Chinesen behielten nur ihre Söhne, weil sich traditionell die Söhne um ihre alternden Eltern kümmern. Mädchen wurden meistens abgetrieben, bei der Geburt getötet oder ausgesetzt.

„Ihr habt beide Glück, dass ihr am Leben seid. Ihr müsst euren rechtschaffenen Vätern dafür danken. Wahrscheinlich kannst du auch deinem Gott dafür danken. Deine Mutter hat das jedenfalls immer getan."

„Er ist auch dein Gott, Amah", sagte ich, aber in meiner Stimme schwang Zweifel mit.

„Natürlich, eine alte Frau sollte an einen Gott glauben. Du bist jung, mein Mädchen, und eines von drei Mädchen in der ganzen Oberschule. Du wirst das erste Mädchen in der Familie Kwan sein, das jemals einen Schulabschluss gemacht hat. Warum willst du deine Zukunft aufs Spiel setzen und zu dieser Hausgemeinde in DuYan gehen? Liu An hat erzählt, dass die Sicherheitsbehörde und die Frauenvereinigung in DuYan sehr streng sind."

„Pssst, Amah, sonst hört dich noch jemand", sagte ich.

„Ach was, niemand hört auf eine alte Frau", antwortete sie und stand langsam auf, um Tee aufzugießen. „Ich habe fünf Kinder großgezogen." Sie sah zu An hinüber. „Vier Töchter und einen Sohn. Fünf ist eine Glückszahl. Alle meine Freunde beneideten mich. Das war natürlich noch vor dem Ein-Kind-Gesetz."

Manchmal konnte Großmutter ununterbrochen reden. Aber sie war alt und ich wollte ihr Alter und ihre Stellung in unserer Familie ehren.

„Ich muss gehen", sagte ich. „Ich bin froh, dass Sie da sind und Amah Gesellschaft leisten können, Liu An. Sie ist ein bisschen einsam, wenn sie den ganzen Tag allein daheim ist."

Ich war erleichtert, dass in der Schule offenbar niemand Notiz nahm von meinen Mückenstichen. Und obwohl ich von der durchwachten Nacht ziemlich müde war, lief der Politiktest recht gut. Nach der Stunde nahmen Ping und ich unsere Bücher und gingen schweigend hinaus.

Dann unterbrach Ping meine Gedanken. „Mei Lin, du bist in letzter Zeit so ernst. Interessiert sich Chen Liko für eine andere?“

Ihre Frage brachte mich aus der Fassung. „Nein. Ich meine natürlich ...“

„Mei Lin, schau mal, da!“

Wir sahen es beide gleichzeitig. Grauer Rauch stieg in einer schmalen Säule auf.

„Wessen Haus ist das?“, fragte ich.

Wir rannten die staubige Straße hinunter, vorbei an den Häusern aus grauen Backsteinen, bis wir zu der Menschenmenge kamen, die um ein großes Feuer mitten auf der Straße stand – genau vor Chen Likos Haus!

„Das ist eine Staatsangelegenheit“, rief eine laute Stimme in der ersten Reihe der Menge.

Ich ließ Ping stehen und schlängelte mich schnell nach vorn durch.

Abseits, neben dem Lastwagen der Geheimpolizei, stand unser Kader. Sein hämisches Grinsen verriet, dass er voll und ganz mit dem einverstanden war, was hier passierte.

„Negative Elemente müssen geläutert werden!“, schrie der Sicherheitsbeamte.

Flammen stiegen auf. Auf dem Scheiterhaufen lagen Bücher, Körbe und sogar ein Hemd. Ein Stuhl flog aus der Tür. Soldaten warfen Bücher und andere brennbare Gegenstände ins Feuer. Andere Soldaten luden alle wertvollen Sachen auf den Lastwagen.

„Die Chens sind Konterrevolutionäre“, rief der Anführer, der vor der Haustür stand. „Alle Wertgegenstände werden verkauft, um einen Teil der Strafe zu zahlen, die diese Schlangenbrut dem Staat schuldet. Lasst euch das eine Warnung sein. Die Regierung hat euch die Drei-Selbst-Kirche gegeben. Jeder, der in die Kirche gehen will, muss sich registrieren lassen."

Ja, dich registrieren und dir von der Drei-Selbst-Kirche deine Bibel wegnehmen und dir von ihr sagen lassen, was du glauben darfst und was nicht, dachte ich wütend.

Alle um mich herum schienen wie benommen zu sein. Ich schaute mich verzweifelt nach Chen Liko und seiner Mutter um.

„Chen Biao wurde verhaftet, weil er die gesellschaftliche Ordnung und das von der Regierung vorgeschriebene religiöse Leben gestört hat", fuhr der Sicherheitsbeamte fort, seine Anklage hinauszubrüllen. „Chen Biao ist ein negatives Element für die Gesellschaft."

Plötzlich entdeckte ich sie an der Hausecke. Liko hatte den Arm um seine Mutter gelegt.

„Liko!" Ich wollte zu ihnen laufen, aber Liko sah zur Seite, als ich seinen Namen rief.

Ich zögerte. Warum benahm er sich so seltsam?

„Mei Lin, komm weg von hier", flüsterte mir Ping zu und zog mich am Arm in die entgegengesetzte Richtung. „Weißt du denn nicht, dass jeder, der dabei erwischt wird, Kontakt zu den Chens zu haben, auch verhaftet werden kann?", fragte sie. „Du musst jetzt nach Hause gehen. Vergiss Chen Liko, sonst wirst du auch noch zum Staatsfeind erklärt."

Ich schaute zurück und sah, wie die Geheimpolizei Betten und Tische aus dem Haus der Chens trug.

„Sieh nur", sagte ich zu Ping und blieb stehen. Der Anführer hatte begonnen, die Tür aus den Angeln zu heben. „Sie lassen nicht einmal die Tür am Haus!"

Ping zog mich außer Hörweite, drehte mich zu sich herum und packte mich an den Schultern. „Du musst jetzt an dich und deine Familie denken", sagte sie. „Du verlierst dein Gesicht, wenn du Mitleid mit Chen Liko zeigst. Dann wird dir alles genommen."

„Chen Liko ist ein guter Freund von mir, Ping", sagte ich.

„Denk an die Uni. Denk an Shanghai. Alle deine Träume werden zunichte, wenn du den Kontakt zu ihm hältst. Er ist ein negatives Element."

„Die Chens haben nichts verbrochen", sagte ich und spürte die Wut in mir aufsteigen. „Sein Vater liebt China, Ping. Er ist genau wie dein Vater und meiner. Unsere Treffen richten sich nicht gegen den Kommunismus. Wir wollen nur den wahren Gott anbeten."

„Du solltest auf deine Freundin hören."

Mit einem Ruck drehte ich mich um und sah, dass der Kader hinter uns stand. Hatte er unsere Unterhaltung gehört?

„Die Parteitreue deiner Freundin ist wirklich vorbildlich. Du solltest ihrem Beispiel folgen, Kwan Mei Lin."

„Sung Ping, das ist Kader Fang Yinchu", sagte ich kühl.

Ping und Kader Fang schüttelten höflich die Hände.

„Sie haben vollkommen Recht, Kader. Es täte mir gut, Sung Pings Treue zur Volksrepublik China nachzuahmen. Sie weist mich oft zurecht, wenn ich mich giftigem westlichem Gedankengut hingebe."

Ich war darum bemüht, dass der Kader einen guten Eindruck von Ping bekam. Es war sehr wichtig für sie, nicht das Gesicht zu verlieren, und sie war meine beste Freundin.

„Das tue ich gerne, Kader Fang Yinchu", sagte Ping mit einem freundlichen Lächeln. „Kwan Mei Lin wird wieder zur Vernunft kommen, wenn sie sieht, was die Chens verbrochen haben. Mei Lin ist die Beste in der Politikklasse."

„Ja, das ist eine ihrer vielen Begabungen", erwiderte der Kader und lächelte unter seinem dünnen Schnauzbart.

„Bitte entschuldigen Sie, aber ich kann nicht länger bleiben", sagte Ping. „Ich muss nach Hause, sonst macht sich meine Mutter Sorgen."

„Ich begleite dich, Ping", sagte ich schnell, hakte sie unter und wandte mich zum Gehen.

„Wartet!", sagte der Kader.

Ping und ich drehten uns noch einmal zu ihm um.

„Mei Lin, was hat Chen Liko dir zu bieten, was ich dir nicht geben könnte? Er wird wahrscheinlich einmal Arzt in einem anderen Ort sein. Was wird dann aus deinem armen Vater?"

„Ich sehe Chen Liko nicht als meinen zukünftigen Ehemann", erwiderte ich vorsichtig. Ich spürte, wie meine Ohren rot wurden.

„Als was dann?"

„Er ist für mich ein guter Freund. Er ist wie ein Bruder. Das ist alles."

Diese Antwort schien ihm zu gefallen. „Dann denkst du immer noch über meinen Antrag nach?"

Ich sah zu Ping und hatte das Gefühl, ihr würden gleich die Augen aus dem Kopf fallen.

„Ich fühle mich geehrt, dass Sie mich als Ihre Braut in Erwägung ziehen, Fang Yinchu. Aber ich bin noch zu jung, um zu heiraten, und ..."

Der Kader stand jetzt so nahe vor mir, dass ich seinen Atem spüren konnte. Er nahm meine Hand fest in seine. „Ich könnte da vielleicht etwas arrangieren", sagte er, und sein Schnauzbart wackelte wieder.

„Bitte lassen Sie mich ausreden", sagte ich, bewegte mich aber nicht und zog auch meine Hand nicht zurück. „Ich möchte von ganzem Herzen Lehrerin werden. Ich muss zuerst meine Ausbildung abschließen, bevor ich Ihr großzügiges Angebot in Betracht ziehen kann." Bei diesen letzten Worten hätte ich mich beinahe verschluckt, aber ich wusste, ich musste ihn davon überzeugen, dass mir meine berufliche Laufbahn wichtiger war als eine Heirat. Nur so konnte ich Liko und meine Zukunftsträume schützen.

„Dann werde ich auf dich warten, Kwan Mei Lin, bis du bereit bist, die Frau des Kaders zu werden. Ich kann eine Stelle als Lehrerin für dich arrangieren, sobald du mit der Universität fertig bist."

„Ihr Angebot ist wirklich großzügig", entgegnete ich. Er ließ meine Hand los. „Pings Mutter wird sich schon Sorgen machen. Wir müssen gehen."

„Natürlich."

Erst nach der Hälfte der Strecke fühlten Ping und ich uns sicher genug, um wieder zu reden.

„Mei Lin, er hat dir schon mit achtzehn einen Heiratsantrag gemacht! Warum hast du mir nichts davon erzählt?"

„Es war nicht wichtig."

„Nicht wichtig? Ist dir nicht klar, dass du zu den ganz wenigen Bauern in Tanching gehören würdest, die einen Farbfernseher hätten? Und er hat Beziehungen, Freunde in einflussreichen Positionen. Du könntest von seinen Eltern eine gute Mitgift bekommen."

„Ich werde ihn nicht heiraten, Ping."

„Was?" Sie stand mit offenem Mund da.

„Er ist kein Christ. Außerdem ist er stolz und egoistisch, und ich finde ihn widerlich. Ich liebe ihn nicht."

„Lieben, lieben!", sagte sie. „Hörst du denn gar nicht auf mit deinem westlichen Gedankengut? Erst willst du einen westlichen Gott anbeten und jetzt redest du von Liebe. Kann Liebe dich satt machen und dir Kleidung geben? Du musst diese Religion wieder aufgeben. Sie wird dich nur ins Unglück stürzen. Sieh dir nur Chen Liko an. Hat eure Religion ihn glücklich gemacht?"

„Er hat eine innere Freude", antwortete ich. „Er hat eine innere Stärke und Frieden, den alle Fahrräder und Farbfernseher von ganz Shanghai dir nicht geben können."

„Aber du hast dem Kader doch gesagt, er sei nur ein guter Freund."

„Das ist er auch. Liko ist mein Freund. Er ist nach dir mein zweitbester Freund, aber ich bin einfach noch nicht bereit zu heiraten. Ich will China sehen, ich will die Welt sehen."

Arme Ping. Sie hatte in ihrer unschuldigen Art immer alles geglaubt, was sie uns in der Schule oder bei den Ortsversammlungen erzählt hatten. Ich hatte Mitleid mit ihr.

„Vielleicht wirst du mich eines Tages verstehen, Ping", sagte ich im Gehen. „Ich bete oft für dich, dass du auch Christ wirst."

„Das solltest du nicht tun. Meinen Ahnen wird das gar nicht gefallen, wenn sie es hören."

Darüber musste ich schmunzeln. „Glaube mir, wenn du dich für Jesus entscheidest, werden deine Ahnen in ihren Gräbern lächeln."

Ping lachte. „Du bist ein hoffnungsloser Fall!"

Ein Junge kam hinter uns die Straße entlanggerannt und rief: „Am Freitag um sechs Uhr wird eine Ortsversammlung abgehalten. Die Sicherheitsbehörde wird kommen!"

„Wegen Chen Likos Familie", sagte ich zu Ping, während wir sahen, wie der Junge weiterlief und seine Nachricht wiederholte.

Ping nickte nur.

Wir wussten beide, dass diese Versammlung nichts Gutes für die Chens bedeutete.

Kapitel 8

Die Nachricht vom Einsatz der Sicherheitsbehörde bei den Chens verbreitete sich wie ein Lauffeuer im Dorf. In der Schule wurden Handzettel ausgeteilt, und am Büro des Kaders hing ein Hinweis über die bevorstehende Versammlung am Freitagabend. Solche Versammlungen wurden nur noch selten abgehalten, aber wenn sie stattfanden, war die Teilnahme für alle Pflicht.

Nach dem Abendessen drängten sich über tausendfünfhundert Erwachsene auf dem Platz im Ortszentrum. Jeder hatte sich einen Stuhl oder eine Bank mitgebracht. Die Männer saßen auf der rechten, die Frauen auf der linken Seite. Ich setzte mich neben Großmutter.

Der Polizeichef, Vorsitzender des örtlichen Sicherheitsausschusses, nahm Platz. Er hielt mehrere Formulare in der Hand und fing an vorzulesen: „Genossinnen und Genossen, unter der Leitung des Parteiausschusses der Provinz Jiangxi hat die örtliche Präfektur beschlossen, diesen Winter in allen Städten und Dörfern unseres Bezirks eine Säuberung abzuhalten. Wir werden alle öffentlich kritisieren, die sich nicht der Partei unterordnen. Wir werden gegen die Klassenfeinde vorgehen, gegen Betrüger, Diebe und Schwarzmarkthändler.

Alle treuen Parteimitglieder werden bestrebt sein, sich an

das Ein-Kind-Gesetz zu halten. Diejenigen, die heimliche Treffen von nicht registrierten Hausgemeinden organisieren, sind gesetzeswidrige, kapitalistische Individuen, die entsprechend bestraft werden. Alle sind aufgefordert, sich an diesem Kampf des Volkes zu beteiligen und, wo nötig, öffentlich gegen andere vorzugehen, sie zu kritisieren oder zurechtzuweisen."

Jetzt wechselte der Polizeichef den Tonfall und brüllte ins Mikrofon: „Das ist eine ernsthafte Warnung an alle Kriminellen: Tut Buße, kehrt um von euren Wegen und bekennt eure Sünden gegen unseren Staat. Wenn ihr euch weiterhin weigert, wird der Staat unbarmherzig mit euch sein."

Buße tun? Sünden bekennen? Ich musste innerlich darüber schmunzeln, dass die Kommunisten mal wieder biblisches Vokabular gebrauchten, um uns einzuschüchtern. „Unbarmherzig sein" war eine verdeckte Bezeichnung für die Hinrichtung. Derartige Drohungen wurden bei solchen Treffen wie diesem, schon seit ich mich erinnern konnte, immer wieder ausgesprochen. Die Ankündigung der Kader, erneut gegen die bösen kapitalistischen Individuen vorgehen zu wollen, konnte den Anwesenden kaum mehr als ein müdes Gähnen entlocken.

Sofort stand einer der weniger bekannten Kader auf und verlas die einzelnen Anklagepunkte. „Der erste Punkt lautet: Wer sich nicht anpasst, muss Anpassung durch harte Arbeit lernen."

Ein Gemurmel ging durch die Reihen der Bauern. Wir fragten uns alle, was wohl mit Chen Biao passiert war.

„Chen Biao, männlich, achtundvierzig Jahre alt, wohnhaft in Tanching, Provinz Jiangxi. Gesellschaftlicher Status der Familie: untere Bauernklasse. Schon seit seiner Kindheit wurde Chen Biao von seinen Eltern durch zu viel Liebe zu Faulheit und Stolz erzogen. Vor der Kulturrevolution war Chen Biao Grundbesitzer, ein Parasit, der das Teehaus besaß, das jetzt der Nationalen Befreiungsarmee gehört. Damals weigerte er sich, seine Sünden zu bekennen, und zwang die Roten Brigaden auf diese Weise, ihn schwer zu bestrafen."

Ich drehte mich um und sah Liko ganz hinten stehen. Sein Vater wurde gerade öffentlich angeklagt, um ihn und seine Mutter zu demütigen. Ich versuchte mir vorzustellen, was er in diesem Moment durchmachte.

„Nach der Revolution arbeitete Chen Biao in Tanching in der Produktionsgruppe Nr. 15 und wurde dadurch in die Klasse der mittleren Bauern gehoben. Vor zwei Wochen, am 14. September 1996, hat die Geheimpolizei mit Unterstützung eines parteitreuen Kaders Chen Biao in einer verlassenen Scheune verhaftet. Dort hatte er illegal und gegen den Kommunismus eine subversive, kapitalistische Versammlung abgehalten."

Ich sah, wie viele der Frauen um mich herum erschreckt die Hand vor den Mund legten. Da wurde mir klar, dass unsere heimlichen Gottesdienste jetzt kein Geheimnis mehr waren.

Der Kader fuhr fort: „Seine Vergehen gipfelten darin, dass er eine im Ausland gedruckte Bibel bei sich hatte. Chen Biao weigerte sich, Buße zu tun, und zwang die Staatsgewalt, ihn streng zu bestrafen. Er wurde zu einer Strafe in Höhe von 7.200 Renminbi und zu fünf Jahren Arbeitslager verurteilt, um dort umdenken zu lernen."

Ein Stöhnen ging durch die Menge, als die Höhe der Strafe verkündet wurde. 7.200 Renminbi waren ungefähr zwei Jahreslöhne. Niemand hatte so viel Geld.

„Chen Biao wird von der Volksrepublik China öffentlich kritisiert. Alle sind aufgefordert, im Kampf des Volkes an dieser öffentlichen Kritik an Familie Chen teilzunehmen."

Ich ließ den Kopf hängen. Jetzt würde Liko niemals genug Geld zusammenbekommen, um studieren zu können!

Alle Augen suchten nach Chen Liko, aber er war verschwunden. Der Kader ging dazu über, eine weitere Anklage zu verlesen, die sich gegen einen Dieb aus einem benachbarten Bezirk richtete. Ich fragte mich, wie wir als Hausgemeinde den Chens helfen konnten. Wir konnten unsere Lebensmittel mit ihnen teilen. Aber die Familien hatten kaum genug, um sich selbst zu ernähren.

Großmutter lehnte sich zu mir herüber, sodass sich unsere Schultern fast berührten. „Es sind deine Freunde, Mei Lin. Deine Treue wird jetzt das Wichtigste sein."

„Amah, verstehst du uns?", flüsterte ich.

„Natürlich verstehe ich euch." Sie lächelte vielsagend. „Ich habe gesehen, wie du Chen Liko beobachtet hast und rot wurdest, als er dich ansah."

„Amah, das bildest du dir nur ein."

„Wirklich?", fragte sie. „Oder bist du nicht ehrlich zu dir selbst?" Sie verschränkte die Arme und fuhr nach einer kurzen Pause fort: „Vielleicht ist in drei Jahren, wenn du das Heiratsalter erreicht hast ... vielleicht ist dann alles anders geworden."

„Heiraten?" Dieses dauernde Geschwätz vom Heiraten trieb mich zur Verzweiflung! Dann kam mir ein wunderbarer Gedanke. Großmutter hatte in ihrem Leben schon viele politische Ideen kommen und gehen sehen. Vielleicht hatte sie Recht und alles würde in ein paar Jahren wirklich anders sein ...

„Ich weiß noch nicht, wen ich heiraten werde", sagte ich schließlich. „Warum glaubt mir eigentlich keiner, dass ich wirklich nach Shanghai gehen möchte?"

„Sollten nicht die Eltern und Freunde eine Heirat in die Wege leiten?", fragte Großmutter. Sie lächelte. Meine Bemerkung über Shanghai überhörte sie einfach. „Ich habe auch gesehen, wie Chen Liko dich beobachtet hat, Mei Lin. Es ist nicht chinesische Tradition, aus Liebe zu heiraten, aber wer nach der Heirat Liebe findet, kann sich glücklich schätzen."

Ich wusste, was sie damit sagen wollte. Herr Jiang hatte uns im Politikunterricht erzählt, dass Menschen aus westlichen Kulturen die chinesische Art, eine Heirat zu planen, geschäftsmäßig und unromantisch finden. In China heiratet man, um die Familie zu erhalten, ein Kind zu bekommen und wirtschaftliche Sicherheit zu haben.

„Wie sollen sie so eine unmöglich hohe Strafe jemals abbezahlen?", fragte ich leise.

„Mit der Zeit“, antwortete Großmutter. „Ich bin alt und habe erlebt, dass die Zeit dein Verbündeter sein kann.“

Als das Treffen vorüber war, kam Vater zu uns herüber und nahm unsere Stühle. Ich wusste, dass er mit uns gemeinsam nach Hause gehen wollte, aber ich wollte unbedingt für eine Weile alleine sein.

„Vater, kann ich noch einen Spaziergang machen?“, fragte ich.

Er nickte ruhig. „Ja, geh nur.“

Als ich aus dem Ort kam, lief ich eine Weile durch die Reisfelder und ging dann in einem großen Bogen zurück zum alten Kuhstall. Der warme Septemberwind wehte mir die Haare aus dem Gesicht und schien auch meinen Kopf durchzublasen.

Als ich in den düsteren Kuhstall trat, musste ich plötzlich lächeln, weil ich an meine Unterhaltung mit Liko in der letzten Woche dachte. Die Kiste war immer noch an ihrem Platz. Scheinbar hatte der Suchtrupp der Frauenvereinigung sie nicht entdeckt. Ich hob sie hoch und bemerkte erstaunt, dass ein Zettel darunterlag. Dank der Lichtstrahlen, die durch die Ritzen des Stalls fielen, las ich, was darauf stand: „Der Pfad ist frei. Nächsten Sonntag um vier Uhr morgens an der Weggabelung. Aber nur zwanzig – außer uns. Sag es weiter. Bring Manchu mit zum sicheren Hafen. Gott sei mit dir.“

Ich rannte zum Haus zurück und stürmte hinein. „Liu An, kommen Sie schnell!“, rief ich.

„Mei Lin, beruhige dich doch“, sagte Vater, der gerade dabei war, seine Messer und Werkzeuge zu schleifen. Dann las er die Nachricht. „Das ist eine gute Nachricht. Sieh nur, Amah!“

Ich las ihr vor, was auf dem Zettel stand.

„Ein sicherer Hafen? Was meint er damit?“, fragte An.

„Liko hat ein neues Versteck gefunden, wo Sie bleiben können, bis Manchu geboren ist. Raten Sie mal, wo!“

„Wo denn?“

„In DuYan, in Ihrem Dorf!“

„Das ist ja wunderbar!“, erwiderte An. Sie lachte und weinte gleichzeitig. „Mein kleiner Manchu wird schließlich doch noch im Dorf seiner Vorfahren auf die Welt kommen."

„Gott hält seine Hand über Sie und Ihren Sohn", sagte Vater zu An. „Er liebt euch beide."

An sah zu Boden und wurde plötzlich ernst. „Das hat Mei Lin auch zu mir gesagt – in der Nacht, als wir vom Reisfeld hierherkamen. Ich habe viel über euren Gott nachgedacht. Wenn er mein Kind und mich sicher nach DuYan zurückbringen kann, werde ich vielleicht auch an ihn glauben."

Vater und ich lächelten uns gegenseitig zu.

„Kwan So, trinken wir noch eine Tasse Tee zusammen?", hörten wir jemanden von draußen rufen.

„Schnell, Liu An, gehen Sie in die Vorratskammer", sagte Großmutter und nahm Ans Tasse und ihre Stickereien. „Das ist Lang Zemin, unser Nachbar. Er will bestimmt noch über die Versammlung von vorhin reden."

Kapitel 9

Nicht einmal das Geräusch des Regens konnte mir die Laune verderben, als ich am Sonntagmorgen aus dem Bett sprang. Großmutter war ebenfalls schon um halb drei mit uns aufgestanden. Sie hatte den ganzen Samstag gekocht und Vorräte für An und unsere Wanderung zur Hausgemeinde eingepackt.

„Amah, meinst du, An kann das alles innerhalb einer Woche essen?“, neckte ich sie.

„An braucht viel Kraft zum Kinderkriegen. Das wirst du auch noch eines Tages merken.“

„Das ist noch lange hin“, sagte ich.

„Hier, das ist für das Baby“, sagte Großmutter und drückte An ein Päckchen in die Hand.

An wickelte es aus dem braunen Papier aus.

„Oh, Amah!“, sagte An. „Vielen Dank! Ich habe noch nie eine so wunderschöne Babydecke gesehen! Ich werde sie für meine Enkel aufheben.“

„Sie wäre noch schöner geworden, wenn meine Finger nicht so steif wären.“

„Ich kann mir nichts Schöneres vorstellen“, sagte An. „Sie waren so gut zu mir, Amah. Sie haben mich wie Ihre eigene Tochter behandelt. Ich werde immer an Sie denken, wenn ich sticke. Sie haben es mir schließlich beigebracht." Sie umarmte Großmutter zum Abschied, und ich war fast ein bisschen eifersüchtig. Ich konnte mich nicht daran erinnern, Großmutter jemals umarmt zu haben. Ich fragte mich, ob das wohl anders wäre, wenn ich ein Junge gewesen wäre.

„Bitte lass es uns wissen, wenn das Baby da ist", sagte Großmutter und wischte sich mit einem Zipfel ihres Schals die Augen.

Ich fragte mich, ob sie weinte.

„Ich habe etwas im Auge", sagte Großmutter, als ob sie meine Gedanken lesen konnte.

Ich schaute zu Vater hinüber, der mir einen vielsagenden Blick zuwarf. Dann sagte er zu Großmutter: „Tschüss, Amah. Wir werden erst nach Sonnenuntergang wieder da sein."

Vater, An und ich zogen unsere Regenjacken an und wagten uns in den nächtlichen Regenguss hinaus. Wir folgten Vaters sorgfältig gewählten Schritten und waren dankbar für die Deckung, die uns die Dunkelheit und der Regen gaben. So blieben wir vor den wachsamen Augen von Kader Fang Yinchu geschützt. Allerdings sahen wir selbst auch kaum, wohin wir traten. Für An, die jetzt im siebten Monat war, war es am schwierigsten, weil sie den Weg nicht kannte.

„Ich stütze Sie", bot ich ihr an. „Bei dem Bauch könnten Sie den Weg ja nicht einmal bei Tageslicht sehen!"

Wir schlugen den gleichen Weg ein wie immer, gingen aber nur bis zur Abzweigung in den Wald. Dort zündeten wir die Laternen an und warteten auf die anderen.

„Mei Lin!" Ich hörte Likos Stimme, konnte ihn aber nirgends sehen.

„Liko?"

Er kam aus dem Bambusdickicht hervor, gefolgt von seiner Mutter.

„Frau Chen, geht es Ihnen gut?", fragte ich.

„Ja, danke, Mei Lin. Ich habe gehört, dass ihr einen Gast bei euch habt."

Ich stellte Frau Chen An vor. Die Ortsversammlung und die

Razzia im Haus der Chens sprach ich bewusst nicht an. Diese Aktionen hatten einzig und alleine den Zweck, die Chens zu demütigen, und ich wollte Liko zu verstehen geben, dass das, was passiert war, meine Meinung über ihn nicht beeinflussen konnte. Ich bewunderte ihn sogar noch mehr als zuvor.

„Wie hast du es nur geschafft, den Weg so schnell zu räumen?“, fragte ich.

„Eigentlich bin ich erst gestern fertig geworden“, sagte Liko und lächelte. „Auf der anderen Seite des Berges waren das Unterholz und der Bambus noch dicker. Aber jetzt ist der Weg frei. Wenn wir heute Abend zurückgehen, können wir jede Menge Brennholz aufsammeln.“

Als alle beisammen waren, setzten wir uns in Bewegung. Liko und ich gingen voran. An eine Unterhaltung war nicht zu denken, da Liko ganz darauf konzentriert war, den Pfad zu beobachten. Aber es war schön, einfach nur mit ihm zusammen zu sein.

* * *

Nach etwa zwei Stunden Fußmarsch waren wir klatschnass. Vor uns lag DuYan. Es war immer noch dunkel, aber wir bliesen die Lichter in unseren Laternen aus. Jede Unterhaltung hörte mit einem Schlag auf. Stumm gingen wir weiter, um uns und vor allem auch die Hausgemeinde in DuYan nicht zu gefährden.

Liko führte uns zur Hintertür eines Hauses, das direkt in den Berg hineingebaut zu sein schien. Er klopfte und sofort öffnete uns eine ältere Frau. Sie lächelte uns freundlich an und ließ uns eintreten. Wir zogen unsere durchgeweichten Schuhe aus, und die Frau stellte sie um einen steinernen Ofen, der sich rechts an der Wand befand.

Auf der linken Seite des Raumes stand ein Bett und in der Mitte ein Tisch mit ein paar Stühlen. An der gemauerten Rückwand des Hauses, gleich neben dem Ofen, war ein großer Stapel Brennholz aufgeschichtet. Abgesehen von der

Steinwand sah alles so aus wie in den Häusern in Tanching. Ich fragte mich, wie wir wohl alle hier hineinpassen würden.

Am Tisch saß ein älterer Mann. Er stand auf und verneigte sich leicht, als er uns sah. Wir erwiderten den förmlichen Gruß.

Als ich bemerkte, wie angespannt An war, flüsterte ich Liko zu: „Was ist mit dem sicheren Hafen für Liu Manchu?"

„Darum kümmern wir uns nach dem Treffen", antwortete er.

Das ältere Ehepaar schenkte jedem von uns eine Tasse Tee ein. Das warme Getränk stillte meinen Durst und verbreitete eine wohltuende Wärme in meinem Körper.

Dann erklärte der ältere Mann: „Es ist jetzt Zeit."

Er zog ein paar Brocken Holz aus dem Stapel und alles fiel in sich zusammen. Dahinter kam ein gähnendes Loch zum Vorschein! Der Mann trat zur Seite und forderte uns auf, einzutreten. Ich sah Liko an, aber der grinste nur.

„Das ist ja unglaublich!", sagte ich zu ihm.

Er nickte und ließ mich vorangehen. Ich bückte mich, um durch die niedrige, dunkle Öffnung zu gehen. Weiter vorn war ein blasser Lichtschimmer zu sehen. Je näher wir dem Licht kamen, desto mehr konnte ich den Geruch anderer Menschen wahrnehmen.

Wir betraten einen kleinen Raum ohne Fenster, der in den Berg gegraben war. Wie ich später erfuhr, wurde hier für gewöhnlich die Gemüseernte gelagert. Vor mir saß eine Reihe freundlich lächelnder Menschen. Ganz hinten standen einige, um uns zu begrüßen. In der ersten Reihe erhob sich ein Mann, setzte sich im Schneidersitz direkt unter die einzige Glühbirne im Raum und legte seine Bibel und sein Liederbuch vor sich hin. Wir setzten uns ebenfalls im Schneidersitz auf den Boden, unsere Knie berührten dabei die Rücken unserer Vordermänner.

„Wir können anfangen", sagte er. „Ein herzliches Willkommen an die Hausgemeinde aus Tanching. Lasst uns gemeinsam Jesus danken, dass er uns alle sicher hierhergebracht hat."

Von morgens halb sieben bis zum Mittag lauschten zweiundfünfzig Gläubige der Lehre von Pastor Zhang und schrieben eifrig mit. Er sprach darüber, was es bedeutete, ein Jünger Jesu zu sein, und las immer wieder Stellen aus den Evangelien vor. Ich fühlte mich wie ein Kind, das am Verhungern war und zu einem Festmahl kam.

Während die Zeit verstrich, gingen immer wieder ein paar Leute hinter einen Vorhang in der Ecke, um sich zu erleichtern. Alle waren bemüht, das Plätschern zu ignorieren, und so gab es das Geräusch – nach chinesischem Verständnis – eigentlich gar nicht. Als ich mich zwischen den anderen hindurch zu dem Vorhang schlängelte und noch einmal zurück in die Menge blickte, stellte ich erstaunt fest, wie viele junge Leute hier waren. Fast die Hälfte der Mitglieder der DuYan-Gemeinde schien jünger als fünfundzwanzig zu sein. Ich hoffte, nach dem Mittagessen mit einigen von ihnen sprechen zu können.

Als die Predigt zu Ende war, traute ich meinen Ohren nicht – alle fingen an zu singen:

„Hört nicht nur auf die Predigten,
hört nicht nur auf die Predigten.
Wir hören nicht nur auf die Predigten ..."

Wir hatten Pastor Zhang gerade fast sechs Stunden lang zugehört, und jetzt sangen sie: „Hört nicht nur auf die Predigten"! Aber das Rätsel löste sich, als sie mit geballten Fäusten den Rest des Liedes sangen:

„Wir werden die Predigten leben,
wir werden die Predigten leben!"

„Wie kommt es, dass ihr so viele junge Leute in eurer Gemeinde habt?", fragte ich Fei, ein Mädchen, das neben mir saß. Ich öffnete mein Vesperpaket.

„Es kommen immer mehr Menschen zum Glauben an Jesus“, antwortete Fei. „Wir haben jetzt zwei Gottesdienste, einen morgens und einen abends, weil wir nicht mehr alle in einen Gottesdienst passen.“

„Tatsächlich?“ Ich staunte. Außer Liko hatte ich noch nie andere Christen in meinem Alter getroffen. Feis Antwort machte mich sprachlos.

„Dienstags haben wir ein Teenager-Treffen. Wir überlegen gemeinsam, wie wir in der Schule evangelisieren können, und sprechen über politische Maßnahmen.“

„Politische Maßnahmen?“, fragte ich zurück.

Fei zog einen Zeitungsartikel aus der Tasche ihrer weiten grauen Hose und deutete auf den letzten Absatz: „Die Kirche spielte eine wichtige Rolle, als der Kommunismus in Osteuropa zusammenbrach. ... Wenn China nicht das Gleiche erleben will, müssen wir das Kind ersticken, solange es noch in der Krippe liegt.“

„Das Kind in der Krippe ersticken?“, empörte ich mich. „Und das wird in der staatlichen Zeitung abgedruckt?“

„Ja, das war 1992. Aber sie sind heute noch genauso darauf aus, Kinder zu töten“, entgegnete Fei.

Ich sah zu An hinüber, die mit Frau Chen gemeinsam zu Mittag aß. „Ich weiß, was du damit sagen willst.“ Dann erzählte ich ihr von An – wie sie darum kämpfte, ihr Baby behalten zu dürfen, und dass sie nur knapp der Frauenvereinigung entkommen war.

„Satan hasst Kinder, besonders die von Christen“, ergänzte Fei. „Denk nur mal an Mose und Jesus, als sie Babys waren. Die grausamen Herrscher ihrer Zeit ordneten an, dass alle Säuglinge getötet werden sollten. Viele sind gestorben, aber einige haben überlebt. Diejenigen, die überlebt haben, lebten für Gott.“

„So habe ich das noch nie gesehen. Dann haben wir in China wohl auch grausame Herrscher, die Kinder hassen. Was plant ihr denn für politische Maßnahmen?“

„Na ja, die Kommunistische Partei sieht es als politische Maßnahme an, aber eigentlich ist es eine geistliche Maßnahme. Einmal hatten wir beschlossen, unseren Freunden in der Schule, die Mitglied in der KP waren, diesen Artikel zu zeigen. Dann haben wir ihnen von Jesus erzählt, der nicht unter dem grausamen Herrscher seiner Zeit gestorben ist, sondern heute noch lebt."

Ich sah sie skeptisch an. „Aber werdet ihr für so etwas nicht von eurer Schulleitung bestraft?"

„Früher mussten wir einiges durchmachen. Aber inzwischen sind wir so viele, dass sie uns schlecht alle auf einmal rausschmeißen können. Dann wären nur noch ein paar Schüler übrig und die Lehrer wären arbeitslos."

„Das ist aufregend", sagte ich, während mein Herz vor Spannung fast zersprang. So oft schon hatte ich davon geträumt, meinen Schulkameraden von Jesus zu erzählen, aber ich hatte Angst, dass ich dadurch mein Studium in Shanghai aufs Spiel setzen würde. Feis Geschichte machte mir neue Hoffnung.

Wir haben unsere eigenen Traktate geschrieben", sagte Fei. „Möchtest du ein paar haben?"

„Traktate?", hakte ich nach.

Fei gab mir ein kleines gefaltetes Blatt mit Bildern und Texten. Ich war erschrocken. „Das ist ja ein Kreuz!"

„Ja, wir wollten zeigen, wie Jesus gestorben ist."

„Und innen drin wird erklärt, wie man errettet wird?", fragte ich ungläubig.

Fei lachte. „Na klar. Möchtest du ein paar davon?"

„Ja!" Ich fühlte mich wie ein Kind, das zum chinesischen Neujahrsfest seinen roten Umschlag mit Geld darin bekommt. Da kam mir eine Idee. „Fei, Rot ist doch für uns Chinesen die Farbe des Glücks."

„Ja."

„Dann könnten wir die Traktate doch zu Neujahr mit dem Geld, das wir verschenken, in die roten Umschläge stecken! Wir könnten drei Enden des Kreuzes rot anmalen, um darzustellen, dass das Blut Jesu die beste Glücksfarbe ist, die die Menschheit je gesehen hat."

„Das ist eine großartige Idee", sagte Fei.

Und so verbrachten wir den Rest der Mittagspause damit, Pläne zu schmieden, wie wir beim nächsten chinesischen Neujahrsfest anderen Menschen die gute Nachricht weitergeben wollten.

Nach dem Mittagessen gab es eine Zeit, in der man über ein persönliches Erlebnis berichten konnte. Eine fünfundzwanzigjährige Frau, die Jiazhen hieß, stand als Erste auf.

„Vor zehn Jahren sind die Behörden gegen mich vorgegangen. Ich war damals sehr niedergeschlagen und fragte mich, warum mir das passieren musste. Ich war Christin und hatte mir nie etwas zuschulden kommen lassen. Warum gingen sie gegen mich vor und nicht gegen diejenigen, die wirklich etwas Böses getan hatten? ‚Glaubst du an Jesus?', schrien sie mich an. ‚Ja, ich glaube an ihn', erwiderte ich.

Mit der Zeit verging die Niedergeschlagenheit und ich habe mich nicht mehr selbst bemitleidet. Sie haben mir ein ein Meter fünfzig langes und dreißig Zentimeter breites Brett auf den Rücken gebunden und Zettel daran geheftet, auf denen meine angeblichen Verbrechen beschrieben waren. Sie setzten mir Eselsohren auf und gaben mir einen Gong, den ich schlagen musste, damit die Leute hörten, wenn ich kam."

Ich war fassungslos und konnte kaum glauben, dass diese junge Frau damals erst fünfzehn gewesen war, als sie diese Behandlung über sich ergehen lassen musste. „Ich kam mir vor wie ein Leprakranker, der dauernd ‚Unrein, unrein' rufen muss", fuhr sie mit ihrer Erzählung fort. „Sie machten sich noch mehr über mich lustig und schrieben mit vier Zeichen ‚Gott segnet' auf die Eselsohren. Sie wollten mich demütigen, aber ich trug es als Zeugnis dafür, dass Gott tatsächlich segnet. So ging ich die Straßen entlang und dankte Gott, dass ich die Botschaft verbreiten durfte, dass er segnet.

Nachdem sie mich wieder freigelassen hatten, ging ich nach Hause. In den nächsten Tagen kamen viele zu mir und fragten mich nach dem Gott, der segnet."

„Aaahhh", raunten die Anwesenden und riefen: „Gelobt sei Gott!"

Pastor Zhang wandte sich an einen alten Mann: „Gong Kai, komm und erzähl von deinen Erlebnissen mit der Hausgemeinde in Tanching."

Der alte Mann ging bedächtig nach vorne und setzte sich.

„Ich war in einem total überfüllten Gefängnis. Wir teilten uns zu zehnt eine winzige Zelle", fing er an zu erzählen. „Tagsüber durften wir nicht miteinander sprechen und auch nicht einnicken. Eine Wache schaute immer wieder durch eine Öffnung in der Tür, um uns zu kontrollieren. Viele von uns wurden krank oder drehten durch.

Eines Tages flüsterte ein Mitgefangener mir zu: ‚Wir sehen, dass dein Glaube dir Kraft gibt.' Und so fing mein neuer Dienst für Gott an. Eines Tages stürmte eine Wache in die Zelle und schrie mich an: ‚Hör sofort auf zu lächeln!' ‚Aber ich lächle gar nicht', erwiderte ich. ‚Doch, du lächelst!', schrie der Wärter weiter. Als er die Zelle verlassen hatte, sagten die anderen Gefangenen zu mir: ‚Deine Augen lächeln immer und du hast so ein Strahlen auf dem Gesicht!' Die meisten meiner Mitgefangenen waren keine Christen, zumindest zu diesem Zeitpunkt noch nicht.

Eine Zeit lang wurden wir täglich für siebzehn Stunden in die Reisfelder zum Arbeiten geschickt. Wir standen fast bis zu den Hüften im Wasser, bis unsere Körper mit wunden Stellen übersät waren. Für jemanden wie mich, der Ende fünfzig und an solche Arbeit nicht gewöhnt ist, war es fast unerträglich."

Ich warf einen Blick zu Frau Chen, die auf der anderen Seite des Raumes saß. Ihr Gesicht war tränennass.

„Aber noch schlimmer war es, sich die ganze Zeit das Gefluche der anderen Arbeiter anzuhören", fuhr der Mann fort. „Als ich mich bei Gott darüber beklagte, antwortete er mir: ‚Bist du heiliger als ich? Ich habe die absolute Reinheit des Himmels verlassen, um in eurer verkommenen Welt zu leben.' Manchmal ist es sehr schwer, aber so ist es, wenn man als Christ in China lebt. Wir müssen bereit sein, diesen Preis zu zahlen."

Pastor Zhang stand auf. „Diese Berichte erinnern an Sacharja 13, Vers 9: ‚Ich werde sie läutern wie Silber im Ofen, wie

Gold im Feuer. Sie werden zu mir um Hilfe rufen, und ich werde sie erhören! Dann sage ich zu ihnen: ‚Ihr seid mein Volk!‘, und sie antworten: ‚Du, Herr, bist unser Gott.‘“

Plötzlich durchbrach ein Schluchzen die Stille im Raum. Es war An, die auf die Knie gegangen war und weinte. Frau Chen hatte ihr den Arm um die Schultern gelegt.

„Möchten Sie uns etwas mitteilen, Frau Chen?“, fragte Pastor Zhang.

Frau Chen flüsterte An etwas zu.

„Nein, aber Liu An möchte etwas sagen.“

An zitterte und weinte, als sie aufstand.

„Ich möchte gerne auch Christ werden ... wenn Gott mich annimmt.“

Mir traten die Tränen in die Augen. „Halleluja!“, rief ich laut, und aus allen Ecken im Raum hallte dieses Wort wie ein Echo zurück. Frau Chen begleitete An nach vorne.

An kniete sich hin und betete mit leiser Stimme: „Jesus, ich weiß, dass du der Gott von Kwan So, Kwan Mei Lin und ihren Freunden bist. Du hast mich und mein Baby gefunden, als wir auf der Flucht waren und Angst hatten, und hast uns jetzt zu diesem sicheren Ort gebracht. Ich liebe dich, weil du freundlich zu mir bist, und ich möchte, dass du über mein Leben bestimmst. Bitte vergib mir all das Böse, das ich in meinem Leben getan habe.“

„Im Namen Jesu“, flüsterte Frau Chen.

„Im Namen Jesu“, wiederholte An.

Ich war so überglücklich, dass ich am liebsten für den Rest der Nacht in dieser kleinen Höhle geblieben wäre.

* * *

Gleich nach dem Treffen kam Fei zu mir und Liko. „Meine Eltern bieten Liu An an, bei uns zu wohnen“, sagte sie.

„Was habt ihr geplant, Liko?“, fragte ich und sah zu ihm auf.

Er strahlte vor Freude. „Dafür haben Pastor Zhang und ich

gebetet. Gott hat es Feis Familie aufs Herz gelegt, Liu An zu helfen. Ich glaube, Gott hat uns die Entscheidung abgenommen."

Liko, mein Vater, An und Feis Eltern arrangierten das neue Versteck. Ich notierte mir Feis Adresse, denn ich wusste, dass Großmutter sie wissen wollte. Wir verabschiedeten uns und verließen nach Sonnenuntergang die Gemeinde. Es hatte aufgehört zu regnen, und so fanden die Christen aus Tanching den Heimweg auch ohne Likos Hilfe. Ich war froh, als wir endlich Zeit hatten, uns zu unterhalten.

Ich erzählte Liko von Feis Plänen, in der Schule zu evangelisieren, und zeigte ihm im Schein der Laterne die Traktate, die sie mir gegeben hatte. „Mir kam die Idee, Traktate zu basteln, die wir bei der nächsten Neujahrsfeier in die roten Geldumschläge stecken könnten", sagte ich. „Fei und ich haben uns etwas überlegt."

„Die Leute bekämen die Traktate zu einer Zeit der Glück- und Segenswünsche", sagte Liko. „Das klingt sehr gut."

„Hast du gewusst, dass unsere staatliche Zeitung 1992 einen Artikel abgedruckt hat, in dem steht, dass unsere Regierung vorhabe, das Kind zu töten, solange es noch in der Krippe liege?"

„Wie makaber", sagte Liko. „Sie haben keine Ahnung, dass das Kind in der Krippe heute noch lebt."

„Wir sollten ganz Tanching sagen, dass Jesus kein kleines Baby mehr ist, sondern heute hier in unserem Dorf lebt!"

„Ganz Tanching? Wie soll das gehen?", fragte Liko.

„Ich weiß auch nicht. Doch! Lass uns ein großes Plakat malen und es irgendwo aufhängen, wo alle es lesen können."

„Bist du dir sicher, dass wir das machen sollen?", fragte Liko. „Du weißt hoffentlich, dass du damit dein Studium aufs Spiel setzt?"

„Ich habe mich noch nie in meinem Leben so sehr darauf gefreut, anderen von Jesus erzählen zu können. Fei und ihre Freunde sind so mutig. Sie hat mir erzählt, dass sie am Anfang viel verfolgt wurden, aber dass die Behörden sie jetzt meistens in Ruhe lassen. Vielleicht wird es bei uns genauso sein, Liko."

„Wie wäre es mit dem Marktplatz?“

„Mit dem Marktplatz?“, fragte ich.

„Für das Plakat. Selbst Durchreisende könnten es dann sehen.“

„Das ist genial!“

In der Zwischenzeit waren wir schon fast zu Hause angekommen.

„Am besten treffen wir uns wieder im alten Kuhstall“, sagte ich. „Bis dahin können wir uns überlegen, wie wir noch von Jesus weitererzählen könnten.“

„Kannst du irgendwo ein großes Plakat organisieren?“, fragte Liko. „Dann könnten wir Freitag daran arbeiten.“

„Ping kann mir sicher helfen. Ihre Tante ist Lehrerin.“

„Super! Dann treffen wir uns am Freitag nach Sonnenuntergang im Kuhstall, in Ordnung?“, fragte Liko.

„Bis Freitag“, sagte ich, als wir uns verabschiedeten.

Kapitel 10

Jede Woche ging eine Hälfte unserer Gemeinde in die Hausgemeinde nach DuYan – immer im Wechsel, sodass jeder alle zwei Wochen den Gottesdienst besuchte. Im November und Dezember mussten wir die Fußmärsche bei eisiger Kälte und Dunkelheit bewältigen, aber es regnete nicht mehr so oft. An war jede Woche mit dabei. Sie kam mit den Gongs, Feis Familie. Sie sah aus, als ob das Kind jeden Moment auf die Welt kommen könnte, aber sie nahm immer noch an den Gottesdiensten teil.

Liko und ich trafen uns Freitagabend im Kuhstall. Zitternd saßen wir beim Schein der Laternen, über denen wir unsere klammen Finger wärmten, und bereiteten das Plakat und die Traktate vor. Wir verwendeten alle Bibelverse, die uns einfielen.

„Was meinst du, wann sollten wir anfangen, die Traktate auszuteilen?“, fragte Liko eines Abends. Es war Anfang Dezember.

„Lass uns am 24. damit anfangen“, antwortete ich. „Das Plakat können wir am Heiligabend aufhängen.“

„Gute Idee. Aber warum bereiten wir das Ganze nicht ein wenig vor? Wenn wir die Traktate in der Woche vorher austeilen, dann werden sogar die Buddhisten den Text auf dem Plakat verstehen.“

„Wunderbar!“, sagte ich. „Ich kann ein paar Traktate in der Schule auf den Tischen oder in den Büchern liegen lassen. Wo wirst du sie verteilen?“

„Ich werde es auf dem Marktplatz versuchen. Und ich habe auch überlegt, ob ich den alten Einzahn besuche.“

„Ist das nicht ein bisschen gewagt?“, warf ich ein. Ich musste lächeln ob seiner Kühnheit. Wir saßen nebeneinander auf dem staubigen Boden und bastelten an unseren Traktaten. „Wenn ein paar von den jungen Leuten Christen werden, dann haben wir freitagabends vielleicht ein bisschen Hilfe hierbei. Vielleicht wird es hier dann auch eine Jugendgruppe geben, wie in Feis Gemeinde.“

„Und du würdest die Gruppe leiten?“, sagte Liko.

„Ich? Warum nicht du?“

„Ich kann nicht so gut vor anderen sprechen wie du“, erwiderte er.

„War das jetzt ein Kompliment?“, neckte ich ihn.

Liko grinste mich nur an. „Du weißt doch, dass ich eher ein stiller Typ bin. Ich zeichne und du redest.“

„Du hast dir das alles schon fix und fertig ausgedacht, nicht wahr?“

Liko lächelte, aber dann wurde er ernst. „Mei Lin, hast du dir überlegt, was das hier für Folgen für dich haben kann, wenn Kader Fang davon erfährt?“

Schon bei der Erwähnung dieses Namens stieg in mir die Wut hoch. „Ich glaube, Kader Fang ist momentan mehr um eine Heiratserlaubnis bemüht, als dass er sich um revolutionäre Aktivitäten kümmert.“

„Dann könnte er sehr eifersüchtig werden, wenn er herausfindet, dass wir uns jede Woche treffen.“

„Dann ist er eben eifersüchtig. Ich werde ihn nicht heiraten“, sagte ich bestimmt, während ich weiter die Bilder auf den Weihnachtstraktaten anmalte. Eine kurze Zeit arbeiteten wir schweigend weiter.

„Hat er denn ... Grund, eifersüchtig zu sein?“, fragte Liko zögernd.

Ich spürte, wie ich langsam rot wurde. Plötzlich bemerkte ich, dass Liko sehr dicht bei mir saß.

„Ich ... ich habe ihm gesagt, du seist für mich wie ein Bruder."

„Bin ich für dich wirklich wie ein Bruder?", fragte er.

Ich sah ihn an und war erschüttert, als er fortfuhr. „Ping hat mir erzählt, was der Kader zu dir gesagt hat und dass er bereit ist, auf dich zu warten, bis du mit der Uni fertig bist. Und dass du ihn deine Hand hast halten lassen."

Ich sprang auf und verstreute dabei die Traktate überall im Raum.

„Das hätte sie dir nie erzählen dürfen!"

Liko war erschrocken. So versuchte ich leiser und mit ruhigerer Stimme weiterzusprechen. „Ich habe ihm gesagt, dass du ein guter Freund bist, und habe ihn meine Hand halten lassen, um dich zu schützen. Er ginge dir bestimmt an den Kragen, wenn er den Eindruck hätte, dass ich mehr für dich empfinde."

Liko stand auf, steckte die Hände in die Taschen seiner weiten Hose und schaute mir in die Augen. „Ping sagte, dass du vorhast, ihn zu heiraten, und dass du dich bei ihm bedankt hast für seine Großzügigkeit, dir in Tanching eine Stelle als Lehrerin zu verschaffen."

„Das hat er mir nur angeboten, damit er sein Ziel erreicht", erwiderte ich erregt. „Natürlich habe ich mich bei ihm bedankt. Ich habe mich bedankt, damit er meine Pläne, auf die Uni zu gehen, nicht durchkreuzt – und um dich zu schützen."

„Tut mir leid. Ich wusste einfach nicht mehr, was ich denken sollte", sagte er und steckte seine Hände noch tiefer in die Taschen. Er sah so traurig aus, dass ich ihm einfach nicht länger böse sein konnte.

„Mir tut es auch leid", sagte ich. „Ping will nur nicht, dass ich mich weiter mit dir treffe, weil du politisch geächtet bist. Sie drängt mich ständig, Mitglied der KP zu werden. Sie will, dass ich dich vergesse, und dass du glaubst, dass ich den Kader heiraten will."

Ich blickte in seine Augen und versuchte herauszufinden, was er wohl jetzt dachte, während er mich anschaute.

„Stimmt das wirklich, Mei Lin? Warum macht sich Ping solche Sorgen um dein Interesse an mir?"

Ich sah zu Boden. Jetzt musste ich ihm die Wahrheit sagen, auch wenn es wehtat.

„Sie glaubt, dass ich in dich verliebt bin, dem westlichen Denken verfallen bin und aus Liebe heiraten will, statt aus politischen und finanziellen Gründen."

Liko hob mein Kinn an und legte seine andere Hand auf meine Schulter.

„Ich habe für uns beide gebetet, Mei Lin", sagte er und sah mir tief in die Augen.

„Ich weiß nicht, was ich dazu sagen soll", erwiderte ich, suchte verlegen nach Worten und wich seinem Blick aus. Es war das erste Mal, seit ich Liko kannte, dass ich mich in seiner Gegenwart unwohl fühlte.

„Sag nichts, solange du dir nicht sicher bist, dass du dir selbst gegenüber ehrlich sein kannst – und mir gegenüber."

Ich spürte seine zärtliche Fürsorge. Seine Hand lag immer noch auf meiner Schulter. Ich legte meine Hand auf seine und sah ihm in die Augen.

„Ich mag dich sehr, Liko, aber ich bin einfach noch nicht so weit, an Heiraten zu denken. Ich will immer noch nach Shanghai an die Uni. Wenn ich mein ganzes Leben in Tanching verbringen muss, komme ich mir vor wie ein Tier im Käfig."

Liko nickte. „Danke, dass du ehrlich zu mir bist." Er zwinkerte und fügte hinzu: „Dann werden wohl zwei warten, bis du mit der Uni fertig bist."

Ich drückte seine Hand und lächelte. „Amah meint, dass sich deine politischen Probleme in ein paar Jahren vielleicht von selbst erledigen. Sie sagt, es kommen neue Regierungsprogramme und alles würde wieder anders werden."

„Das hoffe ich", antwortete er.

„Kader Fang wird wohl lange warten müssen", sagte ich.

Wir mussten beide kichern und die Spannung zwischen uns löste sich.

Wir ließen uns wieder auf dem Boden nieder und arbeiteten weiter. Aber in mir hatte sich etwas verändert. Ich war mir absolut sicher, dass ich Kader Fang nicht heiraten wollte. Aber zum ersten Mal war ich so ehrlich, mir selbst einzugestehen, dass ich Chen Liko sehr mochte. Über eines war ich mir ganz sicher: Die Freundschaft mit ihm würde ich nie preisgeben. Liko war sanft und klug und er war stark in seinem Glauben.

„Liko, ich werde Ping nichts von unserer Unterhaltung sagen. Es ist vielleicht besser, wenn sie denkt, dass wir nichts mehr miteinander zu tun haben. Sonst kann es sein, dass sie es meldet, weil sie der Ansicht ist, dass es langfristig besser für mich ist."

„Du wirst sicher dafür sorgen, dass sie eines dieser Traktate bekommt. Vielleicht bekehrt sie sich ja."

„Vielleicht. Wenn sie einen christlichen Soldaten findet, der ihr zwei Ventilatoren und einen Farbfernseher kauft."

„Dafür wird es viel Gebet brauchen", sagte Liko.

Liko war bei unseren geheimen Treffen immer sehr bemüht, mich vor jeder möglichen Gefahr zu schützen. Als wir also an diesem Abend mit unseren Vorbereitungen fertig waren, ging er zuerst weg, nahm alles mit und versteckte es gut. Ich wartete, bis ich seine hochgewachsene Gestalt in der Ferne verschwinden sah. Dann machte ich mich leichten Fußes auf den Heimweg. Ich wusste, dass er auch weiter für unsere Beziehung beten würde. Es gab mir ein sicheres Gefühl zu wissen, dass er betete und mich nicht wie Kader Fang belästigte.

„Vater!", rief ich, als ich im Haus war.

Vater saß vor dem Ofen, drehte sich zu mir um und lächelte. „Ja, mein Kind?", antwortete er.

„Vater, ich muss dir etwas ganz Aufregendes erzählen. Liko und ich haben einen Plan. Wir wollen in der Woche vor Weihnachten Traktate verteilen und an Heiligabend auf dem Marktplatz ein Plakat aufhängen!"

Vater reagierte zögerlich und gab mir ein Zeichen, mich zu

ihm an den Tisch zu setzen. „Ich weiß nicht recht, Mei Lin", sagte er. „Das ist sehr gefährlich."

„Ist das nicht so, wenn man als Christ in China lebt?", fragte ich und zitierte den alten Mann aus der Hausgemeinde in DuYan. „Ich dachte, du freust dich."

„Ich freue mich ja, mein Kind", sagte er und drückte meine Hand. „Du erinnerst mich an deine Mutter, wenn du so fröhlich ans Evangelisieren herangehst."

Ich hielt das für den geeigneten Moment, von meiner Auseinandersetzung mit Großmutter zu erzählen.

„Vater, Amah hat mir erzählt, dass Mutter im Gefängnis war."

„Was?"

„Sie war böse mit mir, weil ich sie davon abhalten wollte, den Ahnen Weihrauch zu opfern. Sie sagte, sie täte das, um unsere Ahnen zu beschwichtigen, weil sie verärgert seien wegen unserer Treffen in der Hausgemeinde. Sie wusste, dass Pastor Chen beobachtet worden war, und sie sagte, so hätten auch Mutters Probleme angefangen."

Ich sah Tränen in Vaters Augen. „Mei Lin, ich wünschte, du hättest es nicht auf diese Art erfahren, aber ich bin froh, dass du es jetzt weißt. Deine Mutter war der beste Christ, den ich je gekannt habe. Vielleicht verstehst du jetzt, warum ich dich vor deinen neuen missionarischen Aktivitäten warne. Die Haftstrafen dauern heute zwar meist nur noch drei Jahre und keine zwanzig mehr, aber die Arbeitslager sind grausam. Viele Gefangene werden gefoltert, manche sogar getötet. Du musst dir darüber im Klaren sein, welches Risiko du eingehst, und du musst sicher wissen, dass es Gottes Wille ist, dass ihr das macht."

„Ich werde weiter darüber beten. Aber erzähl mir bitte mehr von Mutter."

Vater beugte sich vor und faltete seine Hände. Es sah fast aus, als wollte er beten, und er sprach mit einem tiefen Ernst in der Stimme. „Deine Mutter wurde kurz nach unserer Hochzeit Christ. Ich war kein Christ und habe ihr das Leben sehr schwer gemacht. Oft habe ich sie davon abgehalten, zu den Treffen der Hausgemeinde zu gehen. Aber ich konnte sie nicht davon abhalten, Gott und die Menschen zu lieben. Oft gab sie Schriften über Jesus weiter und sprach mit den anderen Bauern, mit denen sie zusammen auf dem Feld arbeitete, über den Glauben."

Jetzt strahlte Vater vor Stolz auf Mutter. „Sie war sehr mutig. Sogar nach deiner Geburt ging sie oft über den Berg nach DuYan, um dort Bibeln und christliche Literatur zu holen."

„DuYan? Dort, wo wir jetzt in den Gottesdienst gehen?", fragte ich.

„Ja, genau in diese Gemeinde. Bei der großen Säuberung von 1980 waren uns alle Kassetten und Bibeln abgenommen worden. Ausländer durften nicht mehr hierherkommen. Zum Glück hatten wir noch die Bibel, die deine Mutter versteckt hatte."

„Ist das die, die die Polizei neulich verbrannt hat?", fragte ich weiter.

Vater nickte. „Sie ließen Mutter 1983 wieder frei." Er sah zur Seite, als ihm die Tränen über sein sonnengebräuntes Gesicht liefen.

Ich hatte einen Kloß im Hals und ebenfalls Tränen in den Augen. Noch nie hatte ich Vater weinen sehen.

„Als sie nach Hause kam, flehte sie uns an, ihren Verfolgern zu vergeben", fuhr er fort. „‚Wenn ihr ihnen nicht vergebt, werdet ihr bald genauso voller Hass sein wie sie', sagte sie oft. Ihre Bereitschaft zu vergeben hat es bewirkt, dass mein Herz schließlich weich wurde und ich Jesus als meinen Retter annahm." Er seufzte tief. „Ich bin so froh, dass ich das noch vor ihrem Tod tat. Das war all diese Jahre mein einziger Trost."

„Und Amah?", fragte ich. „Was hat Amah davon gehalten?"

„Amah hat versucht zu vergeben, aber es fiel ihr schwer. Sie dachte, dass es vielleicht ihre Schuld war, dass deine Mutter gefoltert wurde, weil sie während der Kulturrevolution die Buddhafiguren weggeworfen und nicht mehr jeden Tag zu

Buddha gebetet hatte. Dass sie Christ werden sollte, nachdem sie mit ansehen musste, wie sehr ihre Schwiegertochter wegen dieses Glaubens gelitten hatte, war zu viel für sie."

„Vater! Jetzt ist mir klar, warum Amah drei alte Buddhafiguren und unsere Ahnentafeln im alten Kuhstall versteckt hat."

„Im Kuhstall?", fragte er.

„Ja, Liko und ich haben sie in einer Schachtel in einem Loch im Boden gefunden. Sie sind so hässlich!"

Vater stand auf und ging zur Türe, um nachzusehen, ob Großmutter nicht in der Nähe war und unsere Unterhaltung hören konnte. „Die alte Dame führt doch immer irgendetwas im Schilde. Das erklärt auch ihr seltsames Verhalten. Vielleicht kannst du jetzt verstehen, warum ich möchte, dass du dir ganz sicher bist, dass euer Plan Gottes Wille ist, Mei Lin."

„Ich werde weiter darüber beten, Vater", versprach ich, stand auf und ging um den Tisch herum zu ihm. „Bitte mach dir um mich keine Sorgen. Es ist mein letztes Schuljahr. Ich bin sicher, dass Gott uns beschützen wird, wenn wir sein Evangelium weitersagen."

„Manchmal lässt er es auch zu, dass wir für das Evangelium leiden", erwiderte Vater langsam und legte seine Hände auf meine Schultern.

Ich war schockiert. „Gott will doch bestimmt noch mehr christliche Lehrer in China haben! Warum sollte er wollen, dass ich leide, wenn durch mich als Lehrerin noch so viele Menschen für ihn gewonnen werden könnten?"

„Gottes Wege und Gedanken sind höher als unsere, Mei Lin. Versichere dich nur, dass du für ihn evangelisierst und nicht für dich."

Ich fühlte mich ein wenig entmutigt und sah auf meine Füße, um seinem durchdringenden Blick auszuweichen. „Ja, Vater. Ich habe ja gesagt, dass ich weiter darüber beten werde, und das werde ich auch tun."

„In der Zwischenzeit werde ich einmal mit Amah über ihre Ahnenverehrung sprechen", sagte Vater und ging zur Tür hinaus.

Kapitel 11

Die nächsten zwei Wochen vergingen wie im Flug. Liko und ich waren in dieser Zeit mit der Vorbereitung für unsere Weihnachtsevangelisation beschäftigt. Die Predigten und Berichte in der Hausgemeinde in DuYan ermutigten und bestärkten uns weiterzumachen.

Und schließlich war es so weit. Heiligabend fiel dieses Jahr auf einen Freitag. Dadurch hatten wir die ganze Woche davor Zeit, die Traktate zu verteilen und von Jesus zu erzählen. Am Sonntagabend trafen wir uns im alten Kuhstall. Nachdem wir unser Material sortiert hatten und feststellten, dass alles vorbereitet war, gingen wir auf die Knie und beteten für die vor uns liegende Woche.

„Vater im Himmel, wir bitten dich, dass nächste Woche viele Menschen dich finden", betete ich. „Zeig uns, wer bereit ist, dein Evangelium zu hören."

„Leite du uns und hilf uns klug zu handeln", betete Liko. „Wir möchten nicht töricht wirken, wenn wir mutig von dir erzählen."

Es war, als sei es eine Unterhaltung zwischen Jesus, Liko und mir. Wahrscheinlich war es das auch wirklich.

„Gott, bitte gib uns deine Kraft", sagte ich.

„Ja, bitte", bekräftigte auch Liko.

„Gib uns die richtigen Worte, wenn wir mit den Menschen reden. Hilf uns, damit wir sie so sehen können, wie du sie siehst. Gib uns die Gewissheit, dass wir das alles für dich tun und nicht für uns selbst."

„Und beschütze uns", betete Liko zu Gott. „Vor allem möchten wir einfach Jesus an seinem Geburtstag ehren."

„Im Namen Jesu beten wir."

„Amen", schlossen wir unser Gebet einstimmig ab.

Schweigend standen wir auf.

„Liko, lass uns ..."

„Pssst." Liko legte den Finger an die Lippen.

Dann hörte ich es auch. Ein Schlurfen näherte sich dem Stall. Liko konnte die Laterne gerade noch auslöschen, als wenige Sekunden darauf eine Gestalt in der Tür erschien.

„Mei Lin, du musst schnell nach Hause kommen."

Wir atmeten erleichtert auf.

„Amah, du hast uns ganz schön erschreckt. Was ist los?"

„Kader Fang ist da, um dich zu sehen. Dein Vater hat ihn in ein Gespräch verwickelt, damit ich dich holen kann. Ich habe gesagt, du seist spazieren gegangen."

„Sicher nur etwas Geschäftliches", sagte ich und wollte mich selbst und Liko überzeugen. „Ein Mann kann schließlich nicht einfach ein junges Mädchen besuchen, es sei denn ..."

„Es sei denn, er will um ihre Hand anhalten", beendete Liko den Satz für mich.

„Aber dann muss er eingeladen sein", sagte ich. „Das kann es also nicht sein. Ich muss einen Moment nachdenken. Was soll ich zu ihm sagen?"

„Liko, du solltest noch eine Weile hier warten, bevor du heimgehst", warnte Großmutter ihn. „Der Kader hat die Hong-yen-Krankheit, er hat rote Augen vor Eifersucht. Wenn er dich mit Mei Lin zusammen sieht, wird es ganz bestimmt Ärger geben. Mei Lin, geh jetzt, bevor er dich sucht."

Großmutter ließ ihren Blick durch den Stall schweifen und schlang die Arme um ihren Körper, um sich warm zu halten.

„Hier ist es eiskalt, Mei Lin. Es ist kaum zu glauben, dass ihr euch mitten im Winter immer noch hier trefft."

Aber als wir zum Haus hinuntergingen, spürte ich den eisigen Wind nicht. Ich war wie betäubt. Was sollte ich sagen? Was wollte der Kader wohl?

„Herr, gib mir die richtigen Worte", betete ich im Stillen.

„Beleidige den Kader nicht, Mei Lin", warnte mich Großmutter schon zum dritten Mal.

„Ein Mann kann nicht einfach gegen meinen Willen um meine Hand anhalten. Und er kann mich auch nicht zwingen, ihn zu heiraten." Ich ging schneller, um ein Stück vor ihr zu gehen.

„Vater!", rief ich, als ich ins Haus trat.

„Mei Lin", sagte Vater. „Kader Fang möchte dich sprechen."

„Vielleicht können wir miteinander reden", sagte der Kader.

„Sie kommen gerade rechtzeitig zum Tee", erwiderte ich und ging schnell zum Herd, um einen Moment Zeit zu gewinnen und meine Gedanken zu sammeln. „Möchten Sie uns nicht Gesellschaft leisten?"

Kader Fang fühlte sich sichtlich unwohl. „Ja, danke."

Großmutter wollte ihm Obst servieren, aber ich schüttelte den Kopf. Ich wollte den Kader bei seiner Partnersuche nicht noch ermutigen.

„Worüber möchten Sie mit mir sprechen?", fragte ich, während ich heißes Wasser in die Teetassen goss.

Kader Fang sah zu Vater und Großmutter.

„Ich bin gekommen, um dir zu sagen, dass deine Bewerbung um einen Studienplatz in Shanghai angenommen wurde", sagte er mit einem selbstgefälligen Lächeln.

„Was, schon?" Ich war erstaunt.

„Vorausgesetzt natürlich, du bestehst die Abschlussprüfung", erwiderte Kader Fang. „Aber nach dem, was deine Freundin Ping mir erzählt hat, dürfte das kein Problem sein. Trotzdem kommt man nicht so ohne weiteres an die Universität von Shanghai. Ohne *Guanxi,* ohne Beziehungen, wärst du nicht angenommen worden."

Obgleich ich es mir nicht anmerken ließ, kochte ich vor Wut bei dieser Andeutung, dass es seine Beziehungen gewesen seien, die mir die Tür zur Universität geöffnet hätten.

„Bitte verzeihen Sie meine Frage, aber wie haben Sie das herausgefunden?", fragte ich.

„Der Schuldirektor hat mich informiert", antwortete er. „Er lobt deine schulischen Leistungen in den höchsten Tönen."

„Mei Lin lernt viel, damit sie gute Noten bekommt", sagte Vater. „Sie arbeitet oft stundenlang an ihren Hausaufgaben."

„Manchmal mache ich einen Spaziergang, um wieder einen klaren Kopf zu bekommen, bevor ich mit dem nächsten Fach weitermache", warf ich ein.

„Und dann hast du auch noch die Gartenarbeit zu erledigen", fügte Großmutter hinzu.

„Ich verstehe", erwiderte Kader Fang Yinchu und sah uns der Reihe nach misstrauisch an. „Mei Lin ist in ihrem Abschlussjahr sehr beschäftigt."

„Ping ist auch sehr beschäftigt", sagte ich, um das Thema zu wechseln. „Sie muss daheim mehr mithelfen als ich, weil ihre Eltern beide bis spät auf den Feldern und auf dem Bauernhof arbeiten. Ich habe Glück, dass Amah zu Hause ist und Vater das meiste alleine macht."

„So verwöhnt zu werden, hält nicht lange", erwiderte der Kader und richtete sich auf, während sein schwarzer Schnauzbart nervös zuckte. „Arbeit ist gut. Der große Parteichef Mao hat gesagt: ‚Je mehr die jungen Leute studieren, desto dümmer werden sie.'"

Mittlerweile kochte ich vor Wut und Großmutter hatte es bemerkt.

„Arbeit ist gut", stimmte Großmutter zu. „Darauf wurde unser Land aufgebaut. Und auf diese Weise werden unsere Reisschüsseln voll."

Meine Wut wich meiner Bewunderung für Großmutter. Sie

konnte mit den kommunistischen Parolen umgehen und Spannungen schlichten wie kaum ein anderer.

Der Kader grinste beinahe. Er dachte sicher, Großmutter sei auf seiner Seite. Es ist zwar nicht besonders christlich, aber am liebsten hätte ich ihm die Augen ausgekratzt. Aber Großmutter hatte mich animiert, bei dem kommunistischen Taktikspielchen mitzumachen.

„Ich hoffe, dass ich später als Lehrerin viele Kinder und Jugendliche dazu anregen kann, sich den großen Parteichef Mao zum Vorbild zu nehmen“, sagte ich.

„Aha, du hast also ein hohes Ziel als zukünftige Lehrerin“, erwiderte der Kader. „Ich bin beeindruckt von der Parteitreue Ihrer Tochter, Kwan So.“

„Mei Lin hat ihren eigenen Kopf, sei es zum Guten oder zum Schlechten“, sagte Vater und grinste mich an.

„Vater“, sagte ich in einem bewusst vorwurfsvollen Ton. Alle lachten.

Ich war erleichtert, als der Kader aufstand, um zu gehen. „Vielen Dank für den Tee, Mei Lin“, sagte er. „Kann ich dich vielleicht einmal auf einem deiner Spaziergänge begleiten?“

„Nun ja, wir schreiben bald die Mittsemesterklausuren, da mache ich nur kleine Pausen beim Lernen. Das wird vielleicht ein bisschen schwierig ...“

„Schon recht, vielleicht geht es dann nach den Klausuren.“

„Vielen Dank, dass Sie uns über meine Aufnahme an der Universität von Shanghai informiert haben. Das sind wunderbare Nachrichten“, sagte ich, um das Thema zu wechseln und mich nicht mit ihm verabreden zu müssen.

„Gern geschehen“, antwortete er. „Gute Nacht, Kwan So und Amah.“

„Gute Nacht, Kader“, antwortete Vater.

„Besuchen Sie uns einmal wieder zum Abendtee“, sagte Großmutter.

Ich zwickte sie von hinten in den Arm.

„Ich komme vielleicht noch auf Ihre Einladung zurück, vielen Dank“, erwiderte er und verschwand in die Nacht hinaus.

„Unser Kader ist ganz schön hartnäckig", sagte Vater.

„Hartnäckig? Das ist ein gerissener alter Fuchs", schnaubte Großmutter.

„Und, war ich vorsichtig genug mit meinen Worten, Großmutter?"

„Du hast dich gut verstellt, Mei Lin", sagte sie und begann, die Tassen zu spülen.

Vater wartete, bis Großmutter zum Ofen ging, bevor er halblaut zu mir sagte: „Mei Lin, Kader Fang wird dich von jetzt an vielleicht genauer beobachten, um eine Gelegenheit abzupassen, mit dir zu reden. Sei sehr vorsichtig bei deinen missionarischen Aktivitäten."

„In der Schule sieht er mich nicht. Und das meiste habe ich dort vor."

„Es war ganz schön gewagt von ihm, deinetwegen zur Schulleitung zu gehen. Vielleicht hat er auch jemanden in der Schule beauftragt, dich zu beobachten."

„Ich komme schon klar", sagte ich und wollte dabei auch mir selbst Mut machen.

Als ich an diesem Abend im Bett lag, versuchte ich, den Besuch des Kaders zu vergessen. Ich freute mich auf die spannende Woche, die vor uns lag, in der wir die Traktate verteilen und den anderen von Jesus erzählen wollten. Ich war fest entschlossen, meinen Eifer nicht durch die Gedanken an den Kader abschwächen zu lassen.

* * *

Am nächsten Morgen traf ich mich mit Liko auf dem Weg zur Schule. Er hatte zwei Säcke voll Feldfrüchte und zwei Hühner an einer Bambusstange auf den Schultern, um sie auf dem Markt zu verkaufen.

„Was war mit dem Kader?", fragte er.

„Er war gekommen, um mir zu sagen, dass ich an der Uni von Shanghai angenommen bin, vorausgesetzt, ich bestehe die Abschlussklausuren."

„War das alles, was er wollte?“, fragte Liko weiter.

„Er hat gefragt, ob er mit mir spazieren gehen könnte. Ich habe ihm aber keine Hoffnungen gemacht, sondern gesagt, ich sei zu beschäftigt mit dem Lernen. Amah sagt, er sei ein gerissener Fuchs.“

„Amah ist sehr klug. Vielleicht sollten wir das mit den Traktaten verschieben.“

„Nein, ich muss nur ein bisschen vorsichtiger sein, das ist alles. Und du auch, Liko. Geh kein unnötiges Risiko ein. Wir wissen immer noch nicht, wer deinen Vater verraten hat.“

„Hast du das noch nicht gehört?“

„Was denn?“, fragte ich.

„Es war Huang Yans Vater, der meinen Vater an die Polizei verraten hat.“

„Aber warum ...“ Aber dann dämmerte es mir. Herr Huang war wütend auf seine Frau, weil sie immer zu unseren Gottesdiensten ging. Sie hatte berichtet, dass er sie manchmal aussperrte. Dass er Pastor Chen verraten hatte, war wohl seine Rache dafür, dass seine Frau sich zum christlichen Glauben bekehrt hatte.

„Das ist ja nicht zu fassen!“, sagte ich.

„Frau Huang ist ganz durcheinander. Sie hat Mutter gestern einen Brief geschrieben und ihr gesagt, wie schrecklich leid ihr das alles tut. Es ist nicht ihre Schuld, aber du musst jetzt besonders vorsichtig sein in der Schule. Wir wissen nicht, ob Huang Yan dich dort beobachtet. Jeder weiß, dass wir beide befreundet sind.“

„Ich werde aufpassen, Liko. Aber ich denke trotzdem, dass wir unseren Plan durchziehen sollten.“

„Also treffen wir uns Freitagabend im Kuhstall?“

„Ja! Ich kann es kaum erwarten, das Plakat aufzuhängen. ‚Das Kind, das vor 2.000 Jahren auf die Welt kam, lebt heute hier in Tanching.‘ Wow!“

„Das wird sicher eine Menge Aufmerksamkeit erregen“, sagte Liko.

„Und die Herzen auch, hoffe ich. Wir treffen uns besser erst nach Sonnenuntergang, für den Fall, dass der Kader sich wieder eine Ausrede einfallen lässt, um zum Tee zu kommen."

„Also bis dann, Mei Lin. Gott sei mit dir."

„Und mit dir auch, Chen Liko." Ich ging langsamer, um ihm einen Vorsprung zu lassen.

Ich starrte ihm nach, beobachtete seine weit ausholenden Schritte und sah auf seine starken Schultern und sein kurzes schwarzes Haar, das in der Morgensonne glänzte.

„Danke, Gott, dass du mir einen so guten, fürsorglichen Freund gegeben hast", flüsterte ich.

„Mit wem sprichst du?", fragte Ping, als sie von hinten angerannt kam, ihre Schultasche auf dem Rücken.

„Mit wem redest du denn?", gab ich zurück.

„Das ist doch Liko, oder?", fragte sie, als sie der Gestalt nachschaute, die gerade um die nächste Straßenecke bog und dann nicht mehr zu sehen war. „Ein Leben als Bäuerin, das ist es, was seine Frau einmal erwartet. Nein, schlimmer noch: Er wird noch nicht einmal eine Zuteilungskarte bekommen. An ihm ist ein guter Arzt verloren gegangen."

„Amah sagt, dass die Dinge sich mit der Zeit ändern. Vielleicht sieht in ein paar Jahren alles gar nicht mehr so schlimm für ihn aus."

„Das glaubst du doch nicht wirklich?", fragte Ping. „Dir fällt das Glück in den Schoß und du wirfst es weg wie alte Socken."

„Wer sagt, dass ich es wegwerfe? Ich will einfach nur sicher sein, dass ich erst an die Uni nach Shanghai gehen und Lehrerin werden kann."

„Das kann ich gut verstehen", sagte Ping. „Ich will ja selbst aus Tanching weg. Hast du schon für die Physikklausur gelernt?"

Ich nickte.

„Der Stoff ist so schwer. Ich bin schon im ersten Kapitel steckengeblieben."

Wir wechselten das Thema. Im Stillen betete ich für Ping und bat Gott, dass er ihr Herz empfänglich machen sollte für Jesus.

„Treffen wir uns wieder unter dem Baum zum Mittagessen?“, fragte sie, als wir auf den Schulhof kamen.

„Ja, in Ordnung“, antwortete ich.

Bis zum Mittagessen hatte ich schon sieben Traktate ausgeteilt. Es war ganz einfach! Eines ließ ich bei einer Klassenkameradin auf dem Stuhl liegen, drei in Büchern in der Bibliothek, zwei in der Toilette und das letzte bei meiner Englischlehrerin auf dem Pult. Ich dachte, dass sie vielleicht offener sei für eine westliche Religion als andere.

* * *

„Mei Lin, du siehst aus, als hättest du einen fetten Fang gemacht“, sagte Ping, als wir gemeinsam unter der großen Pappel saßen und unsere Vesperpakete öffneten. Im eisigen Dezemberwind mussten wir unsere Jacken bis oben zumachen. „Lief die Physikklausur gut?“

„Ich weiß nicht. Bisher habe ich schon oft gedacht, es lief gut, und dann fiel sie doch nicht so gut aus. Mal sehen.“

Ich senkte den Kopf und betete vor dem Mittagessen, eine Angewohnheit, die Ping in den letzten Monaten jeden Tag bei mir gesehen hatte. Früher traute ich mich nicht, ein Dankgebet vor dem Essen zu sprechen, aber seit ich gesehen hatte, wie mutig die Teenager in DuYan waren, wagte auch ich es, egal, ob es zu Hause oder in der Öffentlichkeit war.

„Was ist los?“, fragte sie, als ich wieder aufsah. „Du strahlst über das ganze Gesicht.“

Ich nahm allen Mut zusammen und betrachtete diese Frage als die Gelegenheit, für die ich gebetet hatte, um Ping von Jesus zu erzählen.

„Ich strahle, weil ich Jesus Christus in meinem Herzen habe. Ich erzähle dir selten davon, aber es vergeht kein Tag, an dem ich nicht an ihn denke.“

„Wer ist er?“, fragte sie und biss in einen Apfel.

„Siehst du den blauen Himmel?“, sagte ich, lehnte mich auf meine Ellbogen gestützt zurück und deutete durch die kahlen Zweige nach oben. „Jesus sprach und der Himmel wurde erschaffen. Siehst du diesen dicken, starken Baum? Jesus hat auch die Ahnen dieses Baums erschaffen."

„Und du glaubst das wirklich?", fragte sie mit vollem Mund.

„Ja, ich glaube alles, was in der Bibel steht."

„Diese Vorstellung von der Schöpfung steht also in der Bibel?"

„Ja, und da steht noch viel mehr drin", sagte ich.

„Was zum Beispiel?"

Die Worte kamen jetzt wie von selbst, und ich war überglücklich. Zum ersten Mal fragte Ping mich nach meinem Gott, der den Himmel und die Erde gemacht hat.

Als ich fertig war mit Erzählen, meinte sie: „Na ja, für mich ist das nichts, glaube ich, aber irgendetwas scheint dran zu sein. Du bist immer so fröhlich."

„Das ist die innere Freude, die Jesus schenkt", sagte ich zu ihr. Pings Blick ging an mir vorbei, und ich bemerkte, dass sich jemand von hinten genähert hatte.

„Kwan Mei Lin, ich muss mit dir sprechen, und zwar alleine." Es war Herr Jiang, mein Politiklehrer. Sofort stand ich auf und grüßte ihn respektvoll.

„Ich bin ohnehin fertig", sagte Ping und stand mit besorgtem Blick auf. „Bis heute Abend, Mei Lin." Bevor sie das Schulgebäude betrat, blickte sie noch einmal zurück.

„Mei Lin, du warst immer eine hervorragende Schülerin hier an unserer Schule", begann Herr Jiang. „Es tut mir sehr leid, dass ich dich jetzt, in deinem Abschlussjahr, ermahnen muss. Ich habe gesehen, dass du den Kopf neigst, bevor du zu Mittag isst. Würdest du mir erklären, was das zu bedeuten hat?"

Furcht packte mich. Meine Knie waren auf einmal wie Pudding.

„Das mache ich vor jeder Mahlzeit, Lehrer Jiang."

„Ja, das habe ich gesehen. Aber warum machst du das?"

„Ich bete vor dem Essen." Ich war plötzlich wie gelähmt.

„Zu Gott?“

„Äh ... ja.“

„Mei Lin, das ist Verrat an der KP. Die Sicherheitsbehörde wird das niemals zulassen. Wo bleibt deine Loyalität gegenüber der Partei? Hast du denn gar nichts gelernt in meinem Unterricht?“

„Aber ich bin der Partei treu“, sagte ich. Warum fand ich nur keine Worte?

„Wenn du der Partei treu bist, dann muss das mit dieser westlichen Religion aufhören. Sie wird deine Gedanken vergiften und dir deine Zukunft als Lehrerin der Volksrepublik China zerstören.“

„Es tut mir leid, Lehrer Jiang. Ich wollte Sie nicht enttäuschen.“

„Dann hör auf mit dieser Religion und dem Beten und ich werde diese Unterhaltung vergessen. Wenn du aber noch einmal in irgendeine christliche Aktivität verwickelt bist, werde ich es melden. Eigentlich müsste ich dich jetzt schon melden, aber es wäre jammerschade um dein Talent. Du wirst einmal eine sehr gute Lehrerin, Mei Lin.“

„Vielen Dank, Lehrer Jiang. Sie sind sehr freundlich.“

Als er ging, fühlte ich mich wie eine Verräterin. Was war ich nur für ein Christ, wenn mich bei der ersten Bedrohung der Mut verließ?

Den Rest des Nachmittags verbrachte ich wie unter einer dunklen Wolke aus Schuldgefühlen und Scham. Als mich der Schulleiter vor der letzten Unterrichtsstunde vor dem Klassenzimmer zur Seite nahm, lief es mir eiskalt den Rücken hinunter.

„Kwan Mei Lin, Lehrer Jiang hat heute Nachmittag mit dir gesprochen, nicht wahr?“ Der Schulleiter beugte seinen kleinen, kräftigen Oberkörper nahe zu mir herüber.

„Ja.“

„Und was soll dann das hier?“, fragte er und wedelte mit einem der christlichen Traktate.

„Das ist ein Zettel mit der Geschichte vom allerersten Weihnachten“, antwortete ich so ehrlich wie möglich. Meine Knie zitterten, aber ich war froh, dass ich nicht weich wurde unter den Fragen des Schulleiters, wie vorher bei Lehrer Jiang.

„Ein solches Fehlverhalten muss sofort bestraft werden. Du bist schuld, wenn unsere Schule ihren guten Ruf verliert. Wir werden zum Gespött der ganzen Provinz. Ich werde dafür sorgen, dass so etwas nicht noch einmal vorkommt.“

„Ich habe nicht ganz verstanden, was Sie meinen“, antwortete ich.

„Geh nach Hause, du bist von der Schule ausgeschlossen.“

„Was? Aber ich ...“

„Du bist so lange von der Schule ausgeschlossen, bis du ein schriftliches Bekenntnis deiner Sünden gegen die Schule und den Staat abgibst. Du musst darin versprechen, dass du dieser westlichen Religion absagst, diesem ... diesem Jesus Christus.“

Fassungslos drehte ich mich um und verließ das Schulgebäude. Das Herz schlug mir vor Angst bis zum Hals, und als ich draußen war, fing ich an zu rennen. Ich rannte immer schneller, die Schotterstraße entlang nach Hause. In mir herrschte ein Chaos aus Gefühlen und Sorgen. Aus war es mit Shanghai. Nichts mehr mit Lehrerin werden. Aus der Traum.

Vater sah mich vom Garten aus und kam zum Haus. Großmutter folgte uns nach drinnen.

„Vater, es ist so schrecklich“, weinte ich und warf mich ihm in die Arme. „Du hattest Recht, sie haben mich beobachtet. Lehrer Jiang sagte, sie hätten gesehen, dass ich immer vor den Mahlzeiten gebetet habe. Nach dem Unterricht kam dann der Schulleiter und hatte eines der Traktate in der Hand. Vater, sie haben mich aus der Schule geschmissen. Ich werde niemals nach Shanghai gehen.“

Obwohl ich am Boden zerstört war, hielt ich die Tränen zurück. Tränen waren ein Zeichen von Schwäche, und ich wollte doch stark sein.

„Das ist erst der Anfang“, sagte Vater nüchtern. Plötzlich bemerkte ich, dass er zitterte und sich auf die Stuhllehne stützte.

„Wie meinst du das?", fragte ich ihn.

„Er wollte damit sagen, dass das jetzt den Behörden gemeldet wird, mein Kind", sagte Großmutter. „Ich wusste, dass uns diese Bibel nur Unglück bringen wird."

„Es reicht, Amah!", fuhr Vater sie an. Ich hatte ihn noch nie in so einem Ton mit ihr reden hören. „In diesem Haus werden wir uns niemals für das Evangelium schämen!"

„Vater, was soll ich jetzt tun? Ich muss es Liko erzählen."

Draußen hörten wir ein Motorengeräusch.

„Kwan So, Kwan Mei Lin", rief eine tiefe Stimme vom Hof her.

Vater ging zur Tür. „Bleib drin, Mei Lin", sagte er im Gehen zu mir.

Es war Kader Fang Yinchu in Begleitung von fünf bewaffneten Polizisten. „Diese Beamten der Sicherheitsbehörde möchten mit euch beiden sprechen."

Vater blieb nichts anderes übrig, als drei der Polizisten ins Haus zu lassen, während zwei draußen Wache standen. Er gab mir ein Zeichen, mich hinter ihn zu stellen.

„Mei Lin, dein Schulleiter hat uns berichtet, dass du von der Schule ausgeschlossen wurdest", fing der Kommandant an. „Kannst du uns verraten, warum?"

„Ich bete vor den Mahlzeiten. Und ... er hat ein Traktat gefunden, das ich geschrieben habe."

„Was hat er gefunden?"

„Ein Traktat", antwortete ich und fühlte, wie meine innere Stärke zurückkehrte. „Das ist ein Zettel ..."

„Ich weiß, was das ist", fuhr er dazwischen und warf seine Aktentasche auf den Tisch. „Hier ist Papier und ein Stift. Wir bleiben so lange hier, bis du ein schriftliches Bekenntnis deiner Sünden gegen den Staat geschrieben hast."

„Sünden?", fragte ich und kam mir unglaublich dumm vor.

„Du musst bekennen, dass dieses gefährliche Christentum eine falsche Religion ist, und deine Treue zur Partei erklären. Du musst dich von diesem Jesus Christus lossagen."

„Oh“, stöhnte Großmutter und hielt sich die Hand vor den Mund.

„Ich verstehe, dass Sie Ihre Pflicht tun müssen ...“, ergriff Vater das Wort.

„Ruhe!“, unterbrach ihn der Beamte und winkte die anderen beiden herzu, damit sie Vater mit ihren Gewehren in Schach hielten. Sie drängten ihn zur Seite, sodass ich dem Kommandanten Auge in Auge gegenüberstand.

„Kader!“, befahl der Beamte.

„Mei Lin, diese Männer werden dir nichts tun“, sagte Kader Fang Yinchu mit zuckersüßer Stimme. „Tu, was sie von dir verlangen, dann werde ich mich darum kümmern, dass du wieder in die Schule gehen kannst.“

„Jesus ist mein Herr“, sagte ich leise. „Ich kann ihn nicht verleugnen.“

„Kader!“ Der Kommandant befahl Kader Fang, seinen Pflichten nachzukommen.

„Mei Lin, was du tust, ist Selbstmord“, flehte der Kader mich an. „Du sollst doch nur versprechen, dass du nicht mehr betest und keine verführerische religiöse Literatur mehr verteilst.“

Ich starrte den Kader an. Zum ersten Mal fühlte ich Liebe für ihn. Es war Gottes Liebe. „Das kann ich nicht.“

„Mei Lin, das hier ist kein Spiel! Was ist mit Shanghai und der Universität? Was ist mit deinen Zukunftsträumen? Bedeutet dir das alles nichts mehr? Wenn du dich weigerst, wirst du alles verlieren.“

Ich sah zu Vater und Großmutter hinüber. „Ich kann den, der sein Leben für mich gegeben hat, nicht verleugnen.“

„Konterrevolutionärin!“, schrie der Kommandant. „Kader!“

Kader Fang starrte mich verzweifelt an. „Bitte, Mei Lin!“

Meine Augen verrieten ihm meine Antwort.

„Verhaftet sie“, sagte er mit schwacher Stimme. Er drehte mir den Rücken zu und ging hinaus.

Die anderen beiden Polizisten, die draußen Wache gestanden hatten, kamen jetzt herein. Einer von ihnen schlug mich mit seinem Schlagstock auf den Rücken. Ich war schockiert, und bevor ich reagieren konnte, traf schon ein zweiter Schlag meinen Arm, und ich fiel zu Boden. Ich zuckte vor Schmerzen zusammen und versuchte nicht zu weinen, um Vater und Großmutter nicht zu beunruhigen. Aber mein Schweigen veranlasste den Polizisten, nur noch fester zuzuschlagen.

„Lasst sie in Ruhe!“, rief Vater und versuchte, sich aus dem Griff der beiden Polizisten, die ihn hielten, zu befreien. „Es ist meine Schuld. Ich habe ihr gesagt, sie soll das tun.“

Sie hielten ihn fest und zwangen ihn zuzusehen, wie sie mich schlugen.

Vater weinte verzweifelt und schrie: „Nein, nicht! Es ist meine Schuld. Schlagt mich. Nicht! Aufhören!“ Ich wusste, dass das, wovor er sich am meisten gefürchtet hatte, jetzt vor seinen Augen geschah.

Sie hörten auf, mich zu schlagen, und stießen Großmutter in ihren Schaukelstuhl. „Gnade, Gnade!“, schrie sie immer wieder.

Als ich wieder aufstehen konnte, hob der Kommandant seine Hand und schlug mich mitten ins Gesicht. Ich sah Blitze vor meinen Augen, fiel gegen die Stuhllehne und versuchte, mich daran festzuhalten.

„Wenn dein Christus stärker ist als die KP, dann soll er dich doch retten“, spottete er. Er war schweißgebadet und bei jedem Satz roch man seinen Mundgeruch. „Gestehe deine Sünden gegen den Staat. Verleugne diesen Jesus Christus.“

Etwas Warmes lief von meiner Unterlippe. Es war Blut. In meiner Verwirrung sah ich plötzlich Jesus, wie er am Kreuz hing, und spürte den Hass der Menschen, die ihn geschlagen hatten, bis ihm das Blut über das Gesicht lief. Es mag seltsam klingen, aber ich fühlte mich auf einmal geehrt, mit ihm leiden zu dürfen.

Mit großer innerer Ruhe erklärte ich: „Jesus ist mein Herr.“

Vor Wut über meine Antwort schlug er mich noch einmal mit dem Stock auf den Rücken. Ich stolperte vorwärts und versank in tiefem Schwarz. Als mein Kopf auf den Boden schlug, sah ich noch einmal Blitze zucken.

Ich klammerte mich an den Küchenstuhl und versuchte aufzustehen. Mir war schwindlig vor Schmerzen, dann wurde mir schlecht und das Zimmer begann sich zu drehen.

Der Polizist riss mir die Arme auf den Rücken und ich bekam noch einen Schlag in den Nacken. Dann kam mir der Boden entgegen.

Das Letzte, das ich noch hörte, war Großmutters Schrei.

Kapitel 12

Als ich wieder zu mir kam, war alles schwarz um mich. War ich wach oder träumte ich nur? Meine Gedanken waren wie verschwommen. Ich fühlte etwas Warmes meinen Arm hinunterlaufen. Ich tastete danach und merkte, dass es Blut von den Schlägen war. Ich versuchte, stark zu sein und nicht zu weinen, aber die Tränen bahnten sich unweigerlich ihren Weg. Dabei hatte ich mir fest vorgenommen, nicht zu weinen.

Meine Zunge und meine Lippen waren angeschwollen, weil ich so lange nichts mehr getrunken hatte. Ich war unglaublich durstig, sodass ich eine Zeit lang an nichts anderes denken konnte. Ich rieb mir mit den Fingerspitzen die Tränen von den Wangen und versuchte, damit meine Zunge und meine Lippen etwas zu befeuchten. Das Salz brannte, aber die Feuchtigkeit tat gut.

Der beißende Geruch von menschlichen Exkrementen kratzte mich im Hals. Der Boden war nass von menschlichen Ausscheidungen. Ich wusste, dass ich irgendwo unter der Erde war. Wie lange war ich wohl bewusstlos gewesen?

Als sich vor mir ein Schatten bewegte, fuhr ich zusammen. Mein Kopf klopfte durch die plötzliche Bewegung und mein ganzer Körper brannte wie Feuer vor Schmerzen. Da war wieder der Schatten. Eine Ratte.

„Hau ab!", schrie ich und hielt mir im selben Moment die Hand vor den Mund. Einige meiner Zähne waren locker und bluteten. Das Sprechen tat weh. Die Übelkeit übermannte mich wieder, aber ich konnte nur noch bittere Galle spucken, weil ich nichts mehr im Magen hatte.

Als es besser wurde, war mir kalt. Ich rückte an die Wand und blieb in der Hocke, sodass ich nicht auf dem schmutzigen Boden sitzen musste. Ich konnte beim Beten kaum noch die Lippen bewegen.

„Jesus, danke, dass du mir die Kraft gegeben hast, dich nicht zu verleugnen", flüsterte ich. Meine Zähne klapperten vor Kälte und Furcht.

„Oh Gott, ich fühle mich so elend. Bitte hilf mir. Bitte hilf mir!" Auf einmal fühlte ich eine Welle von Einsamkeit und dunkler Furcht. „Bitte, Gott, antworte mir." Jetzt klapperten meine Zähne noch heftiger. Ich schloss die Augen und versuchte, die Tränen zurückzuhalten.

„Ich dachte, du würdest mich schützen, damit ich den anderen Schülern dein Evangelium erzählen kann. Was ist passiert? Wäre ich eine schlechte Lehrerin geworden?"

Meine Gedanken überschlugen sich. Ich verurteilte mich selbst für die Vergangenheit und zweifelte an der Zukunft. „Herr, willst du, dass ich den Rest meines Lebens in Tanching verbringe oder in diesem schmutzigen Gefängnis? Bin ich ein schändliches Element für dein Königreich? Ich weiß, dass ich stolz bin, Herr. Bitte vergib mir."

Ich musste an meine Mutter denken, die bis zu ihrem Tod gelitten hatte, und an Pastor Chen, der ins Gefängnis gekommen und dessen Besitz beschlagnahmt worden war. Seine Familie musste nun ohne ihn zurechtkommen. „Gott, gibt es noch Gerechtigkeit?", fragte ich. Ich weinte in meiner Verwirrung und mein Glaube wurde immer schwächer.

Dann musste ich an meine eigene Familie denken. Würden sie unser Haus auch ausräumen? Würden Großmutter und Vater auch alles verlieren und sich alleine durchschlagen müssen? Es war verrückt, darüber nachzudenken.

„Was habe ich nur getan?“, weinte ich laut. „Herr, bitte beschütze Vater, Amah und Liko. Vergib mir alle meine Sünden. Lass nicht sie dafür leiden. Lass sie nicht auch ins Gefängnis kommen, bitte, Gott, bitte!“

Ich suchte einen Weg aus der Finsternis, betete, bis meine Zähne so sehr schmerzten, dass ich nicht mehr beten konnte. Ich war vollkommen erschöpft und hatte gar keine seelische oder körperliche Kraft mehr. Ich zog die Knie hoch bis unters Kinn und glitt allmählich wieder in einen Dämmerzustand.

* * *

Als ich aufwachte, war es immer noch finster. Nach einer Weile gewöhnten sich meine Augen an die Dunkelheit. Ich hatte die Gemeindeältesten, die schon Ähnliches durchgemacht hatten, von solchen Gefängnissen erzählen hören. Einige hatten mit eigenen Augen gesehen, wie andere Christen während der Haft gestorben waren. Meine Mutter war eine davon.

Ich war erst achtzehn und fragte mich, auf welcher Seite ich wohl landen würde: bei den Überlebenden oder bei den Toten? Ich überlegte, wo ich mich gerade befand. Es gab Tausende von Gefängnissen und Arbeitslagern in China. Ob ich wohl immer noch in der Provinz Jiangxi war?

Ich beschloss, meine neue Umgebung näher zu untersuchen. Dieses Kellerloch war sehr viel kälter, als ich es von zu Hause gewohnt war. Es gab kein Bett und kein Fenster, nur eine Tür ohne Türgriff. Schwach und hinkend setzte ich einen Fuß vor den anderen und maß so die Größe der Zelle aus. Sie war zehn Fuß lang und acht Fuß breit. Die Decke konnte ich mit der Hand berühren.

Ich war drauf und dran, an die Tür zu hämmern und den Wärtern zu verstehen zu geben, dass ich hinauswollte, aber ich beherrschte mich. Ich erinnerte mich an die Erzählungen von Mutters Haftzeit und die Geschichten von den Verhören und Schlägen, von denen die Ältesten berichtet hatten. Also beschloss ich, ruhig zu bleiben, abzuwarten, bis meine Wunden heilten, und die Zeit anders zu nutzen.

Meine Kräfte waren durch meine Entdeckungstour ganz aufgebraucht. Ich lag neben der Tür und begann in Gedanken mein neues Zuhause „einzurichten“. Ich beschloss, neben der Tür zu schlafen. Die linke hintere Ecke sollte die Toilette sein. Der Eingang war gleichzeitig das Kopfende meines Bettes, damit ich vor den Ratten die Mahlzeiten bekam – falls es überhaupt etwas zu essen gab. Die Ecke rechts neben der Tür sollte meine Gebetsecke sein. Essen wollte ich auf meiner Schlafstelle.

Ich fühlte mich besser, nachdem ich meine Zelle in die verschiedenen Funktionsbereiche eingeteilt hatte. Dann legte ich mich neben die Tür und sehnte mich danach, aus der kalten Dunkelheit in die Welt der Träume zu entfliehen, wo ich mit meinem Vater durch sonnendurchflutete Reisfelder ging oder mich auf dem Weg zur Hausgemeinde mit Liko unterhielt. Schließlich schlief ich ein.

* * *

Mit einem Ruck wachte ich auf. Dunkle Gedanken erfüllten mich. Großmutter hatte Recht gehabt. Ich hätte mir Kader Fang nicht zum Feind machen dürfen. Und die Bibel unserer Hausgemeinde – hatte Großmutter nicht gesagt, sie würde Unglück bringen? War das alles der Grund, warum erst meine Mutter und jetzt ich ins Gefängnis gekommen waren und geschlagen wurden?

Ich berührte meine Fingerspitzen. Würde ich auch eines Tages mit bis auf die Knochen verbrannten Fingerspitzen heimkommen? Mich schauderte und ich versteckte meine Hände unter den Achseln.

Die Dunkelheit beherrschte nicht nur die Zelle, sondern sie breitete sich auch in meinem Inneren aus. Ohne Tageslicht hatte ich jedes Zeitgefühl verloren. Ich hatte das Gefühl, dass die Finsternis nur auf eine Gelegenheit wartete, um beim ersten Anzeichen von Schwäche über mich herzufallen.

Dann musste ich an Vaters Worte denken: „Gottes Wege und Gedanken sind höher als unsere, Mei Lin. Du musst dir nur sicher sein, dass du für ihn evangelisierst und nicht für dich selbst." Dieser Satz war mir jetzt beinahe unerträglich. Hatte ich das alles für Gott oder nur für mich selbst getan? Warum hatte alles so ein schlimmes Ende genommen?

Ich wusste, dass meine Niedergeschlagenheit von der Sicherheitspolizei kalkuliert war, um mich zu zermürben. Aber es schien unmöglich zu sein, an irgendetwas Positives zu denken, und so begann ich, laut Bibelverse aufzusagen.

„Ich werde immer bei euch sein, bis ans Ende der Welt", sagte ich laut. „Ich bin stark im Herrn und in der Kraft seiner Stärke."

Meine Gedanken am Laufen zu halten war wichtig, aber was sollte ich mit meinem Magen machen? Würden die Bibelverse auch meinen Bauch füllen? Mein Körper fühlte sich leer und schwach an. Ich hatte keine Ahnung, wie lange ich bewusstlos gewesen war, aber nach meinem Hungergefühl zu urteilen, war ich wohl schon mindestens drei oder vier Tage, vielleicht sogar eine ganze Woche hier.

„Herr, bitte gib mir etwas zu essen", betete ich. „Ich fühle mich so schwach von den Schlägen und bin so hungrig und durstig." Ich wälzte mich auf die andere Seite und stieß an etwas Kaltes. Eine Schale! Sie fühlte sich an, als sei sie aus Holz. Aber sie war leer.

Die Ratten hatten wohl den Inhalt gefressen. Auf Händen und Knien suchte ich den Boden nach weiteren Gegenständen ab. Dabei stieß ich etwas um. Es war ein Krug Wasser mit einem fest verschlossenen Deckel! Zitternd vor freudiger Erwartung kniete ich mich hin und trank die kostbare Flüssigkeit. Ich goss mir ein klein wenig davon in die Hand und rieb mir damit über das Gesicht. Ich spürte, wie das Wasser meinen ausgemergelten Körper belebte.

Plötzlich hörte ich draußen Füße schlurfen.

Eine kleine Luke ganz unten in der Tür öffnete sich und ein kostbarer Lichtstrahl fiel herein.

„Können Sie mir sagen, wo ich bin?", rief ich durch die Öffnung.

„Gib mir deine Reisschüssel und deinen Wasserkrug", erwiderte eine barsche Frauenstimme.

Schnell trank ich den letzten Schluck Wasser und reichte die leere Schüssel und den Krug durch die Öffnung. Dankbar sah ich, wie eine gefüllte Schüssel und ein neuer Wasserkrug zurückkamen. Ich fühlte große, kalte Reiskörner zwischen den Fingern. Die Klappe fiel zu und ließ sich von innen nicht mehr öffnen.

„Wo bin ich?", fragte ich noch einmal.

Keine Antwort. Die Frau war schon weitergegangen. Wie ich diese Dunkelheit hasste!

Ich bemerkte, wie sich etwas neben mir bewegte.

„Nein!", schrie ich und spürte, wie eine Ratte über meine Hand lief, in der ich den Reis hielt. Instinktiv schüttelte ich sie ab.

Plötzlich kamen noch mehr Ratten und liefen um meine Reisschüssel. Erschreckt und schockiert rollte ich mich zu einer Kugel, um mich zu schützen. Dabei fiel die Reisschüssel um und der Inhalt verteilte sich auf dem Boden. Innerhalb von Sekunden hatten die Ratten alles aufgefressen und waren durch irgendein Loch in der Wand wieder verschwunden.

Und wieder spürte ich, wie die Niedergeschlagenheit mich überkam und mich mit einer Dunkelheit umfing, die noch viel bedrohlicher schien als die in meiner Zelle. Die Wut stieg in mir hoch. Ich griff nach der Reisschüssel und schleuderte sie quer durch die Zelle gegen die Wand.

„Ich hasse euch!", schrie ich den Ratten nach. „Nächstes Mal kriege ich euch!" Es war ein gutes Gefühl, wütend zu sein.

„Und ich hasse die Sicherheitspolizei! Und die KP! Ich hasse ..."

Ich hielt inne.

„Nein!", schrie ich. „Gott, vergib mir." Ich zitterte am ganzen Körper, als ich versuchte, die Wut in mir zu unterdrücken. „Hilf mir, dass ich nicht hasse. Hilf mir zu vergeben. Oh Gott, ich bin so wütend. Ich möchte die Menschen hassen, die mir das antun. Ich möchte sie hassen für das, was sie meiner Mutter angetan haben. Ich habe noch nie so viel Hass gespürt. Bitte hilf mir zu vergeben. Aber ich weiß einfach nicht, wie."

Meine verzweifelten Gebete verebbten schließlich in einer hoffnungsvollen Stille, und ich lauschte auf die schlurfenden Schritte, die mir meine kostbare Mahlzeit brachten. Überleben war das Wichtigste, und so schmiedete ich einen Plan, wie ich meine Reisschüssel schützen konnte.

Bevor der Lichtstrahl das nächste Mal in meine Zelle drang, setzte ich mich vor der Öffnung auf den Boden und schützte sie mit meinen Beinen. So konnte ich die Ratten abwehren und gleichzeitig die Klappe offenhalten.

Schließlich öffnete sich die Klappe wieder und die Ratten kamen – etwa ein halbes Dutzend. Da ich nur meine Hände zur Verteidigung hatte, hielt ich die Reisschüssel mit der linken Hand dicht an meinen Oberkörper und wehrte die Ratten mit der rechten Hand ab. Manche flogen in die andere Ecke, andere rollten über den Boden. Währenddessen fiel die Klappe wieder zu.

Es war wieder stockdunkel. Die Ratten waren hartnäckig und kamen zurück.

„Jesus, hilf mir!", schrie ich. Ich sprang auf und trat nach den Ratten, wenn ich sie kommen fühlte. Der Kampf mit den Ratten dauerte so lange, bis zwei von ihnen tot waren, nachdem ich sie mit den Füßen gegen die Wand geschleudert hatte. Ich überlegte noch, was ich mit ihnen tun sollte, da merkte ich, wie die Schatten der anderen zurückkamen und die Leichen mit sich wegzogen. Ich versuchte, mir nicht vorzustellen, was wohl mit ihnen passieren würde. Ich musste mich auf meine erste Mahlzeit hier im Gefängnis konzentrieren. Der „Reis" erwies sich als Kaoliang, eine Art grobes chinesisches Sorghum. Die Körner waren kalt und schwer zu kauen. Ich fragte mich, wie lange ich wohl bei dieser Diät durchhalten würde.

Nachdem ich aufgegessen hatte, fand ich etwas, das wohl das Hemd eines Vorgängers gewesen war. Ich machte es mit einem Teil meiner Wasserration nass und begann, den Boden zu wischen. Überall waren getrocknete und zersetzte Exkremente. Das Putzen gab mir ein Gefühl von Ordnung und Stabilität. Es war etwas, was ich in der Hand hatte.

Die Reisschüsseln waren das Einzige, an dem ich die Zeit messen konnte. Ich beschloss, die Minuten zu zählen. Ich lehnte mich gegen die Steinmauer und zählte laut: eintausendeins, eintausendzwei ... bis eintausendsechzig.

„So", sagte ich in die Dunkelheit, „das war jetzt eine Minute."

Dann betete ich für Vater und Großmutter, dass sie nicht an einen so schrecklichen Ort kämen und Gott sie irgendwie wissen ließ, dass ich am Leben war. Dann betete ich für Liko, dass er mich nicht vergessen würde, während ich in diesem stinkenden, schwarzen Loch saß, und dass er nie in so eine Dunkelheit käme. Tief in meinem Innern wusste ich, dass er für mich betete.

Ich dachte an Shanghai. In meiner jetzigen Lage war der Traum sinnlos geworden. Aber dennoch brauchte ich einen Traum, etwas, auf das ich mich freuen konnte und das mir die Kommunisten nicht nehmen konnten. Immer wieder fragte ich mich, ob Gott einen Strich durch meine Pläne gemacht hatte, weil ich eine schlechte Lehrerin geworden wäre.

Meine Einsamkeit und die Schmerzen ließen in mir die Sehnsucht nach den Beziehungen zu Hause wachsen. Manchmal betete ich, dass ich bald heimgehen könne. Aber dann brach der alte Kampf wieder in mir auf, und ich sehnte mich danach, anderen von Jesus zu erzählen, wie ich es an jenem Tag unter der Pappel mit Ping getan hatte. Ich dachte an Vaters Worte: „In diesem Haus werden wir uns niemals für das Evangelium schämen."

„Herr Jesus, bitte gib mir Weisheit und Kraft", betete ich. „Und ganz gleich, wo ich jetzt bin, gib mir die Kraft, das Evangelium zu predigen."

Manchmal nahmen mich Gedanken der Hoffnungslosigkeit gefangen und ich dachte sogar an Selbstmord. In diesen Momenten sagte ich mir die Bibelverse auf, die ich auswendig gelernt hatte. Vielleicht war es ja gut, dass unsere Gemeinde nur eine einzige Bibel hatte. Ich hatte viel mehr auswendig gelernt, als mir bisher bewusst gewesen war.

Oft sang ich Gott einfach Loblieder. Ich hatte Paulus und Silas bewundert, weil sie im Gefängnis Loblieder gesungen hatten. Jetzt wurde mir klar, dass diese Lieder nicht nur für Gott bestimmt waren, sondern ebenso für die Gefangenen. Diese Lieder lösten mich aus der ständigen Dunkelheit und der Einsamkeit und hoben mich in die wunderbare Gegenwart Jesu, wo alle Träume möglich sind und überall nur Licht, Liebe und Frieden herrschen.

Und dann kam der Tag – oder vielleicht war es auch Nacht –, an dem die Gefängniswärter kamen und mich holten. Ich erschrak, als ich hörte, wie sich Schritte meiner Zellentür näherten.

Der Türriegel wurde geöffnet.

Licht!

Ich konnte gar nichts sehen. Das Licht, nach dem ich mich so sehr gesehnt hatte, blendete mich. Zwei Wächter mit kräftigen Händen packten mich, rissen mich hoch und zerrten mich aus der Zelle.

Sie waren seit Tagen die ersten Menschen, die ich sah oder mit denen ich sprach.

„Bitte sagen Sie mir, wo ich hier bin", sagte ich. „Sind wir hier in der Provinz Jiangxi?"

Einer der Wärter lachte schallend. „Hey, sie will wissen, ob sie in Jiangxi ist", sagte er zu dem zweiten Wärter. Jetzt lachten sie beide und schoben mich vor sich her. Der erste spuckte auf den Boden.

Ich stolperte, fiel mehrmals hin und versuchte, mich an der Wand abzustützen. Als sich meine Augen allmählich an das Licht gewöhnt hatten, kamen wir in ein Büro. Nachdem sie mich in einen Stuhl vor einem Schreibtisch gestoßen hatten, ließen sie mich alleine und verschlossen die Tür.

Ich sah mich schnell um und entdeckte eine Uhr. Es war halb drei. Es gab keine Fenster – ich wusste also nicht, ob es Tag oder Nacht war, aber vermutlich war es Nachmittag. Rechts an der Wand hing ein Kalender. Es war März.

Ich war also mindestens zehn Wochen in meiner Zelle gewesen. Nächsten Monat würde ich neunzehn werden.

An der Wand hinter dem Schreibtisch hing die feuerrote China-Flagge und darunter eine Karte Chinas. Ich entspannte mich etwas. Es sah nicht nach einem Folterraum aus. Dazu war alles viel zu ordentlich und intakt.

Die Tür hinter dem Schreibtisch öffnete sich, und der Gefängnisaufseher kam herein. Seine helle Haut und seine braunen Haare verrieten mir, dass er aus dem Norden kam. Er war sehr groß und breit, viel größer als die Männer in Jiangxi. Ich biss mir auf die Lippe und betete im Stillen.

Er sah auf ein Blatt Papier vor sich auf dem Tisch und begann laut vorzulesen: „‚Kwan Mei Lin, Alter: achtzehn Jahre, Geburtsort: Provinz Jiangxi, Vater: Kwan So, Mutter: tot. Lebt bei der Großmutter väterlicherseits, Schulabschluss der örtlichen weiterführenden Schule.'" Er sah mich an. „Stimmt das?"

„Ich sollte den Abschluss im Mai dieses Jahres machen", antwortete ich. „Könnten Sie mir sagen, wo ich bin?"

„Du bist im Gefängnis von Shanghai." Er rieb sich sein breites Kinn und blätterte die Papiere auf seinem Schreibtisch durch.

Ich musste ein Kichern unterdrücken. Es gab offensichtlich verschiedene Möglichkeiten, nach Shanghai zu kommen.

Der Aufseher fuhr fort: „‚Mutter inhaftiert von 1980 bis 1983 wegen Anstiftung und Aufruf zur Konterrevolution und wegen Verteilen von aufrührerischer Propaganda.' Stimmt das?"

„So hat man es mir erzählt. Ich war damals noch klein", antwortete ich.

Ohne aufzusehen, las er weiter: „‚Kwan Mei Lin ist angeklagt, weil sie die gesellschaftliche Ordnung und das religiöse Leben in Tanching gestört hat.'"

Ich traute meinen Ohren kaum. Wollte er mich jetzt und hier verurteilen, ohne eine Gerichtsverhandlung?

„,Kwan Mei Lin hat an Kirchenveranstaltungen teilgenommen, die nicht über die Drei-Selbst-Kirche registriert waren. Sie praktizierte öffentlich in der Schule religiöse Rituale und Aktivitäten. Sie hat aufrührerische religiöse Propaganda verteilt, zu konterrevolutionären Aktivitäten angestiftet und aufgerufen. Sie steht unter Verdacht, mit feindlichen Kräften im Ausland zu kollaborieren.'" Er sah auf und lehnte sich über den Schreibtisch zu mir. „Stimmt das?"

Ich war wie erstarrt. Die Anklage machte mich ganz benommen.

„Ich ... ich weiß nicht", antwortete ich schließlich.

„Fräulein Kwan ...", sagte er in einem großväterlichen Ton. „Gestehen Sie Ihre Sünden gegen den Staat." Er schob mir einen Stift und einen Stapel leerer Blätter über den Tisch. „Dann können Sie nach Hause gehen zu Ihrem Vater und Ihrer Großmutter und einer Arbeitseinheit zugeteilt werden. Vielleicht wird die Universität Sie sogar noch annehmen, wenn sich Ihr Denken wieder geändert hat."

Das war eine glatte Lüge. Keine Universität würde jemanden aufnehmen, der als Konterrevolutionär im Gefängnis gesessen hatte.

„Schreiben Sie einfach ein Schuldgeständnis und dass Sie nicht mehr an Jesus Christus glauben."

Ich konnte ihn nur anstarren.

„*Fanxing,* Konterrevolutionärin! Überdenken Sie Ihre Fehler", befahl er mir. „Drei Monate Einzelhaft haben Ihr Denken ganz sicher verändert."

„Ich glaube immer noch an Jesus Christus", kam die Antwort aus meinem tiefsten Inneren.

„Fräulein Kwan", sagte der Aufseher und ignorierte mein Bekenntnis, „Sie waren noch klein, als Ihre Mutter starb, zu jung, als dass sie Sie mit ihrem konterrevolutionären Gedankengut hätte beeinflussen können. Unsere kommunistische Regierung kann so etwas auch vergeben. Wenn Sie den Glauben an Jesus Christus aufgeben, kann ich Sie sofort entlassen – heute noch."

„Ich glaube trotzdem an Jesus Christus, meinen Herrn."

Sein Stuhl flog weg, als er aufsprang und plötzlich vor mir stand. Von dem wohlwollenden Tonfall war nichts mehr zu hören. „Sie sind unbelehrbar. Sie sind ein hoffnungsloser Fall, ein schlechtes Element unserer Gesellschaft. Die ganze Familie Kwan ist ein schlechtes Element. Sie bringen Schande auf Ihr Land und Ihre Familie. Ihre Gedanken müssen noch viel mehr geläutert werden. Drei Monate sind nicht genug. Dieses Mal verurteilen wir Sie zu drei Jahren."

Drei Jahre! Seine Worte hallten in meinen Ohren wider.

Kapitel 13

Wieder erwachte ich in der Dunkelheit. Diesmal nahm mir der Schmerz den Atem. Er schien in meinem ganzen Körper zu hämmern. Ich wusste nicht, wo die Tür war. Ich erinnerte mich an die Schläge mit den elektrischen Schlagstöcken, die ich gerade bekommen hatte, und mich schauderte. Die Elektroschocks waren wie Wellen durch meinen ganzen Körper gegangen. Ich hatte auf dem Boden gelegen und gezappelt wie die Hühner, wenn Großmutter ihnen beim Schlachten den Kopf abgehackt hatte.

Mein Hals brannte vor Durst, und ich hatte einen üblen, faulen Geschmack im Mund. Ich tastete meine Backe ab und fühlte getrocknetes Blut. Ich konnte nicht durch die Nase atmen, und bei jedem Atemzug durch den Mund stach es mich in den Rippen. Ich versuchte ganz flach zu atmen, um den Schmerz zu lindern.

Musste ich jetzt sterben?

Ich ließ die Tränen über mein Gesicht laufen. Sie vermischten sich mit dem getrockneten Blut, sodass es juckte. Mein ganzer Körper bebte vor Schmerzen und vor Angst. Das Zittern verstärkte den stechenden Schmerz in den Rippen noch.

Dann fiel mir ein Bibelvers ein: „Wisst ihr nicht, dass euer

Körper ein Tempel des Heiligen Geistes ist, der in euch wohnt? Deshalb verherrlicht Gott mit eurem Körper."

Mit einem rauen, trockenen Flüstern fragte ich Gott: „Wie soll ich dich mit so einem Körper verherrlichen?"

In meinem Inneren war es, als ob ein Licht anging. Die Herrlichkeit Gottes kam immer nach dem Leid.

Also hatte all das, was ich hier erlebte, doch einen Sinn?

Ein tiefer Friede durchflutete mich und die Tränen versiegten. Im selben Moment wusste ich, was ich beten sollte. Langsam und unter großer Anstrengung formten meine Lippen die Worte: „O Gott, ich bitte dich, vergib denjenigen, die mich geschlagen und ins Gefängnis gesteckt haben. Gib mir die Kraft zu vergeben und die Weisheit, was ich tun soll. Hilf mir, dass mein Glaube stark bleibt."

Und dann musste ich wieder weinen. Aber jetzt nicht aus Selbstmitleid, sondern aus einer tiefen inneren Freude heraus, die ich selbst nicht beschreiben konnte. Ich dachte an Jesus, wie er am Kreuz hing, verspottet, blutend und einsam. Ich weinte ungeniert um ihn. Mein Herz wollte singen. Ich hob die Hände und begann mit heiserer Stimme zu singen:

„Alles geb ich dir, alles geb ich dir.
Alles geb ich dir, mein Retter,
alles geb ich dir."

Ich sang den Vers immer und immer wieder, bis Gottes Kraft mich erfüllte und ich ihn lobte und anbetete. Gott erhob meine Seele an einen Ort weit weg von diesem stinkenden und engen Loch, in dem ich saß. Ich vergaß die Zeit. Meine modrige Zelle war zu einem heiligen Ort der Gemeinschaft mit meinem Herrn und Meister, Jesus, geworden. Während ich ihn anbetete, hatte ich auf einmal das Gefühl, Jesus besser zu kennen, als ich mir je hätte träumen lassen. Er war realer geworden als die Zelle, der Gestank, der Dreck und die Ratten. Er war sogar realer geworden als mein zerschundener Körper.

War es das, was die Bibel als die Gemeinschaft seiner Leiden bezeichnete?

Aus dem Innersten meiner Seele kam demütige, wortlose Anbetung, bis ich erschöpft in einen tiefen, friedlichen Schlaf fiel.

Als ich aufwachte, spürte ich etwas neben meinem Kopf. Aus Angst, es könnte eine Ratte sein, schlug ich danach und stieß den Wasserkrug um. Mein Kopf lag direkt an der Tür.

Ich lag auf der Seite, öffnete den Verschluss des Kruges und trank in langsamen, tiefen Zügen. Der klopfende Schmerz von vorhin hatte sich in einen gleichmäßig starken Schmerz verwandelt. Ich wusste, dass ich nicht sterben würde, aber ich spürte, dass es diesmal länger dauern würde, bis ich mich von den Schlägen erholt hatte. Ich war voller Freude darüber, dass ich Jesus nicht verleugnet hatte.

Zehn Reisschüsseln später saß ich gerade da und sang leise ein Lied, als Gott zu mir sprach: „Das hier wird deine Aufgabe sein."

„Aber ich bin ganz alleine hier. Wem kann ich von dir erzählen?"

Keine Antwort. So betete ich weiter und bat Gott, mir zu zeigen, was das für eine Aufgabe sein sollte.

Zahlreiche Reisschüsseln kamen und gingen, und meine Wunden begannen allmählich zu heilen.

Plötzlich kam mir ein Gedanke.

„Wache!", rief ich, ohne zu wissen, ob da draußen überhaupt jemand war, der mich hören konnte. Ein Wächter, den ich noch nie zuvor gesehen hatte, steckte seinen Kopf zur Tür herein und die Zelle wurde mit kostbarem Licht erfüllt.

„Kann ich harte Arbeit für Sie tun?", fragte ich.

Der Wächter verschränkte die Arme und schaute mich überrascht und misstrauisch an. Ich war bestimmt die Erste, die ihn so etwas gefragt hatte.

Ich fuhr rasch fort, bevor er die Tür wieder schließen konnte. „Dieses Gefängnis ist so schmutzig, überall liegen Exkremente herum. Lassen Sie mich in die Zellen gehen und sie putzen."

„Aha, Gefängniszellen sind ein bewährtes Mittel, um Konterrevolutionäre zur Vernunft zu bringen", antwortete er und zog eine Zigarette aus seiner Hemdtasche.

„Sie müssen mir nur einen Eimer voll Wasser und eine Bürste geben."

„Durch harte Arbeit sind schon die schlimmsten Verbrecher verändert worden", sagte er und zündete seine Zigarette an. „Ich werde es dem Aufseher ausrichten."

Und dann machte er die Tür vor meiner Nase zu.

Ich betete, dass Gott den Wächter und den Gefängnisaufseher gnädig stimmen möge.

Einige Reisschüsseln später öffnete jemand meine Zellentür. Ich stand auf und war auf alles gefasst. Wie schon beim ersten Mal waren meine Augen von dem ungewohnten Licht geblendet und ich konnte sie kaum öffnen, um die Wache anzusehen. Ich blinzelte und schaute automatisch nach unten, wo ich einen Eimer Wasser und eine Bürste neben ihm stehen sah. Mein Herz machte einen Satz vor Freude.

Ich konnte mir das Grinsen nicht verkneifen, als ich mich nach dem Wassereimer und der Bürste bückte. Was würde Liko wohl davon halten? Es war keine besonders ehrenvolle Aufgabe.

Der Wächter führte mich den Gang entlang und öffnete die nächste Zellentür. Ich trat mit Eimer und Bürste in der Hand ein, dann drückte mir der Wächter eine Laterne in die Hand und machte die Tür hinter mir zu.

„Nein, bitte nicht!"

Mit einem Ruck drehte ich mich um, als ich die jämmerlichen Rufe hörte und ein kleines Häufchen Mensch in der Ecke liegen sah. Ich starrte in ein Gesicht, das scheinbar einem Mann gehörte. Er hatte kaum noch menschliche Züge.

„Ich bin gekommen, um Ihre Zelle sauber zu machen", sagte ich schnell und begann auf Händen und Knien mit meiner Arbeit.

Die Laterne ließ ich in der Nähe des Mannes stehen, um ihn damit zu trösten. Er starrte mich die ganze Zeit an, als ob er nicht glauben konnte, dass ich echt war. Als ich merkte, dass der Wächter draußen weggegangen war, hörte ich auf zu schrubben, sah dem mitleiderregenden Mann in die Augen und fing an, ihm von Jesus zu erzählen.

„Ich bin auch eine Gefangene. Ich habe um Erlaubnis gebeten, Ihre Zelle zu putzen, damit ich Ihnen eine gute Nachricht erzählen kann."

„Eine gute Nachricht?" Die Schatten, die die Laterne auf das eingesunkene Gesicht des Mannes warf, ließen ihn wie ein Skelett aussehen.

„Ja. Egal, für welches Verbrechen Sie an diesen schrecklichen Ort gekommen sind, Gott kann Ihnen vergeben. Er ist derjenige, der den Himmel und die Erde erschaffen hat." Allmählich hatten sich meine Augen an das Dämmerlicht gewöhnt.

Der Mann beugte sich vor. „Vergeben?"

„Ja. Der eine wahre Gott bietet jedem, der an ihn glaubt, Vergebung und ewiges Leben an."

„Das kann nicht sein", sagte der Mann. „Sie müssen der Geist einer meiner verstorbenen Vorfahren sein."

„Ich bin nicht einer Ihrer Vorfahren. Ich bin Kwan Mei Lin, und Jesus hat mich von meinen Sünden errettet und mir versprochen, dass ich in den Himmel komme, wenn ich sterbe." Ich fuhr fort und erzählte ihm die wunderbare Geschichte von Jesu Geburt, den Wundern, die er getan hatte, seinem grausamen Tod am Kreuz und seiner Auferstehung.

„Ihnen kann auch vergeben werden, wenn Sie Ihre Sünden bereuen und an Jesus glauben."

Er sah überrascht aus. „Sie meinen, ich kann zu Jesus in den Himmel kommen?"

„Ja! Sagen Sie Gott einfach, dass Sie Ihre Sünden bereuen und dass Sie an seinen Sohn Jesus glauben. Er wird Ihnen vergeben und Ihnen ewiges Leben schenken."

Der Mann ging sofort auf die Knie und betete ernsthaft, dass Gott ihm vergeben möge. Im sanften Licht der Laterne sah ich, wie sein eingefallenes Gesicht vor Freude strahlte, als er wusste, dass er das ewige Leben hatte.

„Fräulein, Sie sind ein *guiren.*“

„Nein, ich bin keine Heilige, sondern eine Sünderin, der vergeben wurde, genau wie Sie“, entgegnete ich. „Danken Sie Gott.“ Ich fühlte mich dazu getrieben, meine Hände abzureiben und sie auf seinen Arm zu legen. Die einzige Art der Berührung, die er kannte, war die des Stockes auf seinem Rücken und die Folter, die seinem Körper und seiner Seele schreckliche Schmerzen zufügten. Ich sagte nur: „Gott hat Ihnen vergeben. Jetzt müssen Sie anderen Menschen vergeben, sogar denen, die Sie foltern.“

„Wie ist das möglich?“, fragte er. Sein schmutziges Gesicht war wie vom Donner gerührt.

„Als Jesus am Kreuz hing, bat er seinen Vater im Himmel, denen zu vergeben, die ihn gekreuzigt hatten, weil sie nicht wussten, was sie taten. Und seine Jünger lehrte er, dass sie anderen genauso vergeben sollten, wie Gott ihnen vergeben hatte.“

„Ich werde es tun“, sagte er leise. Er kniete auf dem frisch geputzten Boden und vergab seinen Peinigern aus tiefstem Herzen.

Während ich den Boden fertig putzte, sagte ich alle Bibelverse auf, die mir einfielen. Der Mann saß weinend da. Schließlich rief ich die Wache. Ich konnte meine Freude kaum verbergen, als er mich zur nächsten Zelle brachte.

Das war also meine Aufgabe!

In einer Zelle nach der anderen, auf Händen und Knien, predigte ich das Evangelium von Jesus Christus.

Als der Wächter mich schließlich wieder in meine Zelle zurückgebracht und die Tür hinter mir verschlossen hatte, konnte ich mich nicht mehr beherrschen und musste laut lachen.

* * *

Die Monate verstrichen, und mit der Zeit wurden die Muskeln in meinen Armen und am Rücken immer stärker. Die körperliche Arbeit tat mir gut. Sie half mir auch zu wissen, wann es

Tag und wann es Nacht war, und regelmäßig zu schlafen. Nach der täglichen Putzarbeit in den Zellen verbrachte ich die Abende damit, für diejenigen zu beten, denen ich von Jesus erzählt hatte. Dennoch wurde ich immer dünner. Die Arbeit wurde immer mehr, aber der Reis in der Schüssel nicht. Meistens fühlte ich mich leer, schwach und kränklich. Mein Bauch begann anzuschwellen wie bei einigen Gefangenen, mit denen ich gesprochen hatte.

Tag für Tag bekam ich von den erbarmungslos gefolterten Gefangenen ähnliche Reaktionen auf das Evangelium. Sie waren sehr bewegt, als sie merkten, dass mein Gott sie so sehr liebte, dass er mich zu ihnen schickte. Sie wollten in der kurzen Zeit, in der ich bei ihnen war, so viel wie möglich über Jesus erfahren. Und fast alle nahmen ihn als ihren Herrn und Retter an.

Eines Tages öffnete der Wärter eine Zelle, in der eine tote Frau lag. Schnell wurde ich zur nächsten Zelle geführt. Der Gedanke, ob sie Jesus wohl gekannt hatte, quälte mich.

Am nächsten Tag ergab sich scheinbar eine ähnliche Situation, als ich in eine Zelle ging, in der ein menschlicher Körper regungslos am Boden lag.

„Oh!" Ich hielt mir erschrocken die Hand vor den Mund.

„Der lebt", sagte der Wärter und schob mich in die Zelle. „Ist nur bewusstlos."

Ich konnte ihm nichts von Jesus erzählen. Ich wollte doch bei denen putzen, die meine Botschaft auch hören konnten. Da stand ich nun mit meinem Wassereimer, meiner Bürste und der Laterne. Der Mann atmete kaum noch, und so entschloss ich mich, ihm so gut es ging zu helfen. Wenn ich schon nichts für sein Seelenheil tun konnte, so doch wenigstens für seinen Körper. Ich legte seinen Kopf in meinen Schoß, tauchte einen Zipfel seiner Jacke in das kalte Wasser und betupfte damit seine Lippen und seine Wunden. Ich fing an, die Wunden an seinem Kopf zu waschen.

Der Mann stöhnte erbärmlich. Ich zog die Laterne etwas näher heran und erschrak, als ich seine Hände sah. Seine Finger waren so angeschwollen, dass sie aussahen wie eine Masse. Trockenes Blut klebte an den Fingerspitzen, die vollkommen verdreht und entstellt aussahen. Was hatten sie nur mit diesem Mann gemacht? Welches Verbrechen rechtfertigte so eine Strafe?

Ich wusste, dass das angetrocknete Blut unter seinen Fingernägeln nur noch mehr auf seine geschwollenen Finger drücken würde. Ich hatte Angst, dass er aufwachen und laut aufheulen könnte. Dennoch musste ich etwas mit seinen Fingern machen. Vorsichtig tauchte ich das Ende seines Hemdes ins Wasser und wickelte es um seine Hände, damit das Wasser das getrocknete Blut aufweichen konnte. Es funktionierte. Das Hemd war bald blutverschmiert, und an seinen Händen sah man jetzt die hässlich dunkellila verfärbten Fingerspitzen. Ich war froh, dass er nicht aufwachte.

Ich tauchte den Zipfel seiner Jacke noch einmal ins Wasser und fing dann schnell an, den Boden zu schrubben. Ich war fast fertig und machte mich nervös auf zur Tür. Die Schmerzen dieses Mannes würden mörderisch sein, wenn er aufwachte. Ich wusste nicht, wie er reagieren würde, wenn er mich sah.

„Wache“, rief ich zur Tür hinaus. Aber niemand kam.

Der Mann bewegte sich.

„Aaaah“, schrie er vor Schmerzen auf. „Wasser, bitte!“

„Ihre Jacke ist nass“, sagte ich und blieb abwartend an der Tür stehen. „Es ist sauberes Wasser. Ich habe sie nass gemacht, bevor ich den Boden geputzt habe.“

Und wieder überkam mich Mitleid und nahm mir die Angst. Ich ging auf die Knie und hielt den nassen Zipfel seiner Jacke an seine Lippen.

„Nein, bitte an meine Finger. Ich brauche Wasser für meine Finger. Ich kann meine Hände nicht bewegen.“

Schnell wickelte ich das nasse Ende seiner Jacke erneut um seine Hände.

„Aaaaah!“, stöhnte er und gab mir Anweisungen, wie ich seine Hände in eine bequemere Stellung bringen sollte.

„Vielen Dank, mein Mädchen. Du hast mir sehr geholfen." Er atmete schwer und versuchte, die Schmerzen zu verbergen.

„Ich habe schon den Wärter gerufen. Er wird jeden Moment kommen", sagte ich. „Darf ich Ihnen noch von jemandem erzählen, der Sie liebt und der uns in dieser finsteren Zelle sieht? Er hat Himmel und Erde erschaffen. Er hat uns so sehr geliebt, dass er seinen Sohn Jesus schickte, damit uns unsere Sünden vergeben werden können. Er hat uns auch ewiges Leben versprochen, wenn wir an ihn glauben."

„Du bist Christ?", fragte der Mann mit gepresster Stimme. Er wartete die Antwort gar nicht erst ab. „Gelobt sei Gott!"

Bei all meinen Besuchen in den Gefängniszellen war er der erste Christ, der mir begegnete.

„Ich heiße Wong San Jung."

„Und ich heiße Kwan Mei Lin." Ich erzählte ihm, wie ich verhaftet worden und zu dieser Aufgabe im Gefängnis gekommen war. „Was haben sie mit Ihnen gemacht?"

Unter großer Anstrengung erzählte er mir langsam seine Geschichte. „Ich bin Pastor einer Hausgemeinde. Ich reiste durch ganz China, um das Evangelium zu predigen und zu lehren. Sie haben mich nach den Namen weiterer Pastoren, Gemeindemitglieder und nach meinen ausländischen Kontakten befragt. Ich habe ihnen nichts verraten. Da haben sie meine Fingerspitzen mit Zangen zerquetscht und ich wurde ohnmächtig. Als ich bewusstlos war, haben sie ihr Werk wohl beendet."

„Sie sind so grausam", sagte ich und die alte Wut kam wieder in mir hoch.

„Vergib ihnen, meine Schwester", sagte er.

Ich schloss die Augen. „Vergib ihnen, Vater", betete ich voller Ernst. Meine Lippen zitterten.

„Mei Lin, durchhalten ist die Gabe Gethsemanes. Du spürst diese Gabe, wenn dir Gott übernatürliche Kraft gibt, um ihn weiter zu verherrlichen."

Die Tränen standen mir in den Augen. „Auch wenn man lieber sterben würde?"

Er nickte.

Es war, als ob in mir ein Damm gebrochen war, und die Tränen brachen hervor. All das Leid und die Trauer, die ich in den letzten Monaten erlebt hatte, wurden aus meiner Seele gespült und liefen mir die Wangen hinunter. Zum ersten Mal in meinem Leben schämte ich mich nicht zu weinen.

Eine Zeit lang weinten wir gemeinsam. Ich weinte um die Frau, die gestorben war, bevor ich ihr von Jesus erzählen konnte. Ich weinte wegen des bohrenden Hungers in meinem Bauch. Ich weinte wegen des Drecks, der Kälte, der Ratten und der Folter. Die bittersten Tränen hob ich mir für Liko, Ping und meine Familie auf.

Pastor Wong fing an zu beten. „Danke für die Ehre, um deinetwillen zu leiden. Bitte schenk dieser Schwester hier die Gabe Gethsemanes, damit sie deine Kraft und Stärke hat, um weiterzumachen. Und segne ihre Aufgabe hier im Gefängnis, damit viele Menschen gerettet werden. In Jesu Namen, Amen."

Schließlich hatte ich keine Tränen mehr. Ich fühlte mich sehr erleichtert und spürte die liebevolle Gegenwart Jesu in dieser kleinen Zelle.

„Waren Sie schon einmal in Tanching, in der Provinz Jiangxi?", fragte ich Pastor Wong, während die letzten Tränen von meiner Nase tropften. „Haben Sie etwas gehört, wie es der Gemeinde dort geht?"

„Kommst du von dort?", flüsterte er.

Ich nickte.

„Ich wünschte, ich könnte dir Nachrichten von deiner Gemeinde bringen. Ich war auch in Jiangxi unterwegs, kam aber selten weiter südlich als bis WuMa. Ich kann dir nur sagen, dass jetzt ungefähr die zweite Augustwoche 1997 ist. Ich weiß, wie sehr es einem hier hilft, das zu wissen."

„Waren Sie schon einmal hier?", fragte ich.

„Schon zweimal. Jetzt werde ich dir noch einige Bibelverse sagen, bevor die Wache kommt."

Ich fühlte mich so geehrt. Ich war gekommen, um den Boden zu putzen und diesem scheinbar toten Mann von Jesus zu erzählen, und jetzt hatte dieser Heilige mit seinen verkrüppelten Fingern mir gedient.

„‚Doch selbst wenn ihr leiden müsst, weil ihr so lebt, wie es Gottes Wille ist, kann man euch glücklich nennen. Darum fürchtet euch nicht vor dem Leid, das euch die Menschen zufügen, und lasst euch durch sie nicht verwirren. Lasst Christus den Mittelpunkt eures Lebens sein. Seid immer dazu bereit, denen Rede und Antwort zu stehen, die euch nach der Begründung eures Glaubens fragen. Seid dabei freundlich ...‘“

Die Worte durchströmten mich und gaben mir in dieser Zeit der Einsamkeit Stärke und Weisheit.

Der Wärter kam und schrie irgendeinen armen Gefangenen an.

„Schwester“, sagte Pastor Wang, „Jesus hat gesagt: ‚Ich war krank und ihr habt mich besucht; ich war im Gefängnis und ihr seid zu mir gekommen.‘“

„Ja“, antwortete ich. „‚Was ihr für einen meiner geringsten Brüder getan habt, das habt ihr für mich getan.‘ Ich werde für Sie beten, Pastor Wong.“

Dann öffnete der Wärter die Tür.

Kapitel 14

Die Bibelverse, die Pastor Wong zitiert hatte, gaben mir Kraft und Hoffnung. Allein das Wissen, dass er im gleichen Gefängnis wie ich saß, machte mir Mut. Eines Morgens, es war einige Wochen später, wartete ich wieder darauf, dass der Wärter kam und mich zum Schrubben der Zellen holte. Wie gewöhnlich betete ich für diejenigen, denen ich heute von Jesus erzählen würde.

Schließlich öffnete sich die Zellentür.

„Fangen wir heute später an?“, fragte ich den Wärter.

„Wir fangen heute gar nicht an“, kam die kurzangebundene Antwort.

„Wo gehen wir dann hin?“, wollte ich wissen. Sein ungewöhnliches Verhalten war alarmierend.

„Der Aufseher will dich sehen. Du hast mich in ganz schöne Schwierigkeiten gebracht.“

„Das tut mir leid. Ich wollte Ihnen keine Schwierigkeiten machen. Was habe ich denn getan?“

„Du hast mich beinahe um meinen Job gebracht. Das hast du getan.“ Es war seltsam, aber er schien nicht wirklich böse mit mir zu sein.

„Das tut mir aufrichtig leid“, sagte ich noch einmal. „Sie waren sehr gut zu mir. Ich werde versuchen, dem Aufseher alles zu erklären.“

„Sieh lieber zu, wie du deinen eigenen Hals wieder aus der Schlinge ziehst“, sagte er.

Unsere Unterhaltung war beendet. Wir standen vor der Bürotür.

„Hier ist die Laus“, schrie der Wärter, als er die Tür öffnete.

Wieder wurde ich auf den Stuhl gestoßen, der vor dem Schreibtisch des Aufsehers stand, nur war dieses Mal der Aufseher schon da. Es war der gleiche hellhäutige Mann mit der rauen Stimme, der mich schon beim ersten Mal verurteilt hatte.

„Kwan Mei Lin, wir haben Ihnen das Vorrecht gegeben, hart zu arbeiten, in der Hoffnung, Sie würden Ihre Einstellung dadurch ändern. Aber stattdessen haben Sie unseren guten Willen schamlos ausgenutzt und Ihr konterrevolutionäres Gedankengut im ganzen Gefängnis verbreitet.“

„Ich verstehe nicht ganz, was Sie meinen“, sagte ich.

„Die Gefangenen reagieren nicht mehr auf unsere Methoden. Wir schlagen sie, und sie antworten nur: ‚Ich vergebe dir im Namen Jesu.‘“

„Oh!“ Ich gab mir Mühe, ein Lächeln zu unterdrücken.

„Wir haben sie jetzt nicht mehr unter Kontrolle. Ihre Putzarbeiten hätten Ihr Urteil abmildern können. Ich war weichherzig, das zuzulassen. Und der Wärter, der Sie geholt hat ...“

„Der Wächter wusste nicht, was ich zu den Gefangenen gesagt habe“, unterbrach ich ihn. „Wenn er mich zum Putzen in einer Zelle eingeschlossen hatte, ging er weg, um anderen Pflichten nachzukommen.“

„Klingt plausibel. Sie haben ihn wahrscheinlich bestochen. Eine junge Frau wie Sie findet sicher einen Weg, wie sie einen Wärter bestechen kann, nicht wahr?“

Dem Aufseher stand die Lust in den Augen, und ich wusste, dass die kleine Flamme sich in ein loderndes Feuer verwandeln würde, wenn ich auch nur das geringste Anzeichen von Furcht zeigte.

Ich beugte mich nach vorne über seinen Tisch und antwortete ruhig: „Es gab keinerlei Bestechung.“

Der Aufseher lehnte sich in seinem Stuhl zurück und lachte. Schließlich hatte er sich wieder beruhigt und fuhr fort. „Kwan Mei Lin, wenn Sie ein Geständnis unterschreiben, dass Sie nicht mehr an diesen Jesus Christus glauben werden, können Sie sofort nach Hause gehen, heute noch. Heute noch können Sie mit Ihrer ganzen Familie zusammen sein. Ihre Großmutter wird allmählich alt. Vielleicht möchten Sie sie gerne noch einmal sehen, bevor sie stirbt?"

Die Worte des Aufsehers waren, als ob sie ihm der Teufel eingegeben hatte. Großmutter war beinahe achtzig. Ich wünschte mir nichts sehnlicher, als zu erleben, dass sie noch Christ wurde. Plötzlich überkam mich die Versuchung, ein falsches Geständnis abzulegen. Aber dann dachte ich an die vielen Menschen, die in den letzten Monaten in ihren Gefängniszellen zum Glauben gekommen waren.

„Sie verstehen das nicht", antwortete ich mit sanfter Stimme. „Jesus hat sein Leben für mich gelassen, wie könnte ich ihn da jetzt verraten?"

Der lüsterne Blick des Aufsehers war plötzlich mit loderndem Hass erfüllt. „Für Sie gibt es keine Erlösung! Sie sind hart wie Stein. Sie brauchen noch mehr Zeit, um über Ihre Fehler nachzudenken. Sie sind zu zehn Jahren Haft hier in diesem Gefängnis verurteilt, und diesmal ohne Vorrechte!"

Mit diesen Worten stand der Aufseher auf und ging. Dabei schlug er die Tür hinter sich zu. Ich saß in dem leeren Büro und starrte einfach nur vor mich hin. Auf dem Kalender stand September 1997. Würde ich im September 2007 noch am Leben sein? Ich stand auf, um herumzulaufen. Meine Beine trugen mich schon jetzt fast nicht mehr. Ich wagte mir kaum vorzustellen, welche Folter ich wohl für dieses „Verbrechen" bekommen würde. Zu meiner großen Erleichterung brachte der Wärter mich in meine kalte, dunkle Zelle zurück. Wie benommen ging ich neben ihm her, ohne ein Wort zu sagen.

Als ich wieder im Dunkel meiner Zelle saß, war ich dankbar, dass ich diesmal nicht geschlagen worden war. Noch dankbarer war ich, dass ich die Gethsemane-Gabe hatte und der Versuchung, Jesus zu verleugnen, nicht nachgegeben hatte.

Die Reisschüssel kam und ich kämpfte wie immer gegen die Ratten. In mir spürte ich die Wut aufsteigen, als ich die lästigen Nager gegen die Wand schleuderte.

„Mein Gott, hilf mir, nicht zu verzweifeln. Und danke, dass du mir die Kraft gegeben hast, dich nicht zu verleugnen. Bitte segne diese Mahlzeit. In Jesu Namen, Amen."

Ich nahm eine Hand voll Kaoliang und steckte sie in den Mund. Aber sofort spuckte ich alles wieder in die Schüssel. Die kalten klebrigen Körner waren mit Sand gemischt. Ich konnte sie kaum kauen.

„Herr, was jetzt? Soll ich fasten?"

Eine Woche lang war jede Portion Reis mit Sand gemischt. Ich versuchte, die Sandkörner etwas mit Wasser auszuwaschen, aber hörte sofort wieder auf. Das Wasser würde sonst nicht mehr reichen, um meinen Durst zu stillen. Den Sand, der trotzdem noch an dem Kaoliang klebte, konnte ich kaum hinunterschlucken. Am schlimmsten aber war, dass ich niemandem mehr von Jesus erzählen konnte. Die schwarze Einsamkeit wurde immer mächtiger, bis sich mein alter Feind, die Niedergeschlagenheit, wieder meldete.

Einige Tage später saß ich morgens in meiner Zelle und sang ein Lied.

„Oh Gnade Gottes wunderbar,
du hast errettet mich.
Ich war verloren ganz und gar,
war blind, jetzt sehe ich."

Plötzlich ging die Zellentür auf und ich musste meine Augen gegen das blendende Licht schützen, um zu sehen, wer gekommen war.

„Raus mit dir, Mädchen, raus hier!" Ich konnte die beiden Wärter kaum sehen. „Der Gefängnisaufseher ist tot, und wir wollen dich hier nicht mehr haben."

Die Männer zogen mich hoch und schoben mich aus der Zelle. Ich hatte schreckliche Angst. War das eine Falle? Letzte Woche hatte der Aufseher noch vollkommen gesund ausgesehen.

„Wo bringen Sie mich hin?", fragte ich.

„Der Aufseher wollte dich hier haben. Wir wollen dich nicht mehr. Das ganze Geschwätz von deinem Gott hat allen Angst gemacht."

„Du musst jetzt gehen", sagte der zweite Wärter und spuckte auf den Boden.

Sie führten mich eilig einen Gang entlang, den ich noch nie gesehen hatte, durch einige massive Holztüren, die alle mit Schlössern und Riegeln gesichert waren. Einer der beiden Männer schloss die letzte Tür auf und schob mich hindurch. Ich stand da und blinzelte ins Tageslicht.

Hinter uns fiel die Tür ins Schloss und die Wachen führten mich zu einem schwarzen Eisentor. Ich stolperte hinter ihnen her und war vollkommen verwirrt. Einer der beiden klimperte mit seinem Schlüsselbund, während er den passenden Schlüssel suchte. Schließlich schloss er das Tor auf.

Ich ging hindurch und spürte die warme Sonne auf meinem Gesicht. Die Wachen sagten nichts. Ich hörte, wie hinter mir das Tor quietschend zufiel und sich ihre Schritte entfernten. Mit beiden Händen schützte ich meine Augen und sah auf. Der Himmel war strahlend blau. Weiße Wolken segelten wie Schiffe darüber hinweg.

Ich trat aus dem Gefängniseingang auf den Gehweg und atmete tief die frische Luft ein. Ich war frei!

„Danke, Herr", sagte ich laut und lächelte zum Himmel. Diesmal hatte ich Freudentränen in den Augen. Mein Gebet dauerte nur einen Augenblick, denn dann forderte die Straße meine Aufmerksamkeit. Alles war voll mit hupenden Autos, ungeduldigen Taxifahrern, langsamen Bussen, Fahrrädern und Fußgängern. Ich hatte noch nie so viele Menschen auf einmal gesehen. Und ich hatte in meinem ganzen Leben noch nie so viele Autos gesehen!

Dann bemerkte ich, dass die Menschen, die an mir vorübergingen, sich abwandten und schneller gingen, als ob sie Angst hätten, sich bei mir anzustecken. Mir wurde auf einmal bewusst, dass ich wohl schrecklich aussehen und riechen musste. Ich konnte mich in all den Monaten nur selten waschen und hatte nie die Kleider gewechselt.

Wo soll ich hingehen?, dachte ich. *Wie komme ich nach Hause? Ich habe kein Geld und nur diese dreckigen Lumpen an meinem Körper.*

Eine Frau in mittleren Jahren, die auf der anderen Straßenseite auf einer Bank saß und einen Korb voll Zigaretten auf dem Schoß hielt, zog meine Aufmerksamkeit auf sich. Sie sah sehr westlich aus in ihren Jeans und ihrem T-Shirt.

„Zigaretten!", rief sie den Passanten zu.

Ich ging langsam hinüber und setzte mich neben sie. Ich war erstaunt, dass sie mein Aussehen und mein Geruch nicht zu stören schienen.

„Möchten Sie eine Zigarette, Fräulein?", fragte sie mich.

In Jiangxi hätte sie mich mit Genossin angeredet, dachte ich.

„Nein, danke", erwiderte ich. „Diese Dinger können einen umbringen."

„Ja, aber man kann davon leben."

„Kann ich Ihnen eine Geschichte erzählen, während Sie weiter Zigaretten verkaufen?"

„Ich bin Chinesin", sagte die Frau, während sie Geld von einem Kunden kassierte. „Wie könnte ich zu einer Geschichte Nein sagen?"

Ich war durch ihre Antwort ermutigt und sehr erfreut darüber, dass sie mich offensichtlich trotz meines Äußeren akzeptierte, und begann zu erzählen. „Ich möchte Ihnen von demjenigen erzählen, der den Himmel und die Erde gemacht hat." Ich bemerkte ihren enttäuschten Blick und hielt einen Augenblick inne. Im Stillen betete ich, dass Gott mir Weisheit geben möge.

„Ich dachte, Sie würden mir erzählen, was Sie im Gefängnis mitgemacht haben", sagte die Frau. „Aber ich sehe schon, dass die schlechte Behandlung Sie nicht gebrochen hat."

„Ich hoffe, dass das Gefängnis mich noch stärker gemacht hat, statt mich zu brechen", antwortete ich.

Sie bot mir einen Schluck aus ihrer Wasserflasche an. Dann sagte sie zögernd: „Ich würde gerne mehr davon hören. Erzählen Sie mir Ihre Geschichte."

Im Stillen dankte ich Gott und erzählte ihr die Geschichte von Jesus, während ich dazu ein Kreuz auf den staubigen Gehweg malte. Nur kurze Zeit später, direkt neben dieser geschäftigen Straße Shanghais, wurde ein Mensch neu geboren.

„Wissen Sie", sagte die Frau zu mir, „ich habe wirklich das Gefühl, dass sich in mir etwas verändert."

„Jesus kann jedes Herz von aller Sünde und allen Verletzungen reinigen und alles neu machen." Es war wunderbar, zu sehen, was Gott in dieser Frau bewirkte. Ein Mensch war dabei, Christ zu werden – und diesmal außerhalb des Gefängnisses.

„Lebt er wirklich hier und heute?", fragte sie. „Und werde ich in den Himmel kommen, wenn ich sterbe?" Ihr rundliches Gesicht strahlte.

Ich nickte. „Ja, das stimmt. Wenn ich eine Bibel hätte, würde ich Ihnen zeigen, wo es steht."

Sie sah zum Gefängnis hinüber und wurde wieder ernst. „Sind Sie tatsächlich direkt aus diesem Gefängnis gekommen?", fragte sie.

„Ja", antwortete ich und starrte das Gebäude durch das geschäftige Treiben hindurch an. „Ich komme aus der Provinz Jiangxi."

„Was haben Sie getan?", wollte sie wissen.

„Ich habe den Menschen von Jesus erzählt", sagte ich.

Die Frau schrieb etwas auf einen Zettel. „Das ist meine Adresse und die Wegbeschreibung dorthin. Es würde mich freuen, wenn Sie heute bei mir übernachten würden."

„Das ist sehr freundlich von Ihnen", antwortete ich und nahm den Zettel entgegen. „Ich ... ich kenne noch nicht einmal Ihren Namen. Und was wird Ihre Familie dazu sagen?"

„Ich heiße Deng Su, aber alle nennen mich nur Mutter Su.

Und was meine Familie angeht: Ich lebe nur mit meiner Tochter zusammen. Es ist jetzt vier Uhr. Kommen Sie um sechs zum Abendessen. Aber folgen Sie mir nicht. Die Polizei beobachtet Sie vielleicht. Gehen Sie in die andere Richtung, um den Park herum und wieder in die Stadt zurück."

„Ich werde kommen", sagte ich. Mir war ganz schwindelig von den aufregenden Ereignissen dieses Tages. „Gott segne Sie."

Die Frau stand auf, um zu gehen. „Ich möchte, dass Sie meiner Tochter von dem erzählen, der den Himmel und die Erde gemacht hat, und über das ewige Leben."

„Ja, das werde ich gerne tun!"

„Werden Sie ganz bestimmt kommen?", fragte die Frau.

„Ganz bestimmt", antwortete ich. „Ich habe ja sonst keinen Ort, wo ich hingehen könnte."

Mutter Su nahm ihren Korb und ging.

Ich stand auf und ging in die entgegengesetzte Richtung. Im Gehen warf ich noch einmal einen Blick auf das Gefängnis. Von außen war es ein einfaches Gebäude aus grauen Backsteinen, umgeben mit einem eisernen Zaun. Es sah eigentlich ganz harmlos aus. Ob die Menschen hier wohl wussten, dass da drinnen Gefangene saßen, die jeden Tag unter Dunkelheit, Unterernährung und Folter litten? Ich war froh, dass jetzt viele von ihnen die Hoffnung hatten, in den Himmel zu kommen, wenn sie starben.

„Herr, vergiss diese Neubekehrten im Gefängnis nicht", betete ich. „Und Pastor Wong. Segne seinen Dienst im Gefängnis und dann befreie ihn, wie du mich heute befreit hast. Ich glaube, dass du mein Gebet erhören wirst. Danke."

Meine Knie waren ganz weich vor Hunger, aber mein Herz war voller Freude, als ich mich auf den Weg um den Park machte. Dunkle Wolken schoben sich vor die Sonne und kündigten ein Gewitter an. Der Wind wurde stärker und wiegte die Weidenbäume hin und her. Es sah aus, als würden sie einander nach chinesischer Tradition mit einer Verbeugung begrüßen und sich Geheimnisse zuflüstern, während sie wild mit ihren Armen wedelten. Ich war dankbar für den Regen. Er würde mich davor schützen, von der Polizei beobachtet zu werden.

Die Bewegung schien meinen Beinen gutzutun. Sie wurden allmählich kräftiger, und nach einiger Zeit konnte ich schneller gehen. Ich sah einige Pärchen auf den gewundenen Wegen und musste an Liko denken. Ich fragte mich, ob er mich wohl immer noch mochte.

Ich begann gerade, mich ein wenig zu entspannen, als ich einige Meter vor mir etwas im Gebüsch rascheln hörte. Die guten Erfahrungen dieses Tages hatten mich mutig gemacht und ich wechselte ganz unauffällig die Richtung und ging auf die Büsche zu. Ich war erstaunt, als ein Kind aus dem Gebüsch geschossen kam und auf die Straße lief. Der Junge hatte zerrissene Kleider und strubbelige Haare, die in langen Strähnen auf seinem Kopf hüpften, als er rannte.

„Warte!“, rief ich. „Ich tu dir doch nichts.“

Der kleine Junge schien mich nicht zu hören, sondern rannte, als ob es um sein Leben ginge. Die Passanten zeigten auf ihn und starrten ihm nach, gingen aber weiter, als ein Donnern sie an das herannahende Gewitter erinnerte.

Ich wusste, dass ich nicht die Kraft hatte, um dem Jungen hinterherzurennen, und so konnte auch ich ihm nur hinterherstarren. Dann setzte ich mich wieder in Bewegung und machte mich auf den Weg zu Mutter Su.

Kapitel 15

Als ich mir sicher war, dass mir niemand folgte, verließ ich den Park wieder und ging zurück auf die lauten, überfüllten Shanghaier Straßen. Mutter Sus Wegbeschreibung führte mich die Nanjingxi Lu entlang, die berühmte Einkaufsstraße, von der ich Liko erzählt hatte!

Ich war so hungrig, dass es mir schwerfiel, alles um mich herum wahrzunehmen. Lautsprecher brüllten mir Musik ins Ohr, die ich noch nie gehört hatte und die sich mit dem Lärm der Busse und der Menschen auf der Straße vermischte. Die Gehwege schienen breiter als die Straße zu sein. Überall waren so viele Menschen, dass ich nicht erkennen konnte, wo der Gehweg aufhörte und die Straße anfing. Ich war erstaunt, dass nur Busse unterwegs waren, keine Autos oder Taxis. Die Fußgänger, die die Straßen beinahe verstopften, ließen die wenigen Fahrräder, die versuchten, sich ihren Weg durch die Menge zu bahnen, kaum durch.

Männer und Frauen in Anzügen und Kostümen eilten an mir vorbei. Viele von ihnen trugen Aktentaschen und Mappen unter dem Arm oder führten Einkaufstaschen mit sich. Überall leuchteten Neon-Reklamen und Sonderangebots-Schilder in den wunderschön dekorierten Schaufenstern, in denen Kosmetik, Schmuck, Kleidung und Schuhe im westichen Stil ausgestellt waren. Ich sah Fernseher und wurde sofort an die Computer erinnert, von denen ich in der Schule gehört hatte. Teenager drängten sich an den Schaufensterscheiben, in denen Computer- und Video-Spiele gezeigt wurden. Ich fühlte mich, als sei ich auf einem anderen Planeten gelandet.

Immer wieder blieb ich vor den Restaurants stehen, aus denen die Düfte der verschiedensten chinesischen Speisen kamen. Straßenverkäufer und Händler waren damit beschäftigt, eilig ihre Waren vor dem herannahenden Regen abzudecken.

Ich las die Straßenschilder und suchte nach der Zweiten Querstraße. Ein paar Fahrradfahrer riefen sich etwas zu und die Fußgänger schienen in alle Richtungen zu strömen. Ich fand keinen Weg durch die Menge und quetschte und schob mich schließlich genau wie alle anderen durch das Getümmel.

Dann sah ich die Zweite Querstraße. Ich bog um die Ecke und stand sofort mitten in einer Ansammlung von Menschen. Sie starrten alle auf einen Tumult, der sich gerade im Inneren eines Ladens abspielte. Ich versuchte, mich durchzuschlängeln.

„Wo haben Sie das Baby gefunden?“, fragte ein Mann in der Mitte der Menge.

„In dem Karton da“, antwortete der Mann ganz vorn und zeigte auf einen großen Pappkarton hinter der Glastür, die in das Innere des Ladens führte.

„Ist es ein Junge?“, fragte ein anderer.

„Nein, ein Mädchen“, kam die Antwort zurück.

„Wie traurig, armes Ding. Einfach in einer Kiste vor einem Laden ausgesetzt zu werden.“

Ich traute meinen Ohren nicht. Leise drückte ich mich an der Wand entlang nach vorn, um einen Blick auf das Findelkind zu werfen. Das Baby war in den Armen des Mannes eingeschlafen.

„Sieht aus, als sei es noch nicht einmal eine Woche alt“, sagte eine Frau. „Was werden Sie mit ihm machen?“

„Eigentlich müssten wir das Kind bei der Polizei abliefern.“

„Ja, und die bringen es dann in das Shanghaier Waisenhaus. Sie wissen ja, wie es dort zugeht."

„In der Zeitung stand, dass das Waisenhaus jetzt besser geworden ist", sagte die Frau ganz vorn.

„Es ist ein besseres Vorzeige-Waisenhaus", antwortete der Mann mit dem Baby im Arm. „Manche sagen, dass das Shanghaier Waisenhaus ein Aushängeschild werden soll und dass viele der Waisenkinder jetzt auf die Chongming-Insel gebracht werden. Das Heim dort ist eher eine Art Gefängnis."

„Chongming ist ein Heim für geistig behinderte Erwachsene."

„... und Waisenkinder", sagte der Mann erregt.

Als ob die Kleine verstanden hätte, was für ein Schicksal sie erwartete, wachte sie plötzlich auf und weinte herzzerreißend. Der Mann, der sie auf dem Arm hielt, war ganz damit beschäftigt, sie wieder zu beruhigen.

„Was werden Sie mit ihr machen?", fragte jemand und sprach damit meine Gedanken aus.

„Sagen Sie mir doch, was wir mit ihr machen sollen", erwiderte der Mann, der das schreiende Baby im Arm schaukelte.

„Sie können sie nicht in die Sterbezimmer des Waisenhauses oder nach Chongming schicken. Kennen Sie niemanden, der sich um sie kümmern könnte?", fragte die Frau neben ihm.

„Warum behalten Sie das Kind nicht einfach?", fragte jemand anderes.

„Ich weiß nicht", sagte der Mann und dachte angestrengt nach. „Die Familienplanungsbehörde, die für meine Fabrik zuständig ist, würde dem nie zustimmen. Wir haben schon ein Kind, auch wenn unser Sohn schon erwachsen ist und auf die Universität geht."

„Ich denke, Sie sollten es mit nach Hause nehmen", sagte die Frau. „Es ist ein glückliches Zeichen, dass Sie das Baby gefunden haben."

„Ja", murmelten einige andere zustimmend.

Ich beobachtete das Gesicht des Mannes. Zärtlich hielt er dem Baby seinen kleinen Finger hin, damit es daran lutschen konnte, den Hunger vergaß und wieder einschlief.

Plötzlich zuckte ein Blitz, dem ein kurzes Donnergrollen folgte.

„Vielleicht können Sie Ihren zuständigen Kader bestechen", sagte die Frau. „Einen Versuch wäre es wert."

Der Mann sah auf und ließ seinen Blick fragend über die Menge schweifen. „Denkt ihr das auch?"

„Ja", antworteten einige. „Nimm sie mit."

Und so nahm der Mann das Kind unter den Arm, stieg auf sein Fahrrad und fuhr die Zweite Querstraße hinunter. Es fing an, leicht zu regnen.

Die Frau hob den Karton auf, drückte ihn zusammen und steckte ihn in den nächsten Mülleimer. Die Menschenmenge löste sich schweigend auf. Einige stiegen auf ihre Fahrräder, andere gingen zu Fuß weiter. Inzwischen hatte sich der leichte Regen in einen kräftigen Wolkenbruch verwandelt. Ich hob den Kopf, trank das himmlische Nass und lachte. „Danke für die Erfrischung", sagte ich leise zu dem, der den Himmel und die Erde gemacht hatte.

Die Zweite Querstraße war nicht so überfüllt mit Menschen und Bussen, aber die Häuser standen hier genauso dicht. Der warme Regen durchnässte mein Haar, bis es mir im Gesicht und Nacken klebte. Meine Kleider hingen wie nasse Lumpen an mir und ich sah aus wie ein gerupftes Hühnchen.

Als ich schließlich bei Mutter Su ankam, war ich überwältigt von den Ereignissen dieses Tages und fühlte mich schwach und krank vor Hunger. Ich musste alle meine Kraftreserven mobilisieren, um die drei Stockwerke hinaufzusteigen. Ich war froh, dass sie nicht im zehnten Stock wohnte. Ich folgte den Nummern an den Türen, bis ich vor Nummer 311 stand. Ich fragte mich, ob man in Shanghai auch von draußen rief.

Während ich noch überlegte, was ich tun sollte, öffnete sich die Tür, und Mutter Su winkte mich herein. Ich ließ meine nassen Schuhe draußen stehen und trat ein. Geruch von Reis und Gemüse kam mir entgegen.

„Das ist meine Tochter Sun Chang“, sagte Mutter Su.

Ich war tropfnass und schmutzig, und so nickte ich ihr nur respektvoll zu. Sie war etwa in meinem Alter, aber etwas kleiner und eindeutig hübscher.

„Bitte entschuldigt, normalerweise besuche ich keine Freunde in dieser Aufmachung.“

„Meine Mutter fand die Unterhaltung mit dir faszinierend, Kwan Mei Lin“, antwortete Chang. „Du warst also im Shanghaier Gefängnis Nr. 14?“

„Ja, sie haben mich heute Nachmittag entlassen.“

„Das erklärt natürlich alles. Komm, hier kannst du dich waschen. Das Abendessen ist gleich fertig.“

Mutter Sus Tochter führte mich in einen kleinen Raum. Auf dem harten Boden lag eine weiche Matte. Sun Chang lehnte sich über ein großes weißes Becken, das fast so groß war wie ich. Zu meinem großen Erstaunen drehte sie an einem glänzenden Knopf und das Wasser lief wie ein kleiner Wasserfall aus einem Rohr. Mir fielen fast die Augen aus dem Kopf. Ich hatte schon Bilder von Küchenspülen gesehen, aber ich hatte noch nie eine so große Spüle gesehen. Wie verzaubert schaute ich dem Wasserfall zu.

Chang ging für einen Moment aus dem Raum. Ich setzte mich erschöpft auf den Rand des Beckens und sah zu, wie das Wasser darin stieg. Ich tauchte meine Hand hinein und musste lachen, als ich merkte, dass es warm war.

Chang kam mit einem Handtuch zurück und sagte: „Wenn du fertig bist, hole ich dir saubere Sachen. Du kannst solange welche von mir anziehen.“

„Du bist so nett zu mir.“ Ich suchte nach Worten und schaute immer noch ganz gebannt auf den Wasserfall, der das Becken jetzt schon zur Hälfte gefüllt hatte.

„Ist das voll genug für dich?“, fragte Chang.

„Ja“, antwortete ich benommen.

„Hier ist das Handtuch. Die Seife liegt da drüben in der

Ecke.“ Sie zeigte auf eine kleine Ablage über dem Becken und drehte das Wasser ab. Dann ging sie hinaus und schloss die Tür hinter sich.

Schnell schlüpfte ich aus meinen nassen, dreckigen Kleidern und stieg in das weiße, glatte Becken. Ich ließ mich langsam ins Wasser gleiten, bis ich mit dem Kopf ganz untergetaucht war. Einige Sekunden später tauchte ich wieder auf. Ich griff nach der Seife und schrubbte so lange, bis meine Haut ganz rot wurde. Als ich meine Haare einseifte und in dem wunderbaren Wasser ausspülte, hatte ich meinen Hunger fast vergessen. Ich hatte das Gefühl, das Shanghaier Gefängnis mit seinem ganzen Gestank, seinem Dreck und seinen Ratten von mir abwaschen zu müssen.

Ich stieg aus der Wanne und griff nach dem Handtuch. Als ich mich umdrehte, stand ich vor einem großen Spiegel. Ich schluckte. „Bist du das wirklich?“, fragte ich mich. Ich fasste an meinen Arm, um mich zu vergewissern. Meine Augen waren größer geworden und eingesunken. Dadurch sah mein Kopf wie ein Schädel aus. Meine Knochen standen hervor und man konnte jeden einzelnen von ihnen sehen, als ob sie nur mit Haut überzogen wären.

Ich kämmte meine frisch gewaschenen Haare und versuchte mich an den seltsamen Anblick der Fremden im Spiegel zu gewöhnen. Mein Pony war bis zum Kinn gewachsen und die übrigen Haare hingen schon bis über die Schultern. Sie waren sehr dünn geworden und brachen leicht ab. Meine Haut war durchscheinend und hatte ihre Elastizität verloren.

„Oh Gott, ich bin ja beinahe verhungert!“, sagte ich und legte die Hände auf mein Gesicht.

Ich wandte mich ab und kämpfte mit den Tränen. Ich konnte das nicht mehr sehen.

„Abendessen ist fertig“, rief Chang von draußen.

„Danke, ich komme“, antwortete ich so fröhlich, wie ich eben konnte.

Schnell zog ich Changs dunkelblaue Hose und das T-Shirt an. Die Hose musste ich in der Taille umkrempeln, damit sie hielt. Ich schaute zur Tür hinaus. „Wohin soll ich das Wasser ausleeren?“, fragte ich.

Chang kam um die Ecke. „Ausleeren?“

„Ja, ich muss doch das schmutzige Badewasser ausleeren“, sagte ich.

„Ach so, du meinst die Badewanne“, sagte Chang und ging lachend an mir vorbei. „Ich glaube, selbst wenn wir wollten, könnten wir sie nicht ausleeren.“ Sie zeigte auf einen dunklen Stöpsel auf dem Wannenboden. „Siehst du das hier?“, fragte sie. „Das ziehst du raus und dann leert sich die Wanne sozusagen von selbst.“

„Unglaublich“, sagte ich und zog den Stöpsel aus dem Loch. „Ich komme mir vor wie ein *tu bao dz*.“

Chang lächelte amüsiert. „Dummes Bauernmädchen hin oder her, du siehst jedenfalls erfrischt aus.“

„Danke“, sagte ich und war peinlich berührt. „Ich habe mich gerade zum ersten Mal nach neun Monaten im Spiegel gesehen. Ich sehe aus wie ein wandelndes Skelett.“

„Komm“, sagte Chang sanft, „meine Mutter wird dem abhelfen.“

Wir gingen zum Tisch und ich setzte mich zu Mutter Su und Chang, die sofort das Essen austeilte.

„Hier, iss“, sagte Mutter Su und löffelte Gemüse auf meinen Teller. „Das brauchst du jetzt.“

Mir lief das Wasser im Mund zusammen, aber ich zögerte, weil ich Gott für das Wunder meiner Freilassung und diese wunderbare Mahlzeit ohne Sand danken wollte.

„Stimmt etwas nicht?“, fragte Mutter Su.

„Stört es Sie, wenn ich vor dem Essen bete?“, fragte ich.

„Natürlich nicht! Bete ruhig.“

Ich senkte den Kopf, vermutete aber, dass Mutter Su und ihre Tochter mich beobachteten. „Herr Jesus, ich danke dir für diese wunderbare Mahlzeit. Ich bitte dich, dass du sie segnest und uns dadurch gesund und stark machst. Danke, dass du mich heute aus dem Gefängnis befreit hast. Bitte segne meine neuen Freunde, Mutter Su und Sun Chang, dafür, dass sie mich bei sich aufgenommen haben. In Jesu Namen, Amen."

Mutter Su fing an zu essen.

„Bitte nenn mich einfach nur Chang", sagte Sun Chang.

Ich nahm einen kleinen Bissen von dem süßsauren Gemüse und mein Mund fühlte sich an, als würde er explodieren. Meine Geschmacksnerven waren vollkommen überreizt und ich konnte nicht schlucken. Ich musste husten und nahm den Bissen schnell wieder aus dem Mund. Ich trank Wasser, um das Brennen in meinem Mund zu löschen.

„Es tut mir leid", entschuldigte ich mich hustend. Es war mir so peinlich. „Ich fürchte, nach so vielen Monaten Kaoliang kann ich diese wunderbare Mahlzeit gar nicht genießen."

„Das macht nichts", sagte Mutter Su. Sie ließ sich in ihrem Bemühen, mich aufzupäppeln, nicht entmutigen, stand auf und ging hinüber zur Kochecke.

„Hier, nimm etwas gekochten Reis."

Der Reis war weder mit Gewürzen noch mit Salz gekocht und ließ sich wunderbar essen. Ich genoss jeden Bissen und aß langsam, so wie ich es mir im Gefängnis angewöhnt hatte.

„Es muss schrecklich gewesen sein im Gefängnis", sagte Chang.

„Wie waren die Mahlzeiten dort?", fragte Mutter Su.

„Mahlzeiten?", erwiderte ich. „Wir bekamen einmal am Tag eine kleine Schüssel kaltes Kaoliang."

„Das war alles?"

„Während der letzten Woche im Gefängnis haben sie mir immer Sand daruntergemischt", antwortete ich.

„Das ist ja grässlich!", rief Chang. „Wie lange warst du im Gefängnis?"

„Ich weiß nicht genau", sagte ich. „Welchen Monat haben wir jetzt?"

„Das weißt du nicht? Heute ist Freitag, der 4. Oktober 1997."

„Dann waren es beinahe zehn Monate", sagte ich. „Jesus hat mich hindurchgetragen. Die meisten anderen Gefangenen sehen schlimmer aus als ich."

„Hast du andere Gefangene gesehen?“, fragte Mutter Su. „Das hatten wir gar nicht zu hoffen gewagt.“

„Nicht zu hoffen gewagt?“, fragte ich neugierig.

Mutter Su sah zu ihrer Tochter und nickte ihr zu.

„Mein Vater ist auch im Gefängnis von Shanghai“, sagte Chang. „Wir vermissen ihn sehr. Er ist jetzt schon über zwei Jahre im Gefängnis.“

„Oh“, sagte ich, „verkaufen Sie deshalb vor dem Gefängnis Zigaretten?“

„Ja, seit zwei Jahren sitze ich jeden Tag dort“, sagte Mutter Su. „Ich habe noch eine richtige Arbeit in einer Bekleidungsfabrik, aber wir brauchen mehr Geld, und ich versuche, von den Wachen etwas über meinen Mann zu erfahren. Gemessen an der Menge Zigaretten, die ich schon weggegeben habe, habe ich allerdings sehr wenig erfahren.“

„Mein Vater ist Berufskraftfahrer“, sagte Chang. „Um etwas mehr Geld zu verdienen, ist er zusätzlich noch Taxi gefahren. Offiziell kam er wegen Veruntreuung ins Gefängnis, weil er von Diplomaten und Ausländern, die er durch Shanghai gefahren hat, zu viel Geld genommen haben soll. In Wirklichkeit wurde er verhaftet, weil er zu viel wusste. Er war Fahrer für das Waisenhaus von Shanghai. Er hat Bilder von unterernährten Waisenkindern gesehen, die eines der Kinder dort gemacht hatte. Er hat auch gesehen, wie Arbeiter aus dem Krematorium manchmal die Leichen von Säuglingen mitnahmen.“

„Ist das dein Ernst?“, fragte ich entsetzt.

„Es ist wahr“, pflichtete Mutter Su bei. „Er hat erzählt, dass die Leichen, weil sie tagelang im Waisenhaus gelegen hatten, manchmal schon so zerfallen waren, dass die Arbeiter aus dem Krematorium sie nicht mitnehmen wollten. Dann haben die Mitarbeiter des Waisenhauses kleine Schachteln mit Obstsaft vor das Leichenhaus des Waisenhauses gestellt, um die Arbeiter vom Krematorium zu bestechen. Es gab etwas zu essen für jede Kinderleiche, die sie mitnehmen und verbrennen sollten.“

„Wie grässlich!", rief ich. „Warum gab es so viele tote Babys?"

„Wir wissen es nicht genau", sagte Chang. „Vater hat vermutet, dass es mit dem Ein-Kind-Gesetz zusammenhängt. Vielleicht gibt es auch für die Waisenhäuser eine Geburtenrate und sie dürfen nur eine bestimmte Anzahl von Kindern aufnehmen. Es gibt genügend Mitarbeiter und Nahrungsmittel, aber die Kinder sind an Unterernährung gestorben."

„Mein Mann wusste weit mehr, als dem Innenministerium von Shanghai recht war", sagte Mutter Su. „Er wurde sowohl von der chinesischen Presse als auch von ausländischen Journalisten befragt, was er im Waisenhaus gesehen hatte. 1993 und 1994 gab es eine großangelegte Untersuchung. Oft wurde Taos Taxi von den ausländischen Journalisten gelobt. Sie stiegen ein und bezahlten ihn dafür, dass er sie spazieren fuhr, während sie ihn ausfragten, was er alles über das Waisenhaus wusste."

„Als die Behörden hinter die Verbindungen meines Vaters zur ausländischen Presse kamen, wurde er als Fahrer für das Waisenhaus entlassen", sagte Chang. „Dann haben sie diese Geschichte erfunden, dass er angeblich von Ausländern für die Taxifahrten zu viel Geld verlangt und es dann unterschlagen hätte. Sie wollten ihn still und heimlich aus dem Weg schaffen. Er wurde zu acht Jahren Haft verurteilt."

„Auf den Bildern, die ihm einmal eines der älteren Kinder gezeigt hatte, waren fast verhungerte Säuglinge und Kleinkinder zu sehen gewesen. Sie waren unterernährt, und einige waren in ihren Betten angebunden. Ich habe die Bilder nicht selbst gesehen, aber mein Mann hat mir erzählt, dass sie dem Anblick der Fliegen auf den Wunden der Kinder und dem Gestank menschlicher Exkremente noch nicht einmal annähernd gerecht wurden. Er musste das Waisenhaus öfter betreten, um die Kinder, die er fahren sollte, zu holen."

„Lasst mich raten", sagte ich. „Er hat sie nach Chongming gefahren."

„Ja, nach Chongming oder in die Psychiatrische Reha-Klinik Nr. 1 von Shanghai. Woher weißt du das?"

Plötzlich überkam mich eine große Trauer. Die Waisenkinder Shanghais schienen in einem noch viel schlimmeren Gefängnis zu sein als dem, dem ich gerade entkommen war. „Ich habe vorhin gesehen, wie jemand ein ausgesetztes Baby vor einem Geschäft auf Nanjingxi Lu gefunden hat", erwiderte ich. „Der Mann, der das Mädchen gefunden hat, hat es mit nach Hause genommen. Die Menschenmenge hat ihn dazu ermutigt."

„Die meisten Chinesen in Shanghai haben ein gutes Herz", sagte Mutter Su. „Du hast heute ein Beispiel dafür miterlebt."

„Und die Mitarbeiter im Waisenhaus?"

„Die wenigen, die gutherzig waren, sind entweder geflohen oder wurden gezwungen zu kündigen. Jetzt erlaubt das Shanghaier Waisenhaus Ausländern und hohen Regierungsbeamten, das Heim zu besuchen, ja es ermutigt sie sogar dazu. Es wurde zu einem Vorzeige-Waisenhaus hochstilisiert, auf das die Regierung stolz sein will. Die meisten der Waisenkinder wurden nach Chongming verlegt. Und soweit ich weiß, gibt es dort zahlreiche ausgesetzte Babys."

„Aber warum gibt es so viele ausgesetzte Kinder hier?", fragte ich.

„Du hast bestimmt vom Ein-Kind-Gesetz gehört", sagte Chang.

„Ja, natürlich." Ich musste an An denken und fragte mich, ob sie ihr Baby wohl behalten konnte.

„In Shanghai werden jeden Tag Säuglinge ausgesetzt. Die meisten sind vom Land. Weil die Mehrzahl der Eltern einen Jungen haben wollen, der sich um sie kümmern kann, wenn sie alt werden, werden in aller Regel Mädchen ausgesetzt. Ein paar behinderte Kinder sind auch dabei."

„Aber wie kann eine Mutter so etwas tun?", fragte ich entrüstet.

„Die Mütter, die ihre Kinder aussetzen, sind eigentlich die mutigeren, weil sie sie heimlich zur Welt bringen", antwortete Mutter Su. „Oft werden die Frauen zur Abtreibung gezwungen. Diejenigen, die ihr zweites Kind in einer Klinik zur Welt bringen, müssen zusehen, wie die Schwestern oder der Arzt dem Baby Jod injizieren und es töten."

Mir wurde schlecht, und ich musste an Großmutters Geschichte von Tante Te und ihrem ersten Kind, das ein Mädchen war, denken. Seit meinen Erlebnissen im Gefängnis hatten diese Grausamkeiten etwas sehr Reales und Persönliches.

„Bitte, Kwan Mei Lin, kannst du dich daran erinnern, ob du meinen Mann Sun Tao gesehen hast?"

„Ich habe die Gefangenen nur selten nach ihrem Namen gefragt", antwortete ich. „Ich habe nur ihre Zellen geschrubbt und ihnen von dem Gott erzählt, der den Himmel und die Erde gemacht hat. Viele von ihnen wurden Christ."

„Ich habe etwas, das dir vielleicht hilft, dich zu erinnern", sagte Chang. Sie stand auf und kam mit einem Bild zurück. „Das ist mein Vater, Sun Tao."

Ich starrte das Bild an und ging in Gedanken die Gesichter der vielen Gefangenen durch, mit denen ich gesprochen hatte. „Es ist sehr schwierig", sagte ich. „Ich habe nie jemanden gesehen, der so gesund aussah. Alle waren mager und halb verhungert."

„Oh nein", sagte Chang und wandte den Kopf ab, um ihre Gefühle nicht zu zeigen.

„Es tut mir leid, Chang", sagte ich. „Ich wage nicht, mir vorzustellen, wie es mir ginge, wenn mein Vater im Gefängnis wäre." Als ich ihren Schmerz sah, musste ich an meinen eigenen Vater denken. „Kann ich bitte irgendetwas für Sie tun, um mir ein bisschen Geld zu verdienen, damit ich das Porto für einen Brief an meinen Vater und meine Großmutter bezahlen kann? Sie machen sich bestimmt genauso viele Sorgen um mich wie Sie sich um Sun Tao."

„Es wäre mir ein Vergnügen, dir das Porto zu bezahlen", sagte Mutter Su. „Und Chang hat genügend Papier."

„Vielen Dank", sagte ich und legte Sun Taos Bild auf den Tisch.

* * *

Nach dem Essen zeigte mir Chang die Wohnung. Mutter Su und Chang hatten zwei Schlafzimmer, das Wohnzimmer und eine Küche mit Herd und Kühlschrank.

„Eure Wohnung ist wunderschön", sagte ich. „Sie ist ungefähr dreimal so groß wie unsere in Tanching."

„Ja, aber dafür haben wir kein Grundstück. Habt ihr ein Grundstück in Tanching?", fragte Chang.

Ich lächelte. „Bei uns besitzt jeder einen Teil der Reisfelder, um sie zu bewirtschaften. Ein paar Prozente der Ernte gehen an die Regierung und den Rest können wir behalten. Hinter dem Haus haben wir noch etwa einen halben Morgen Land. Wir haben einen kleinen Fischteich, einen Garten und ein paar Enten und Hühner."

„Das klingt wunderbar", sagte Chang. „Ich beneide dich fast ein bisschen."

„Mich beneiden?", fragte ich. „Ich beneide *dich*! Schon als kleines Kind wollte ich immer in Shanghai leben."

„Du hast dir nicht gerade den einfachsten Weg ausgesucht, um hierherzukommen", sagte Chang und lächelte.

„Wir machen dir bei uns ein Bett, Mei Lin", sagte Mutter Su, als sie mit einer zusammengefalteten Matratze ins Wohnzimmer kam.

Während Mutter Su das Geschirr aufräumte, liefen Chang und ich in das oberste Stockwerk des Mietshauses. Inzwischen war es draußen dunkel geworden, und ich stand eine Zeit lang einfach nur schweigend da. Von jeder Seite des Gebäudes konnte man auf die Stadt hinunterschauen. Die Lichter der Laternen verliehen den Straßen einen orangefarbenen Glanz. Die einzig wirklich dunkle Stelle befand sich über mir. Die Sterne waren hinter dicken Wolken verborgen. Unten auf der Straße hasteten immer noch Fußgänger vorüber, als sei es helllichter Tag.

„Ich erinnere mich daran, wie ich meinem Freund Liko erzählt habe, dass ich mich danach sehne, einmal bei Nacht auf das höchste Gebäude Shanghais zu steigen, um die Lichter zu sehen", erzählte ich Chang.

„Da müsstest du auf die Uferstraße gehen. Dort ist das höchste Gebäude“, sagte Chang. „Aber von hier oben kannst du Nanjingxi Lu sehen.“

Chang zeigte auf eine lange Kette heller, weißer Lichter ein paar Blocks weiter. Sie säumten eine Straße, die bis zum Horizont führte.

„Das ist die Straße, auf der ich zu euch gekommen bin“, sagte ich. „Aber da fuhr kein einziges Auto. Warum nicht?“

„Nanjingxi Lu ist die größte Einkaufsstraße in Shanghai“, antwortete Chang. „Dort kann man nirgends parken. Deshalb fahren nur Busse und ein paar wenige Fahrräder durch.“

„Ist die Straße immer so verstopft?“, fragte ich.

Chang nickte. „Immer. In den letzten Jahren haben sie sogar angefangen, im Dezember Weihnachtsdekoration zu verkaufen.“

„Was?“ Ich schrie Chang beinahe an. „In Tanching ist das Weihnachtsfest verboten!“

„Das ist nur Kommerz, Mei Lin. Die Leute sind an Weihnachten fast genauso gut gelaunt wie an Chinesisch Neujahr, und die Ladenbesitzer freuen sich über die zusätzliche Einnahmequelle. Jeder profitiert davon.“

„Alles ist recht, wenn es nur Geld einbringt“, murmelte ich leise.

„China erlebt gerade einen wirtschaftlichen Aufschwung. Wusstest du, dass Hongkong im Juli dieses Jahres wieder an China zurückging?“

„Ich wusste, dass das kommen sollte“, antwortete ich. „Meine Geschichts- und Politiklehrer sind sehr stolz auf die bevorstehenden Veränderungen. Großbritannien kann jetzt jedenfalls seine Flagge nicht mehr in Hongkong hissen.“

„Alle freuen sich“, sagte Chang. „Du hättest die Feierlichkeiten zum Nationalfeiertag vor ein paar Tagen sehen sollen.“

„Das war sicherlich ein großartiges Ereignis“, sagte ich.

„Ja, wirklich“, antwortete Chang. „Shanghai hat sich in den letzten zehn Jahren sehr verändert. Wir haben uns aus der Armut heraus zu einer blühenden Wirtschaftsmetropole entwickelt. Und das Wohnungsproblem ist auch nicht mehr so akut wie früher. Mit dem zusätzlichen Geld, das mein Vater durch das Taxifahren verdient hat, konnten wir uns diese Wohnung leisten. Viele Bewohner von Shanghai sind aus dem Stadtzentrum in die neuen Wohnviertel der Vororte umgezogen."

„Vielleicht war mein Wunsch, nach Shanghai zu kommen, doch nur ein kindlicher Traum", seufzte ich nachdenklich.

„Es wird kühl hier draußen", sagte Chang.

„Wir können auch wieder hinuntergehen. Ich habe die Lichter auf der Nanjingxi Lu gesehen", sagte ich stolz. „Jetzt habe ich meiner Familie etwas zu erzählen!"

* * *

Später saß ich im Schein der wunderschönen Lampe am Esstisch und starrte das Bild von Changs Vater an. „Mutter Su, ich glaube, ich kann mich doch an Sun Tao erinnern", sagte ich zögernd.

„Ach bitte, erzähl uns, was du weißt", drängte mich Chang und kam aus ihrem Zimmer.

„Er sieht aus wie der allererste Gefangene, mit dem ich gesprochen habe. Nur hat er jetzt weniger Haare."

Chang lachte. „Er hatte gerade angefangen, allmählich die Haare zu verlieren, als sie ihn verhaftet haben."

„Nun ja, um ehrlich zu sein, er war sehr dünn, aber noch sehr lebhaft", sagte ich.

„Und du hast tatsächlich mit ihm gesprochen? Wann? War er krank?", fragte Mutter Su aufgeregt.

„Als ich in seine Zelle kam, flehte er mich an, ihn nicht zu schlagen." Mutter Su und Chang hörten wie gebannt zu, als ich die Geschichte erzählte. „Sein Gesicht strahlte, als ich ihm sagte, dass er in den Himmel kommen könnte. Er betete und nahm Jesus als seinen Retter an. Und er hat denen vergeben, die ihn misshandelt haben, genau wie Jesus denen vergeben hatte, die ihn gekreuzigt haben.

Zuerst dachte er, ich sei der Geist einer seiner verstorbenen Vorfahren", fuhr ich fort. „Ich sagte ihm, dass ich ein ganz normaler Mensch sei und dass ich ihm von Jesus erzählen wollte."

„Ist das mit Jesus ein Märchen?", fragte Chang.

„Nein, Chang. Er hat wirklich vor zweitausend Jahren auf dieser Erde gelebt. Ich habe deiner Mutter schon gesagt, dass ich dir die Geschichte vorlesen würde, wenn ich eine Bibel hätte."

„Da meine Eltern jetzt beide an Jesus glauben, haben sie ihr Leben noch mehr in Gefahr gebracht", sagte Chang. Sie war offensichtlich verärgert. „Es ist wohl besser, wenn einer von uns Buddha treu bleibt. Vielleicht sind die Geister dann nicht ganz so böse auf uns, wenn wenigstens ich eine echte Buddhistin bleibe."

Ich warf Changs Mutter einen kurzen Blick zu. Mutter Su schüttelte leicht den Kopf und gab mir zu verstehen, das Thema zu beenden.

„Mei Lin, bitte bleib bei uns, bis du in der Lage bist, nach Jiangxi zurückzukehren", sagte Mutter Su.

„Ich möchte Ihre Gastfreundschaft nicht ausnützen", sagte ich. „Aber ich muss zugeben, dass ich sehr müde bin. Immer wieder frage ich mich, ob ich nicht irgendwann aufwache und wieder in der dunklen Kälte liege. Ich kann euch gar nicht sagen, wie sehr ich mich heute über die Sonne gefreut habe."

„Es hilft mir, wenn du vom Gefängnis erzählst", sagte Mutter Su. „Dann weiß ich wenigstens, was mein Mann jeden Tag durchmacht."

„Wir werden dafür beten, dass er bald freigelassen wird", entgegnete ich.

Sie deutete in Richtung Wohnzimmer. „Dein Bett ist fertig. Lass uns schlafen gehen."

Statt auf einem kalten, schmutzigen Boden lag ich in dieser Nacht auf einer Matratze. Statt quälenden Hunger zu leiden, hatte ich den Bauch voll mit Reis. Und Mutter Su, die Frau des ersten Gefangenen, den ich zu Jesus geführt hatte, war auch Christ geworden, nachdem ich ihr beim Zigeretten-verkaufen meine Geschichte erzählt hatte.

„Herr, wie kann ich dir dafür jemals danken?“, betete ich leise. Ich stellte mir vor, wie es sein würde, wenn ich nach Hause kam. Vater wäre überglücklich, dass ich nicht halbtot bin, wie Mutter damals. Und Großmutter würde sofort versuchen, mich zu mästen. Dann dachte ich an Liko. Wie würde er wohl reagieren, wenn er seine Freundin sah, die nur noch aus Haut und Knochen bestand?

Bevor ich einschlief, betete ich noch für die Gefangenen, denen ich gepredigt hatte, besonders für Sun Tao.

Kapitel 16

Ich verbrachte das Wochenende damit, mich in Mutter Sus Wohnung auszuruhen. Obwohl ich immer noch nur Reis aß, bemühte ich mich, wenigstens drei Mahlzeiten am Tag zu essen. Am Montagmorgen fühlte ich mich erholt und kräftiger. Als ich aufwachte, war Chang schon zur Arbeit ins Park-Hotel gegangen, und Mutter Su wollte gerade zu ihrem Job in der Bekleidungsfabrik aufbrechen.

„Fühl dich hier wie zu Hause, Mei Lin“, sagte sie. „Das Mittagessen steht im Kühlschrank. Chang und ich kommen gewöhnlich so gegen halb sechs nach Hause.“

„Vielen Dank“, sagte ich.

„Chang hat dir auf dem Tisch einen Hausschlüssel und die Wegbeschreibung zur Post hingelegt. Und vergiss nicht, die Wegbeschreibung zu unserer Wohnung mitzunehmen, die ich dir gegeben habe – falls du dich verläufst.“

„Das werde ich tun“, antwortete ich und rieb mir die Augen. „Vielen Dank.“

„Das Frühstück steht auf dem Tisch“, sagte Mutter Su im Gehen.

„Gott segne Sie“, rief ich ihr nach.

Sie lächelte. „Ich bin so froh, dass ich jetzt Christ bin. Bis heute Abend!“ Sie ging und schloss die Tür hinter sich.

Ich tappte ins Badezimmer, um mich ein wenig zu erfrischen, und legte mich dann wieder auf mein Bett und sprach mit Gott. Ich war so dankbar, und doch wurde ich das Gefühl nicht los, immer noch in Gefahr zu sein.

Was ist, wenn mir die Polizei zur Post folgt?, dachte ich. Niemand würde wissen, was passiert war, wenn sie mich unterwegs verhafteten und ins Gefängnis zurückbrächten.

Ich stand auf und beschloss, zwei Briefe an Vater und Großmutter zu schreiben. Einen würde ich zur Post bringen und einen hier bei Mutter Su und Chang auf dem Tisch liegen lassen, falls der erste nicht ankäme.

Montag, 7. Oktober 1997

Lieber Vater, liebe Großmutter,

durch irgendeinen glücklichen Umstand wurde ich am Freitag, den 4. Oktober aus dem Gefängnis entlassen. Ich bin in der Wohnung von Freunden, die ich hier in Shanghai kennengelernt habe. Ihr könnt mir an folgende Adresse schreiben: Deng Su, Song-Bekleidungsfabrik, Shimen-Straße, Provinz Jiangsu, Shanghai.

Wenn ich euch diesen Brief geschickt habe, werde ich mich nach einer Arbeit umsehen, damit ich mir das Geld für die Zugfahrkarte nach Jiangxi verdienen kann. Ich sehne mich so danach, euch beide wiederzusehen. Ich vermisse Tanching.

Macht euch bitte keine Sorgen. Mir geht es gut. Grüßt die Chens von mir. Ich wünsche euch Gesundheit und Erfolg.

Eure Tochter
Mei Lin

Schnell legte ich die Abschrift des Briefes auf den Tisch. Den ersten Brief faltete ich und hielt ihn noch eine Weile in der Hand. Das alles erschien mir wie ein Traum. Noch vor drei Tagen hockte ich in der Finsternis des Gefängnisses von Shanghai, und heute, am Montag, saß ich bei fremden Menschen am Tisch und schrieb einen Brief an meine Familie.

Ich lächelte und blickte nach oben. „Gott, du bist einfach wunderbar."

Ich lächelte immer noch, als ich den Zettel mit der Wegbeschreibung einsteckte, das Mietshaus verließ und auf die Zweite Querstraße trat.

Ich fühlte mich stärker als je zuvor. Die Sonne schien durch die Haut in mich einzudringen. Meine Muskeln taten mir weh, aber meine Knie waren nicht mehr so schwach und meine Lunge sog gierig die kühle Morgenluft ein.

Die Post befand sich in der Nähe des Parks, und so ging ich wieder durch die Anlagen. Alte Männer und Frauen machten dort zu traditioneller chinesischer Musik ihre Tai-Chi-Übungen. Sie hatten ihre Augen zur Meditation halb geschlossen und schienen den Verkehr mit all dem Getöse und Gehupe gar nicht wahrzunehmen.

Ich hatte die ganze Zeit ein seltsames Gefühl, so als ob mir jemand folgte. Im Stillen schimpfte ich mit mir selbst, weil ich so ein Angsthase war. Mir kam ein Bibelvers in den Sinn. „Gott hat mir nicht einen Geist der Verzagtheit gegeben", flüsterte ich leise. Trotzdem wurde ich das Gefühl nicht los, beobachtet zu werden. Vorsichtig sah ich mich auf den schattigen Parkwegen um.

Einem Impuls folgend, drehte ich mich plötzlich um und sah gerade noch, wie eine kleine Gestalt im Gebüsch verschwand. Sofort musste ich an den kleinen Jungen denken, der am Freitag zwischen den Büschen hervorgeschossen war. Ich fragte mich, warum er wohl die ganze Zeit im Park herumlungerte. Ich beschloss, ihn diesmal nicht anzusprechen.

Stattdessen ging ich weiter, bis ich zu einer Bank kam. Ich setzte mich und tat so, als ob ich die Vögel in den Pappeln beobachtete.

„Wie heißt du?“, fragte plötzlich jemand hinter mir. Obwohl ich hätte darauf vorbereitet sein müssen, fuhr ich zusammen und drehte mich zu dem Kind um, das mir gefolgt war. Der Junge schien etwa sechs Jahre alt zu sein, seine Kleidung war abgenutzt und zerfetzt. Sein schwarzer Pony hatte die Schere nötig und die übrigen Haare standen ihm zu Berge – es sah so aus, als ob er lauter kleine Hörner hätte. Er war entsetzlich dünn, schien ansonsten aber sauber zu sein.

„Mei Lin“, antwortete ich. „Und warum schleichst du mir die ganze Zeit hinterher und beobachtest mich?“

„Ich habe Hunger“, antwortete er.

Das konnte ich sehr gut verstehen.

„Komm, setz dich zu mir“, sagte ich. Der Junge ging einen Schritt zurück.

„Ich tu dir nichts“, sagte ich sanft. „Wann hast du zum letzten Mal etwas gegessen?“

Er blickte mich fragend an. „Vor drei Tagen.“

„Vor drei Tagen? Oh, ich wünschte, ich hätte etwas zu essen dabei, aber ich habe nichts. Wirst du um die Mittagszeit hier sein?“

Er nickte.

„Dann treffen wir uns um zwölf hier an dieser Bank. Ich werde alleine kommen und dir etwas zu essen bringen, okay?“

Der arme Junge ließ den Kopf hängen, drehte sich um und ging weg.

„Ich werde ganz bestimmt kommen, mein kleiner Freund“, sagte ich so nachdrücklich, wie ich nur konnte.

„Ich werde hier sein“, sagte er, lief zwischen den Büschen hindurch und verschwand so schnell, wie er gekommen war.

Die Post war leicht zu finden. Ich gab meinen Brief auf und ging dann schnell zur Zweiten Querstraße zurück, um meinem kleinen Freund etwas zu essen zu holen. Ich konnte ohnehin das meiste von dem, was Mutter Su mir zubereitet hatte, noch nicht vertragen. Ich legte alles in einen Korb und ging zum Park zurück.

Ich schlenderte den schattigen Gehweg entlang. An den

Seiten blühten immer noch Blumen. Ich schaute die Grashalme an, die sich in einer leichten Brise sanft wiegten und aussahen wie ein weites Meer aus grünem Samt. Ein Springbrunnen sprühte mir sein Wasser ins Gesicht.

Wenig später erreichte ich die Bank, setzte mich und stellte den Korb deutlich sichtbar neben mich, damit der Kleine sehen konnte, dass ich mein Wort gehalten hatte.

„Warum tust du das für mich?“

Die Worte schienen aus dem Nichts zu kommen.

Ich fuhr zusammen. „Warum musst du mich immer erschrecken?“, fragte ich zurück und drehte mich um. „Komm her und setz dich.“

Er ließ den Korb mit dem Essen keine Sekunde aus den Augen, während er um die Bank herumging und sich am anderen Ende hinsetzte.

„Ich tue das für dich, weil ich Christ bin und Gott gesagt hat, dass wir alle Menschen lieben sollen. Und ich tue es, weil ich weiß, wie es sich anfühlt, wenn man sehr, sehr hungrig ist. Darf ich noch beten, bevor du anfängst?“, fragte ich ihn.

Der Junge starrte nur den Korb an, und so fing ich einfach an zu beten. „Vater, ich danke dir, dass du meinem neuen Freund etwas zu essen gegeben hast. Bitte hilf ihm zu verstehen, dass ich ihn lieb habe – und du ihn auch lieb hast. In Jesu Namen, Amen.“ Ich sah auf und er begann, die chinesischen Maultaschen und den Reis zu verschlingen.

„Jetzt weißt du, wie ich heiße. Und wie heißt du?“

Er zögerte. „Yatou.“

„Yatou?“, fragte ich und dachte, er wolle nur seinen wirklichen Namen nicht preisgeben. „‚Mädchen‘? Das ist doch kein Name, das ist eine Geschlechtsbezeichnung – und in deinem Fall noch nicht einmal die richtige. Warum sollte irgendjemand einen süßen kleinen Jungen wie dich ‚Mädchen‘ nennen? Du hast doch bestimmt mehr Fantasie, dir einen Namen auszudenken.“

Der Kleine sah mich mit großen Augen und vollgestopften Backen an. „Ich bin ein Mädchen“, kam die Antwort.

Ich war fassungslos. „Aber deine Haare", sagte ich. „Nun ja, wahrscheinlich ... tut mir leid."

„Meine Haare sehen schrecklich aus", sagte das Kind. „Ich habe keinen Kamm, um sie zu kämmen, aber ich wasche sie immer am Springbrunnen. Ich bin ein Mädchen und alle nennen mich nur ‚Yatou'."

„Und wie bist du zu diesem Namen gekommen?"

Mit vollem Mund erzählte die Kleine: „Meine Eltern konnten mich nicht behalten. Eine alte Frau hat mich an einer Bushaltestelle im Mülleimer gefunden. Ich glaube, ich hatte einen richtigen Namen, aber sie hat mich nur immer ‚ihr kleines Mädchen' genannt und sich um mich gekümmert. Ich habe sie ‚Mutter' genannt, aber dann ist sie gestorben, als ich noch im Kindergarten war. Und dann haben die Onkels und Tanten ... ich meine die ..." Das Mädchen wurde kreidebleich, hörte auf zu kauen und ließ beinahe das Essen fallen.

„Ist schon gut", sagte ich und nahm seine Hand in meine. „Hast du gewusst, dass der Gott, der Himmel und Erde gemacht hat, Kinder ganz besonders liebt? Meine Eltern haben mir von ihm erzählt, als ich noch ganz klein war. Soll ich dir ein bisschen von mir erzählen?"

Die Kleine nickte.

„Ich heiße Kwan Mei Lin. Ich komme aus der Provinz Jiangxi. Weißt du, wo das liegt?"

Sie hatte den Mund immer noch voll und schüttelte nur stumm den Kopf.

„Das ist südöstlich von Shanghai ... und so weit weg, dass ich hier ganz schön Heimweh habe."

Ich war mir nicht sicher, ob sie das alles überhaupt interessierte. Aber irgendwie tat es gut, dass sie einfach nur dasaß, zuhörte und mein Mittagessen verspeiste.

„Meine Mutter starb, als ich gerade zwei Jahre alt war."

Jetzt sah das Mädchen mir direkt in die Augen.

„Bist du deshalb böse geworden? Ich habe dich vor ein paar Tagen gesehen, wie du aus dem Gefängnis gekommen bist."

„Nein, ich bin kein böses Mädchen geworden, weil meine Mutter gestorben ist. Ich hatte Glück, weil Amah, meine Großmutter, noch da war. Sie und mein Vater kümmerten sich um mich."

Sie schien verwirrt zu sein. „Was ist denn dann passiert?"

„Ich habe einigen Mitschülern an meiner Schule von Jesus erzählt und das hat den Verantwortlichen gar nicht gefallen. Sie haben mir befohlen, nicht mehr an Jesus zu glauben, aber das habe ich nicht getan. Da haben sie mich geschlagen und ins Gefängnis gesteckt."

„Du musst Jesus ganz schön gernhaben."

Ich lächelte. „Ja, man könnte sagen, dass ich ihn schrecklich gernhabe. Und ich glaube, dass er sehr mächtig ist."

„Ist er derjenige, der dir nichts zu essen gegeben hat?"

Innerlich musste ich über Yatous Neugierde schmunzeln. „Nein, im Gefängnis ist es so, dass alle Gefangenen nicht viel zu essen bekommen. Jesus hat sich aber darum gekümmert, dass die Wärter mich freigelassen haben. Es war ein Wunder, dass ich da rausgekommen bin. Eigentlich sollte ich noch viele Jahre dort drinbleiben." Ich gab mir Mühe, alles so einfach wie möglich zu erklären, weil die Kleine ja erst fünf oder sechs Jahre alt zu sein schien.

„Sind alle Gefangenen dort so dünn?", kam die Frage zurück.

„So wie ich?", fragte ich.

Sie nickte.

Ich wollte es nicht zulassen, aber ich schämte mich wieder einmal für mein Aussehen. „Ja", sagte ich und seufzte. „Manche sehen sogar noch schlimmer aus."

Meine kleine neue Freundin kaute schweigend vor sich hin. Es schien, als versuchte sie, das alles zu begreifen.

„Wie alt bist du?", fragte ich sie.

„Neun."

Es war nicht meine Absicht, sie anzustarren oder so lange zu schweigen, aber ich war fassungslos. Dieses Mädchen, das aussah wie ein Junge, schien doch höchstens sechs Jahre alt zu sein. „Du bist doch nicht ... Ich meine ... Bist du ganz sicher?“

Sie nickte und schluckte den Reis hinunter. „Sehe ich für dich aus wie ein Baby?“

„Oh nein, du hast mir sogar ein paar ganz schön erwachsene Fragen gestellt. Aber du siehst eben einfach, na ja, jünger aus als neun.“

Das Mädchen ließ traurig den Kopf hängen.

„Du bist in Schwierigkeiten, stimmt's?“, fragte ich.

Der Korb war leer. Yatou lehnte sich nach vorne und stützte ihren Kopf in ihre Hände.

„Weißt du“, sagte ich, „du kannst doch nicht den Rest deines Lebens hier im Park leben. Du brauchst ein Zuhause und Menschen, die dich lieb haben.“

Jetzt kullerten Tränen über die Wangen des Mädchens.

„Ich weiß, wir kennen uns nicht wirklich“, sagte ich und fühlte mich dabei sehr unwohl. „Aber ich würde dich gerne in den Arm nehmen. Darf ich?“

Sie sah nicht auf. Ihr Kopf sank auf die Knie. Ich zog die zitternde kleine Gestalt behutsam an mich und legte meine Arme um sie.

Sie brach in Schluchzen aus und ich hielt sie fest umschlungen und sah zum Himmel auf. „Vater, in Jesu Namen bitte ich dich für meine neue Freundin.“ Jetzt kamen auch mir die Tränen, aber ich betete weiter. „Gott, Yatou hat keine Eltern, und ich erinnere mich, dass in der Bibel steht, dass du den Vaterlosen ein Vater sein willst. Ich nehme dich bei deinem Wort und glaube, dass du von diesem Augenblick an Yatous Vater sein wirst. Und bitte gib uns eine gute Idee für einen schönen Namen für sie. Danke. Amen.“

Das ist sehr unchinesisch, dachte ich, auf einer Parkbank zu weinen, sich zu umarmen und dann auch noch zu beten. Aber das Gebet hatte mir geholfen, meine eigenen Gefühle wieder unter Kontrolle zu bekommen. Ich war froh, dass ich jemanden hatte, zu dem ich damit kommen konnte. „Yatou“, wie sie sich nannte, brauchte etwas länger, um sich zu beruhigen.

Schließlich wurde die Kleine wieder ruhig.

„Yatou, am Freitag habe ich eine Frau getroffen, die Christ wurde, so wie ich. Sie hat mich das ganze Wochenende bei sich aufgenommen. Ich werde sie fragen, ob du auch eine Weile bei ihr bleiben darfst. Nur so lange, bis wir eine andere Lösung gefunden haben. Ist das okay?"

„Das wird sie nicht erlauben."

„Woher willst du das wissen? Du kennst sie ja nicht einmal."

„Es wäre gefährlich für sie, wenn sie mich aufnimmt. Ich ... ich bin ..."

„Erzähl ruhig. Bei mir bist du sicher."

„Sie haben beschlossen, mich nach Chongming zu verlegen. Alle haben Angst, dorthin zu kommen. Vor etwa sechs Wochen sind wir dann vor dem Waisenhaus in den Bus gestiegen. Die meisten von uns waren noch klein. Nur ein älterer Teenager war dabei. Der saß ganz hinten und wurde von zwei von den Onkels festgehalten. Sie saßen die ganze Fahrt da hinten und er hat sich immer gewehrt."

„Und dann?"

„Und dann sind wir durch Shanghai gefahren und der Busfahrer musste an einer Kreuzung anhalten. Ich wusste, dass die Onkels hinten mit dem Teenager kämpften, und da habe ich es einfach versucht. Ich hatte furchtbare Angst. Ich habe die Tür aufgemacht und bin rausgesprungen. Ich bin ganz schnell die Straße entlanggelaufen und habe mich dann in einem Kaufhaus unter den Kleiderständern versteckt."

„Na, das klingt ja wirklich abenteuerlich." Ich war sehr beeindruckt von dem, was dieses Kind schon erreicht hatte.

„Eine Weile später bin ich wieder herausgekommen und in den Park gegangen. Dort bin ich dann geblieben. Die Leute waren nett zu mir und es gab genug Wasser."

Ich sah Furcht in Yatous Augen. „Bitte verrate mich nicht. Ich würde eher sterben als dorthin zurückgehen. Es ist einfach ... so schlimm ... Ich ... Sie suchen mich immer noch. Aber ... ich kann einfach nicht zurück."

Yatou fing erneut an zu schluchzen und ich umarmte sie für einen Moment. Dann fasste ich sie an den Schultern und schaute ihr in die Augen. „Yatou, wenn meine Freunde dich nicht aufnehmen wollen, dann komme ich zurück und bleibe heute Nacht mit dir im Park. In Ordnung? Egal, was passiert, du wirst auf keinen Fall alleine sein."

Yatou bekam ganz große Augen. „Du willst hier draußen in der Kälte mit mir schlafen? Aber warum solltest du das tun?"

„Weil du mich brauchst. Und außerdem glaube ich, dass Jesus genau das Gleiche tun würde, wenn er jetzt hier wäre. Er würde bei dir bleiben oder einen Ort finden, an dem du bleiben kannst."

„Okay." Sie wischte sich mit dem Ärmel über das verweinte Gesicht.

„Hier, nimm das Tuch vom Vesperkorb", sagte ich. Ich versuchte, mir einen Plan zurechtzulegen, wie ich Yatou unbemerkt zu Mutter Sus Wohnung bringen könnte.

„Kennst du dich in Shanghai aus?", fragte ich sie.

„Allmählich", antwortete sie. „Aber die Stadt ist sehr groß."

„Weißt du was? Meine Freunde kommen etwa um halb sechs nach Hause. Wir treffen uns hinter dem Laden an der Ecke von Nanjingxi und der Zweiten Querstraße. Nanjingxi ist gleich da drüben, siehst du?"

„Ich komme. Wann soll ich da sein?"

„Am besten um sieben. Dann habe ich genug Zeit, um mit meinen Freunden zu reden ... und genug Zeit, mich von ihnen zu verabschieden, wenn es nötig ist." Ich sah sie an.

„Und du wirst kommen?", fragte sie. „Ganz bestimmt?"

„Ich komme. Um sieben." Ich nahm sie noch einmal kurz in den Arm. „Bis später!"

Kapitel 17

Von dem Gemüse im Kühlschrank kochte ich für Mutter Su und Chang Abendessen. Der Herd faszinierte mich: Er wurde heiß – ganz ohne Feuer und Holz. Ich lächelte und musste an Großmutter denken. Was sie wohl zu alledem sagen würde?

Als Mutter Su und Chang nach Hause kamen, waren sie müde und sehr froh, dass das Abendessen schon fertig war. Sie tauschten die Neuigkeiten des Tages aus und als wir mit dem Essen fertig waren, warf ich einen Blick auf die Uhr. Es war kurz nach sechs. Mutter Su goss Tee auf, und wir saßen wie alte Freunde zusammen. Ich betete, dass dieses gute Miteinander nicht durch das zerstört würde, was ich gleich fragen wollte.

„Ich muss mit euch beiden über etwas sprechen", sagte ich mit fester Stimme. „Leider ist es sehr dringend."

Sie sahen sich erstaunt an.

Ich holte tief Luft und begann zu erzählen. „Ich habe heute im Park ein kleines Mädchen getroffen. Sie ist in großen Schwierigkeiten. Ich habe ihr mein Mittagessen gegeben. Ich hoffe, das macht euch nichts aus. Nach dem ausgiebigen Frühstück war ich ohnehin nicht besonders hungrig. Sie hatte seit drei Tagen nichts mehr gegessen und ich weiß, wie schrecklich man sich da fühlt."

„Wer ist dieses Mädchen?“, fragte Mutter Su. „Wie heißt sie?“

Ich kam mir etwas dumm vor, als ich es ihnen sagte. „Yatou.“

„Yatou? Sie hat dir gesagt, dass sie ‚Mädchen‘ heißt?“, erwiderte Chang. „Das ist doch lächerlich.“

„Das war auch meine erste Reaktion“, sagte ich. „Vielleicht hatte sie nur Angst, mir ihren richtigen Namen zu sagen. Vielleicht ist es auch tatsächlich ihr Name. Ich weiß es nicht.“

„Wo wohnt sie?“, wollte Mutter Su wissen.

„Im Moment lebt sie im Park. Sie kommt aus dem Waisenhaus in Shanghai und hat Angst, dass sie gefunden wird.“

„Ist sie davongelaufen?“, fragte Chang.

Chang guckte kritisch, aber ich fuhr fort: „Das arme Ding hatte Angst und wollte mir nicht alles erzählen. Ihre Haare sind ganz durcheinander und ihre Kleidung ist zerrissen. Ich ... ich weiß nicht, wie ich es sagen soll, aber ...“

„Tu's nicht, es kommt überhaupt nicht infrage“, sagte Chang und trommelte mit den Fingern auf den Tisch.

„Chang, sei doch nicht so voreilig“, sagte ihre Mutter. „Hör Mei Lin doch erst einmal zu. Sie ist unser Gast.“

„Mutter, das alles ist so schon gefährlich genug“, erwiderte Chang wild gestikulierend. „Diese Yatou bringt uns bestimmt Unglück. Wir haben die Götter womöglich schon verärgert, weil du und Papa Christen geworden seid.“

Ich konnte sehen, wie Mutter Su allmählich ärgerlich wurde. „Dein Vater kam für seine Überzeugung ins Gefängnis. Er glaubt, dass im Waisenhaus von Shanghai üble Dinge passieren. Und er kam ins Gefängnis, bevor er Christ wurde, denk daran. Vielleicht können wir uns so auf seine Seite stellen. Er würde sich wünschen, dass wir es täten.“

Ich atmete tief durch. „Es tut mir leid, dass ihr euch meinetwegen streitet.“ Dann stand ich auf und wollte gehen. „Ich bin euch sehr dankbar für eure Gastfreundschaft und ...“

Chang gab etwas nach. „Nein, ich möchte nicht, dass du gehst. Es kommt nur alles so ... so plötzlich. Wir könnten uns großen Ärger einhandeln. Und wofür das alles?“

Ich sah Mutter und Tochter abwechselnd in die Augen. Da erkannte ich, wie gefährlich das war, worum ich sie bat.

Mutter Su unterbrach mich in meinen Gedanken. „Bitte sag uns, was du möchtest."

Ich zögerte. „Ich treffe mich um sieben mit Yatou. Aber Chang hat Recht, es ist womöglich zu gefährlich, sie hierherzubringen. Ich werde bei ihr im Park bleiben."

„Willst du etwa dort schlafen?", fragte Chang ungehalten. Sie schrie fast und bekam einen roten Kopf. „Warum um alles in der Welt willst in den Park gehen und dort bei einem Mädchen schlafen, das du gar nicht richtig kennst?! Bist du verrückt?"

Changs Wut erinnerte mich an meine eigenen Gefühlsausbrüche, die ich wegen Kader Fang, den Gefängnisaufsehern und den Wärtern hatte. Dass sie so aufgebracht war, erschreckte mich nicht.

„Warum bist du so wütend?", fragte ich mutig und setzte mich wieder an den Tisch.

„Warum? Warum fragst du?" Chang beugte sich zu mir. „Es ist schon schlimm genug, dass mein Vater im Gefängnis sitzt. Jetzt hat er mit seinem Glauben an diesen Jesus auch noch die Götter verärgert. Und Mutter hat auch noch angefangen, an Jesus zu glauben. Das bringt Unglück, sage ich dir. Meine Mutter wird Christ wegen einem entlassenen Häftling und bringt ihn auch noch mit nach Hause ..."

„Chang!", wies ihre Mutter sie zurecht.

„Aber es stimmt doch! Und dann nehmen wir noch ein Kind auf, das aus dem Waisenhaus abgehauen ist! Was kommt als Nächstes? Organisieren wir eine Demonstration für die Menschenrechte auf dem Platz des Himmlischen Friedens?"

Sie ist nicht wütend, sie hat Angst, dachte ich. Ob der Kader und die Wächter wohl auch Angst gehabt hatten?

„Hab keine Angst, Chang", sagte ich. „Gott kann ein Wunder tun und deinen Vater aus dem Gefängnis befreien. Oder er kann ihm die Gabe Gethsemanes geben, damit er die Zeit im Gefängnis übersteht."

„Was für eine Gabe?“, fragte sie und runzelte die Stirn.

„Ach, egal“, antwortete ich.

Mutter Su ergriff das Wort. „Chang, ich weiß, dass du dir Sorgen um unsere Sicherheit machst, aber ich werde an meinen ursprünglichen Gedanken festhalten. Wenn dein Vater hier wäre, würde er dieses Waisenmädchen aufnehmen ...“ Mutter Su blickte zu mir herüber, „... und auch Mei Lin, egal, ob sie ein entlassener Häftling ist oder nicht.“

„Mutter, ich habe wirklich nichts dagegen, dass Mei Lin bei uns ist. Sie hat uns die ersten richtigen Nachrichten von Vater gebracht. Und wenn du möchtest, dass das Mädchen zu uns kommt, dann soll es mir recht sein. Mal sehen, ob dieser Jesus uns helfen kann, all die hungrigen Mäuler satt zu kriegen.“ Chang kreuzte ihre Arme, als ob sie mich herausfordern wollte.

Ich kann es kaum abwarten zu sehen, wie Jesus sich dieser Herausforderung stellen wird, dachte ich vergnügt. Dann schaute ich wieder auf die Uhr. Es war zwanzig vor sieben. Das würde gerade noch reichen, um pünktlich bei Yatou zu sein.

Mutter Su sah uns beide an. „Dann wäre das also geklärt. Geh und hol sie, Mei Lin. Ich mache die Reste unseres Essens warm.“

Lächelnd sprang ich auf. „Ich danke euch beiden. Ich kann euch gar nicht sagen, wie dankbar ich bin, dass ihr dazu bereit seid.“ Dann rannte ich aus der Wohnung, die Treppen hinunter und auf die Straße.

Ich fand Yatou sofort. Sie schien etwas überrascht, als sie mich sah. Noch überraschter war sie, als ich ihr mitteilte, dass meine Freunde einverstanden waren, sie aufzunehmen.

* * *

Yatous Augen glänzten, als sie jeden Winkel der schönen Wohnung von Mutter Su und Chang begutachtete. „Ihr seid reich, nicht wahr?“, flüsterte sie voller Bewunderung. Verzückt sah sie sich um und betrachtete das Sofa und die einfachen Holzstühle.

„Nicht wirklich", antwortete Chang, während sie in der Wohnung umherlief und offensichtlich etwas suchte. „Wir mussten einen Teil der Möbel und Vaters Taxi verkaufen, um die Wohnung behalten zu können. Er wurde nämlich nicht nur zu einer Gefängnisstrafe, sondern auch noch zu schweren Geldstrafen verurteilt."

„Dein Vater war auch im Gefängnis?", fragte Yatou.

Ich lächelte meine kleine Freundin an. „Du bist die Neugier in Person, Yatou. Lass uns später in Ruhe reden, ja? Iss erst mal etwas. Und dann werden wir dich baden, in Ordnung?"

Yatou sah mich mit großen Augen an.

„Das ist deine Aufgabe für heute Abend", sagte Chang schroff. „Ich gehe einkaufen." Sie nahm ihre Handtasche und war für den Rest des Abends verschwunden.

Yatou schlang das Abendessen herunter.

„Wir sollten etwas mit deinen Haaren machen", sagte ich, während ich in ihren Haaren wuschelte.

Das Mädchen streichelte ihre kurzen, verfilzten Strähnen.

Mutter Su kam aus dem hinteren Zimmer. „Hier sind ein paar von Changs alten Kleidern. Ich wollte sie schon weggeben. Sie sind leider im alten Qipao-Stil, nicht besonders westlich."

„Die sind genau richtig", sagte ich. „Wollen Sie mir helfen? Ich weiß nicht, ob ich die mütterliche Begabung habe, die man dafür braucht."

Mutter Su lachte. „Es ist schon lange her, dass ich ein kleines Mädchen versorgen musste. Das würde ich gerne tun."

Als wir Yatous Haare wuschen, wurde ich an meine eigenen langen Strähnen erinnert. „Meinst du, ich könnte mir heute Abend noch die Haare schneiden?", fragte ich.

„Warum nicht?", antwortete Mutter Su.

„Ich kann mir den Pony schneiden, aber ich weiß nicht, ob ich die Haare hinten auch schneiden kann."

„Ich schneide sie dir", bot Mutter Su mir an. „Schulterlang?"

„Ja, bitte."

Yatou zog sich an und sah zu, wie Mutter Su mir die Haare schnitt. „Eines Tages sollen meine Haare auch einmal so lang sein“, sagte sie ernst. „Und dann werde ich sie nie wieder schneiden.“

Ich lächelte Yatou an und dachte an die schwierige Aufgabe, alle diese zerzausten Strähnen zu kämmen. „Später kannst du dir die Haare wachsen lassen, aber erst einmal müssen wir deine Haare auch schneiden.“

Yatou fasste sich an den Kopf und befühlte die langen, nassen Haarsträhnen, die in alle Richtungen abstanden. „Müssen wir das wirklich?“, fragte sie und war den Tränen nahe. „Meine Haare waren noch nie so lang wie jetzt. Im Waisenhaus haben sie uns alle ein oder zwei Monate den Kopf geschoren. Wir Mädchen haben es alle gehasst, mit einer Glatze herumzulaufen. Manchmal haben wir auf dem Boden gelegen und uns darüber unterhalten, dass wir später einmal unsere Haare ganz lang wachsen lassen wollten und uns dann lange schwarze Zöpfe flechten würden.“

„Hm, du hast gesagt, dass alle Mädchen den Kopf geschoren bekommen haben?“, fragte ich. „Dann sucht die Polizei also nach einem Mädchen, das jetzt etwas längere Haare hat, stimmt's?“

Yatou nickte. „Ich habe mich seit sechs Wochen vor der Polizei versteckt.“

„Mutter Su, die Leute vom Waisenhaus und die Sicherheitspolizei suchen doch nach Yatou“, sagte ich. „Was wäre, wenn wir das Mädchen einfach verschwinden lassen würden?“

„Ich verstehe, was du meinst“, sagte Mutter Su. „Vielleicht haben wir ja gar kein Waisenmädchen hier?“

„Ich sehe kein Mädchen“, sagte ich.

„Oh doch! Ich stehe hier vor dir, unter all diesen Haaren“, sagte Yatou und strich sich die nassen Strähnen aus dem Gesicht.

„Yatou“, sagte ich und beugte mich zu ihr hinunter, um ihr in die Augen zu sehen. „Wie wäre es, wenn du ein Junge wärst? Sagen wir, du wärst mein Cousin, der zu Besuch da ist.“

„Ein Junge?“ Yatou rümpfte die Nase.

„Ja, ein schlauer, hübscher, fröhlicher Junge. Niemand sucht einen weggelaufenen Jungen. Das wäre die perfekte Tarnung.“

Yatou zögerte. „Kann ich später wieder ein Mädchen sein und lange Haare haben?“, fragte sie.

Ich lachte und wuschelte in ihren feuchten Haaren herum. „Natürlich kannst du das. Sobald wir dich irgendwo in Sicherheit gebracht haben, kannst du wieder ein Mädchen sein. Dann kannst du dir die Haare bis zu den Knöcheln wachsen lassen, wenn du willst.“ Ich trat einen Schritt zurück und ließ Mutter Su, die mehr Erfahrung hatte als ich, ans Werk gehen.

Yatou saß auf dem Hocker und bemühte sich stillzuhalten. Sie schielte unter den Strähnen hervor. „Ich tue gerne so, als ob ich jemand anderes wäre. Aber ich habe immer so getan, als wäre ich ein hübsches Mädchen mit langen Haaren und nicht ein Junge.“

Mutter Su und ich lächelten uns an.

Dann sagte Mutter Su: „Ihr seid beide so dünn und ihr seht euch tatsächlich ähnlich. Ich denke, als Cousin und Cousine werdet ihr durchgehen.“

„Aber du bist nicht wirklich ein Junge, Yatou, du sollst nur so aussehen, okay?“, sagte ich.

Mutter Su verschränkte die Arme und ging einen Schritt zurück, um den Schnitt zu betrachten. „Ich habe eine Freundin, die mir sicher einen Gefallen tun würde. Sie wird mir bestimmt ein paar von den alten Sachen ihres Sohnes geben.“

„Das wäre also geklärt. Unser Cousin ist zu Besuch gekommen – Cousin ... hmm, wir brauchen noch einen Namen für dich.“

„Wie wäre es mit Cousin Sam aus den USA?“, meinte Mutter Su.

„Sam?“

„Ja, aus den USA, verstehst du? Dann fragen die Leute nicht so viel.“

Ich musste grinsen. „Das geht so lange gut, bis jemand

versucht, Englisch mit Yatou zu sprechen. Dann fliegt alles auf."

Mutter Su runzelte die Stirn und tat beleidigt. „Nun, da Yatou schon keinen richtigen Mädchennamen hat, könnten wir sie ja wenigstens ihren Jungennamen aussuchen lassen. Was meinst du?"

„Gut", stimmte ich zu. „Wie wirst du heißen, Yatou?"

Yatou kaute auf ihrer Lippe. Sie starrte in die Badewanne und dachte angestrengt nach. „Wie wäre es mit Zhu? Ich könnte den gleichen Nachnamen haben wie du, Mei Lin, weil wir ja Cousin und Cousine sind: Kwan Zhu."

„Das ist ein guter Name", sagte ich und klatschte in die Hände. „Und morgen besorgen wir Zhu ein paar richtige Jungenkleider."

Yatou saß immer noch auf dem Schemel. Ich sah zu ihr hinunter und bemerkte, dass sie besorgt aussah.

„Gefällt dir die Idee nicht? Ein Junge zu sein ist doch nicht so schlimm, oder?"

Tränen kullerten über ihr Gesicht.

„Was ist los, Yatou?", fragte ich.

Sie sah zu Mutter Su hinüber, als hätte sie Angst davor, in ihrer Gegenwart zu sprechen.

Mutter Su verstand sofort. „Ich mache jetzt dein Bett, Yatou. Deine Matratze kommt neben die von Mei Lin, in Ordnung?"

Yatou nickte und Mutter Su ging hinaus.

„Warum weinst du?", fragte ich und wischte ihr mit einem Handtuch die abgeschnittenen Fransen aus dem Gesicht.

„Zhu ... er ... Zhu gibt es wirklich. Er ist eine echte, lebendige Person."

„Dein Freund?"

Yatou nickte. „Er kam gleich nach mir ins Waisenhaus. Ich war damals fünf, er war sechs. Sein einer Fuß war gelähmt, und seine Großeltern sagten, sie könnten sich nicht länger um ihn kümmern. Er wurde für mich wie mein Bruder."

Jetzt lächelte Yatou. „Manchmal haben wir uns abends,

nachdem die Tanten schon das Licht ausgemacht hatten, noch unterhalten. Wir haben uns vorgestellt, wie es wohl wäre, wenn wir Eltern und eine richtige Familie hätten. Wir beschlossen, wenn einer von uns adoptiert würde, dass er dann fragen würde, ob die Leute den anderen auch adoptieren würden, damit wir immer zusammen sein könnten. Wir wussten, dass das nie passieren würde, aber es war schön, sich das vorzustellen."

„Ist Zhu jetzt auf Chongming?", fragte ich.

„Ich weiß nicht. Ich habe gehört, wie einer der Onkel gesagt hat, dass sie ihn in die, äh, ich kann das Wort nicht sagen ... in die sikitakik Klinik bringen würden."

„In die psychiatrische Klinik?", fragte ich.

„Ja, genau. Ich habe mir vorgenommen, mir das Wort immer zu merken, damit ich Zhu finden kann, wenn ich aus dem Waisenhaus herauskomme."

„War das das Letzte, was du von ihm gehört hast?"

„Ja. Was ist eigentlich eine ... eine ... du weißt schon."

„Eine psychiatrische Klinik?"

Ich schaute in Yatous kleines Gesicht. Sie war so zart, so verletzlich. Ich bewunderte sie, wie sie aus dem Waisenhaus geflohen war. Und ich fragte mich, was sie dazu getrieben hatte. Aber für den Moment beschloss ich, meine Fragen zurückzuhalten und ihre zu beantworten.

„In einer psychiatrischen Klinik wird Menschen geholfen, die im Kopf krank sind. Die können dann nicht richtig denken und brauchen einen Arzt, der ihnen hilft."

„Aber Zhu war nicht krank im Kopf", sagte Yatou mit einem Ton der Verzweiflung in ihrer Stimme. „Sein eines Bein war gelähmt, aber er konnte ganz normal denken."

„Dann ist es vielleicht gut, dass ein Arzt nach ihm schaut, Yatou. Nur für den Fall, dass etwas nicht ganz in Ordnung war. Vielleicht haben eure Tanten und Onkels bemerkt, dass etwas nicht ganz stimmte mit ihm und ..."

„Den Tanten und Onkels war das doch egal!", schrie sie. „Sie haben Zhu und mich gehasst, aber ganz besonders Zhu."

Jetzt schluchzte Yatou wieder und schlug sich mit den Fäusten auf die Knie.

„Woher weißt du, dass sie Zhu gehasst haben?“, fragte ich.

Yatou schlug sich bei jedem Wort auf die Knie. „Sie haben ihn Motorrad fahren lassen und ihm Qiang Shui gegeben. Immer wieder. Ich hasse sie.“

Yatou verlor allmählich die Kontrolle. Im Stillen bat ich verzweifelt Gott um Hilfe. „Yatou“, sagte ich und hielt sie an den Schultern fest. „Yatou, keiner tut dir jetzt mehr etwas. Du bist in Sicherheit. Bitte beruhige dich. Hör auf zu weinen und dann sag mir, was Motorradfahren und Qiang Shui ist.“

Yatou sah auf. Ihre Haare waren zur Hälfte geschnitten und ihre Augen glasig und geschwollen.

„Hier, meine Kleine. Putz dir die Nase und dann erzähl weiter.“

Yatous Stimme war leise und bebte. „Beim Motorradfahren mussten wir in die Hocke gehen und die Arme nach vorne ausstrecken. So mussten wir ganz lange aushalten.“ Sie sah zu mir auf. „Manchmal mussten wir dabei eine Schüssel kochendes Wasser auf dem Kopf oder auf den Handgelenken oder auf den Knien balancieren. Wenn wir dann umfielen, verbrannten wir uns an dem Wasser.“

Ich versuchte, die Wut, die in mir hochstieg, nicht zu zeigen. „Warum haben sie das gemacht?“

„Weil wir böse waren. Oder weil sie uns nicht leiden konnten.“

„Und was ist Qiang Shui?“

„Ich ... ich ... das haben wir alle gehasst. Davor hatten wir am meisten Angst von allem, was sie mit uns gemacht haben.“ Ihre Stimme wurde wieder lauter, und ich fragte mich, ob es klug gewesen war, weiterzufragen. Aber Yatou fuhr eilig fort:

„Sie haben mich an den Füßen aufgehängt und meinen Kopf ganz lange in Wasser getaucht. Ich bin fast ganz gestorben. Meine Nase hat geblutet und ich konnte nicht mehr atmen. Ich habe keine Luft mehr bekommen und dann haben sie es noch einmal gemacht. Ich konnte einfach nicht mehr dortbleiben. Wenn ich zurückmuss, dann wird es noch schlimmer werden. Bitte, bitte, verrate mich nicht. Lieber sterbe ich, als dass ich zurückgehe." Sie klammerte sich an mich und schluchzte.

Ich konnte mich nur mühsam beherrschen. Wieder nahm ich meine kleine Freundin in die Arme. Ich saß auf dem Boden und hielt sie fest, strich ihr übers Haar und wiegte sie wie ein Baby. Sie klammerte sich an mich, als ob es um ihr Leben ginge – und zum ersten Mal wurde mir bewusst, dass es wohl auch so war.

„Yatou, ich werde dich nie verraten, das verspreche ich. Ich weiß zwar nicht, wie ich das machen werde, aber ich werde dafür sorgen, dass du nie wieder an diesen schrecklichen Ort zurückmusst. In diesen Menschen war blinder Hass. Möge Gott ihnen helfen. Und es war falsch von ihnen, dir das anzutun. Weißt du das?", fragte ich sie. Ich nahm ihr Gesicht in meine Hände und drehte es behutsam in meine Richtung.

Sie nickte schwach. Die Verletztheit, die in ihren Augen lag, tat mir im Herzen weh. Ich zog sie wieder an mich, wiegte sie und betete aus meinem tiefsten Inneren heraus: „Gott, hilf uns, ihnen zu vergeben. Gott, hilf uns, ihnen zu vergeben."

Kapitel 18

„Was ist denn mit dir passiert?“, fragte Chang, als wir alle um den Frühstückstisch saßen. „Mama, ist das einer deiner neuen Haarschnitte?“

Mutter Su lächelte verschmitzt. „Ja, das ist der neue westliche Stil. Gefällt er dir?“

„Ist nicht böse gemeint, aber ich gehe doch lieber zum Friseur“, sagte Chang.

„Yatou ist jetzt übrigens kein Mädchen mehr. Darf ich dir meinen Cousin Kwan Zhu vorstellen, der gerade zu Besuch hier ist?“

Chang sah einen nach dem anderen an, während sie diese Neuigkeit zu verdauen versuchte.

„Okay, ich glaube, ich habe verstanden. Kwan Zhu, wo kommst du denn her?“

„Äh, ich weiß nicht genau. Ich ... Mei Lin?“

„Hmm, wir müssen uns ausdenken, wo du herkommst, was deine Eltern machen und warum du jetzt nicht in der Schule bist.“

„Er könnte doch auch aus der Provinz Jiangxi kommen, genau wie du“, meinte Chang. „Du kennst dich dort aus und kannst Zhu mit Erklärungen helfen, wenn ihr gefragt werdet.“

„Gute Idee. Aber er kommt aus DuYan, dem Ort, wo die andere Hauskirche ist. Dann fällt es nicht so auf."

„Und seine Eltern? Was machen die beruflich?", fragte Mutter Su.

„Hmm, sein Vater könnte der örtliche Kader sein und seine Mutter könnte in der Behörde für Familienplanung arbeiten und dort in der Frauenbewegung aktiv sein. Die Frauenbewegung wird allgemein von den Verantwortlichen respektiert. Dann fragen sie vielleicht weniger."

„Ist DuYan ein großer Ort, so wie Shanghai?", fragte Yatou. „Wie sieht mein Haus aus?"

„Es macht dir wohl Spaß, jemand anderes zu sein?", neckte ich sie.

„Aber warum geht er nicht zur Schule?", fragte Mutter Su, während sie den Frühstückstisch abräumte und Tee aufgoss.

„Ganz einfach. Es ist Herbst, und im Herbst haben wir einige Wochen unterrichtsfrei, damit die Kinder bei der Ernte mithelfen können."

„Was werdet ihr beiden Verwandten denn jetzt den ganzen Tag tun?", fragte Chang. Sie machte immer noch einen etwas misstrauischen Eindruck.

„Zuerst werden wir beten und dann werden wir uns Shanghai ansehen. Ich will mir eine Arbeit suchen – irgendetwas, wobei man Bargeld verdient. Vielleicht können Zhu und ich zu diesem Zweck ein bisschen durch die Stadt bummeln. Was meinst du?"

„Du meinst, wir sollen am helllichten Tag mitten auf der Straße herumlaufen?", fragte Yatou und umklammerte die Tischkante.

„Natürlich, Shanghai ist eine große Stadt", sagte ich. „Es ist alles in Ordnung. Wir dürfen nur keine Aufmerksamkeit erregen. Wir dürfen natürlich keine Kunststückchen im Park aufführen oder in aller Öffentlichkeit über das Waisenhaus sprechen."

„Versucht, euch anzupassen", fügte Chang hinzu. Sie sah mich an. „Und sage niemandem unsere Adresse. Du kannst erzählen, dass du Freunde im Park-Hotel hast, wo ich arbeite. In diesem alten Hotel herrscht ein ständiges Kommen und Gehen. Das ist eine gute Tarnung."

Chang ging in ihr Zimmer und kam mit einem gefalteten Papier wieder. „Das habe ich vom Hotel mitgebracht. Es ist ein Stadtplan für Touristen. Du darfst die Zweite Querstraße nicht markieren. Sie steht nicht einmal hier drauf, aber wir wohnen genau hier. Und das Waisenhaus ist hier. Ich muss euch wohl nicht erklären, dass ihr nicht in diese Richtung gehen dürft. Aber ihr könntet euch den Kinderpalast ansehen. Das ist ein Zentrum, in dem alle möglichen Kurse für Kinder angeboten werden. Man kann dort Musik-, Kunst-, Ballett-, Gymnastik- und Computerkurse belegen. Nördlich davon ist der Tempel des Jadebuddha."

„Davon habe ich schon gehört", sagte Yatou.

„Den könnt ihr euch anschauen, obwohl das für dich als Christ wahrscheinlich uninteressant ist", sagte Chang und blickte mich an. „Dann sind da die Jadegärten, die sind sehr schön, und Alt-Shanghai. Dort kann man sehen, wie Shanghai vor vierhundert Jahren ausgesehen hat."

„Unsere Vorfahren würden sich im Grab umdrehen, wenn sie wüssten, wie es jetzt hier aussieht", sagte Mutter Su und goss uns Tee ein. „In den letzten fünfzehn Jahren ist Shanghai sehr westlich geworden."

„Gibt es am Huangpu-Ufer viele Veranstaltungen?", fragte ich. „Das scheint doch ein geeigneter Ort zu sein, um nach einer nichtoffiziellen Arbeit zu suchen."

„Die Zhongshannan-Straße führt direkt am Ufer entlang. Da ist garantiert viel los. Dort sind viele Geschäftsleute, Anlegestellen, Fischerboote."

„Ich glaube, das schaffen wir nicht alles an einem Tag. Aber wir bekommen fürs Erste einen guten Eindruck. Danke für die Karte, Chang. Die ist sehr hilfreich."

Chang sah Yatou an. „Und von jetzt an rufen wir dich nur noch Zhu, hier daheim und draußen, okay? Dann versprechen wir uns nicht in der Öffentlichkeit."

„Ich bin Kwan Zhu, drinnen und draußen", verkündete Yatou.

„Wir werden aufpassen – und beten", sagte ich zu Chang.

„Ja. Das mit gestern tut mir leid. Ich habe wirklich nichts dagegen, dass ihr hier seid. Ich will nur nicht, dass unsere ganze Familie im Gefängnis landet, verstehst du?"

„Ja, das verstehe ich", sagte ich. „Wir werden euch nicht in Gefahr bringen. Wir werden auch nie durch den Vordereingang ins Haus gehen. Und wenn wir gefragt werden, sind wir Cousin und Cousine aus der Provinz Jiangxi, die in Shanghai zu Besuch sind und Freunde im Park-Hotel haben."

„Gut, ich muss jetzt zur Arbeit gehen. Bis heute Abend. Tschüss, Mama."

Mutter Su küsste ihre Tochter auf die Stirn. „Bis heute Abend, Chang."

„Können wir vielleicht zusammen beten, Mutter Su?", fragte ich, nachdem Chang gegangen war.

Mutter Su nickte, zog sich einen Stuhl heran und wir redeten eine ganze Weile mit Gott. Danach stand sie auf, um zur Arbeit zu gehen. „Wenn du denkst, dass du genug Kraft für dich und Zhu hast, kannst du mein Fahrrad nehmen."

„Aber brauchst du es nicht?"

„Nein, du kannst es den ganzen Tag haben."

„Ein richtiges Fahrrad!", rief Yatou begeistert.

Mutter Su und ich lächelten uns an.

* * *

Dass Gott mir so schnell einen Stadtplan, ein Fahrrad und eine Begleitung geschenkt hatte, gab mir Mut zu glauben, dass er auch auf unserer Besichtigungstour durch Shangai auf uns aufpassen würde. Yatou saß auf dem Gepäckträger. Ich brauchte jeden Muskel, um in die Pedale zu treten. Ich war dankbar, dass ich durch das Zellenschrubben wenigstens etwas trainiert war. Wir fuhren die Zweite Querstraße entlang bis zur Fuxingzhong Lu, die direkt nach Alt-Shanghai führt.

Ich konnte nicht erkennen, wo der Gehweg aufhörte und die Straße anfing. Die Straße bestand aus einer einzigen wogenden Masse aus Autos, Taxis, Bussen und Fahrradfahrern. Der Gehweg war vollgestopft mit Menschen, die vermutlich auf dem Weg zur Arbeit in den Läden und Büros waren. Die Gebäude ragten so weit nach oben, dass der Himmel nur noch als schmaler blauer Streifen erschien.

„Macht es Spaß?“, rief ich nach hinten.

„So etwas habe ich noch nie gemacht“, schrie Yatou zurück.

„Bis zum Abendessen wirst du es perfekt können.“

Als ich mich durch den Verkehr schlängelte, dachte ich über Alt-Shanghai nach. Ich hatte in der Schule davon gelesen und mir schon immer gewünscht, es einmal zu sehen.

Wir blieben an einer roten Ampel stehen. Ich versuchte, nicht auf die jungen Mädchen in meinem Alter zu starren, die sich vor einem Einkaufszentrum, das verführerisch duftende Parfümproben anbot, drängten. Sie hatten lange, glänzende Haare. Ihre kurzen, engen Kleider betonten ihre weibliche Figur. Ich schämte mich für sie und sah schnell weg. Yatou tippte mich an und zeigte auf sie. Sie hatte sie also auch bemerkt.

Ich sah einige Mütter, die ihre Babys auf dem Rücken trugen oder kleine Kinder an der Hand hinter sich herzerrten. Vermutlich brachten sie sie in die Kinderbetreuung, bevor sie zur Arbeit mussten. Ich hatte noch nie zuvor solche Menschenmassen gesehen. Überall waren Menschen, die vorbeihasteten, redeten, Kaugummi kauten, sich die Schaufenster ansahen und über Belanglosigkeiten lachten. Sie sahen alle gleich aus und trugen die gleichen Kleider, die aus ein und demselben Kleiderschrank kamen. Dieser Kleiderschrank waren die Kaufhäuser.

An jeder Ampel hielten wir an und beobachteten alles. Jung und Alt schienen sich um die gleichen Themen zu drehen: kaufen, besitzen, benutzen, konsumieren, vergessen, dieses haben müssen, jenes haben müssen, das ist neu, das passt zu dir, verpasse es nicht!

Das ist also das Shanghai, von dem ich immer geträumt habe, dachte ich.

Schließlich kamen wir nach Alt-Shanghai. Ich hatte das Gefühl, als hätten wir eine Reise in die Vergangenheit gemacht. Die schmalen gewundenen Gassen sahen aus wie ein orientalischer Bazar. Sie waren links und rechts von feinen Restaurants und kleinen Läden gesäumt, in denen es chinesische Stickereien, Antiquitäten, Gemälderollen und wunderschönes Kunsthandwerk zu kaufen gab. Wir fuhren langsam an den Gärten, Teehäusern, Pavillons, Teichen, Steinen, Brücken und steinernen Drachen vorbei. Alles erstrahlte im Stil der Manchu-Qing-Dynastie und wirkte sehr harmonisch.

„Lass uns über die Brücke da gehen“, sagte Yatou und zeigte auf eine kleine gewölbte Steinbrücke. Ich fuhr langsam zu der Brücke und hielt an.

„Was meinst du, wollen wir zu Fuß rübergehen, Zhu?“

„In Ordnung.“

„Schau mal, da unten“, sagte ich und zeigte ins Wasser.

„Goldfische!“, rief Yatou entzückt.

Ich schob das Fahrrad und folgte Yatou über die Brücke.

„Oh!“, sagte Yatou. „Schau mal, da!“

Yatou zeigte auf eine riesige Buddhastatue, die mindestens drei Stockwerke hoch zu sein schien. Einige Menschen zündeten Weihrauchstäbchen an und beteten zu der Statue. Mich schauderte, als ich dabei an Großmutter und den alten Einzahn dachte.

„Ist das der Tempel des Jadebuddha?“, fragte Yatou.

„Nein, das ist nur irgendeine Buddhastatue. Ich kann kaum fassen, dass sie da steht.“

Yatou ging zurück zu den Goldfischen unter der Steinbrücke.

„Warte, Zhu. Ich muss kurz beten.“ Ich hielt das Fahrrad mit einer Hand fest und legte den anderen Arm um meinen frischgebackenen Cousin. Ich sah zum Himmel auf und sprach mit dem Einen, der alles geschaffen hat. „Jesus, du bist der Herr. Bitte befreie Amah und unser ganzes Volk vom Götzendienst. Bitte zeige ihnen, dass dieser Buddha nur ein fetter, stummer, tauber Götze ist. Danke. Amen."

Yatou kicherte. „Du bist witzig. Du hast zu deinem Gott gesagt, dass Buddha fett und taub ist. Ich wette, Gott fand das auch witzig."

Yatous kindliche Beobachtung amüsierte mich. „Bestimmt. Jesus ist der einzig lebendige Gott, der uns hört. Alle anderen Götter sind tot – sie waren einfach Menschen, die irgendwann gestorben sind, so wie alle Menschen."

„Der Buddha macht dich traurig, stimmt's?", sagte Yatou und hielt sich die Hand zum Schutz gegen die Sonne über die Augen, um mich ansehen zu können.

„Komm, wir gehen. Ich will heute nicht traurig sein." Ich nahm Yatou an der Hand und warf noch einen letzten Blick auf die Statue und die Menschen, die davor beteten. „Ich kann es einfach nicht fassen, dass diese überlebensgroße Statue da steht. Unsere buddhistischen Tempel in Tanching sind heute nur noch Büros, von wo aus die Kader den Ort verwalten. Sie würden es niemals zulassen, dass so etwas bei uns im Ort steht."

„Während der Kulturrevolution stand diese Statue ganz bestimmt nicht hier", sagte eine Männerstimme hinter uns. Ich erschrak, weil jemand unsere Unterhaltung mitgehört hatte, und drehte mich um. Der Mann war klein und schlank, nicht viel größer als ich. Seine Haare waren an den Seiten und hinten kurz geschnitten und wurden an den Schläfen schon grau. Er trug eine Nickelbrille. Der Kopf glich dem eines Professors, aber seine Kleidung war ziemlich altmodisch, gemessen am Shanghaier Standard. Sein blaues Hemd mit Stehkragen und seine weiten grauen Hosen stammten offenbar aus der traditionellen Mao-Mode.

„Ich ... ich ... habe Sie gar nicht kommen sehen", sagte ich. „Sie haben mich erschreckt."

„Das tut mir leid. Ich habe zufällig euer Gebet und eure Ansichten über diesen Götzen gehört. Ich möchte ..."

„Ich glaube, du hast Recht, Zhu, wir müssen gehen." Meine Beine waren schwer wie Blei. Ich wollte nur so schnell wie möglich aufs Fahrrad steigen und wegfahren. Aber mit meinen zittrigen Beinen konnte ich es nur schieben.

„Bitte wartet. Es ist schon in Ordnung. Ich bin auch Christ."

„Wirklich?", fragte Yatou und ihr Gesicht war ein einziges Fragezeichen.

Das könnte eine Falle sein, dachte ich. Ich legte Yatou die Hand auf die Schulter, um ihr zu verstehen zu geben, dass sie ruhig sein sollte.

„Es tut mir leid, du zitterst ja. Ich wollte dir keine Angst einjagen."

Yatou und ich warfen uns einen bedeutungsvollen Blick zu. Ich wusste, das war unsere erste Bewährungsprobe. Ich bemühte mich, ganz zwanglos zu klingen.

„Wir sind Cousin und Cousine und nur zu Besuch in Shanghai."

„Du hast einen südlichen Akzent", sagte der Mann. „Bist du aus Guangdong?"

„Äh, nein, aus Jiangxi."

„Ah so. Nun ja, Shanghai hat sich in den letzten zwanzig Jahren sehr verändert", sagte er und sah zu der Buddhastatue. Seine Augen hatten etwas Vertrauenerweckendes, als er so über die Geschichte Shanghais nachdachte.

„In Jiangxi tragen wir immer noch die grauen und blauen Mao-Jacken", sagte ich. „Und wie viele Autos ich in Jiangxi in meinem ganzen Leben gesehen habe, kann ich an einer Hand abzählen."

„Ja, Shanghai ist eine wunderschöne alte Stadt. Möge sie den westlichen Wohlstand genießen, ohne der westlichen Moral zu verfallen."

Ich wusste, was er meinte. Ich musste an die jungen Mädchen in ihren kurzen Röcken denken, an die überfüllten Geschäfte und das ausgesetzte Baby.

„Nur Gott kann verhindern, dass Shanghai dem verfällt", fuhr er fort.

„Wie bitte?", fragte ich. Ich fragte mich, ob ich gerade richtig verstanden hatte.

„Shanghai quillt über vor Wohlstand. Aber dieser Wohlstand war für die westlichen Länder eine Falle."

Ich sah den Mann an, der kaum größer war als ich, und beschloss, es zu wagen.

„Sind Sie wirklich Christ?", fragte ich ihn.

„Mei Lin!", sagte Yatou mit Augen voller Furcht.

„Sehr erfreut, euch kennenzulernen, Mei Lin und Cousin von Mei Lin", sagte der Mann, schüttelte uns die Hand und stellte sich selbst vor. „Meine Freunde nennen mich Tom. Das ist ein amerikanischer Name. Ich war noch nie in Amerika, aber sie nennen mich so, weil ich einige amerikanische Freunde habe. Und, nun ja, ich hoffe, dass ihr mich nicht verratet, aber ich bin tatsächlich Christ."

„Wie lange schon?", fragte ich.

„Nun, erst seit drei Jahren", erwiderte Tom und schüttelte traurig den Kopf. „Ich wünschte, ich hätte den Herrn Jesus schon als Junge kennengelernt, so wie ihr beiden Cousins." Er lächelte neckisch, als er uns „Cousins" nannte. Ich wusste, dass er ahnte, dass wir nicht wirklich verwandt waren.

„Es tat gut zu hören, wie ihr gebetet habt. Allerdings muss ich zugeben, dass ich auch das Lachen unterdrücken musste, als du Buddha einen fetten, stummen, tauben Götzen genannt hast."

Jetzt musste ich lachen. „Ich glaube, Gott nimmt es uns nicht übel, wenn wir uns über Buddha lustig machen. Es fällt mir schwer zu verstehen, warum die Menschen dieses Ding anbeten." Ich warf einen letzten Blick auf die Statue und fühlte wieder Traurigkeit in mir aufsteigen.

„Möchtet ihr zum Gottesdienst in unsere Hausgemeinde kommen?", fragte Tom. „Wir würden uns freuen zu hören, was Gott in Jiangxi tut. Unsere Gemeinde liebt den Herrn. Ich glaube, es würde euch bei uns gefallen – das heißt, wenn eure Eltern das erlauben."

„Ich habe ..."

„Unsere Eltern haben nichts dagegen. Wo ist Ihre Hausgemeinde?“, unterbrach ich Yatou.

Der Mann nahm einen Zettel aus seiner Tasche, schrieb uns den Weg zu seiner Gemeinde auf und zeigte uns dann auf dem Stadtplan, wo sie war. „Bitte kommt. Natürlich können wir nicht garantieren, dass nicht die Polizei kommt. Aber wir hatten schon über sechs Monate keine Razzia mehr.“

„Ich werde darüber beten“, sagte ich, obwohl ich in meinem Innersten wusste, dass ich hingehen wollte.

„Ach, und ...“ Der Mann hielt inne und zog etwas aus seiner Gesäßtasche. „Habt ihr eine Bibel?“, fragte er.

Mein Herz machte einen Satz, als ich das kostbare Büchlein sah.

„Hier, die schenke ich euch“, sagte er.

„Oh“, rief ich. Die Menschen, die gerade zu dem Buddha liefen, sahen zu uns herüber, und ich versteckte das kleine Neue Testament schnell unter meinem Arm. Ich versuchte, mich trotz der Freude zu beherrschen, aber ich konnte nicht. Ich fing an zu kichern und hüpfte in aller Öffentlichkeit. Ich hatte Chang versprochen, kein Aufsehen zu erregen. Aber wie konnte man ruhig bleiben, wenn man eben eine Bibel geschenkt bekommen hatte?

„Wie kann ich das jemals wiedergutmachen?“, fragte ich.

Der Mann schien zufrieden zu sein und sich zu amüsieren. Dann sah er sich um, um sicherzugehen, dass niemand uns hören konnte. „Ich habe noch niemanden so reagieren sehen wie dich, wenn ich Bibeln verschenkt habe. Es ist nur ein Neues Testament, aber wenn ihr am Samstagabend in unsere Gemeinde kommt, sorge ich dafür, dass jeder von euch seine eigene Bibel bekommt. Die ganze Bibel, in Ordnung?“

„Ist das wirklich wahr?“, fragte ich. „Kann ich eine Freundin mitbringen? Sie ist gerade erst Christ geworden.“

„Auf jeden Fall. Nur denkt daran, durch die Hintertür zu kommen. Außen ist eine Treppe. Wir sind im dritten Stock, Zimmer sechzehn. Erst zweimal klopfen, dann viermal. Dann wissen wir, dass ihr Freunde seid. Verstanden?“

„Erst zweimal, dann viermal“, sagte Yatou und klopfte das Geheimzeichen auf dem Fahrradsattel.

„Ich bin Ihnen so dankbar“, sagte ich. Meine Aufregung wich allmählich einer tiefen Ehrfurcht vor dem, was ich unter meinem Arm hielt.

„Versteck es gut“, sagte der Mann grinsend. „Wir treffen uns Samstagabend um halb zwölf.“

Kapitel 19

Die schmale Gasse führte in eines der ärmeren Viertel Shanghais. Zu dritt bahnten wir uns einen Weg durch die Menschenmenge. Schließlich fanden wir das Haus und stiegen drei wacklige Treppen hinauf zum Hintereingang.

„Zimmer sechzehn", las Mutter Su vor.

„Es ist erst elf. Ich denke, es macht nichts, wenn wir ein bisschen früher kommen", sagte ich. Ich nahm das Neue Testament aus meiner Jackentasche. „Bereit?"

Die anderen nickten.

Yatou hatte das geheime Klopfzeichen die ganze Woche geübt. Klopf, klopf. Pause. Klopf, klopf, klopf, klopf.

Eine ältere Frau öffnete zögernd die Tür und musterte uns drei. „Ah, ihr seid die Freunde von Bruder Tom", sagte sie und öffnete die Tür. „Kommt herein, kommt herein. Willkommen in unserer kleinen Gemeinde."

Ich trat in einen großen Raum, der vollgestellt war mit Bänken. Sie hatten alle Rückenlehnen und sahen so ähnlich aus wie die im Park, nur diese hier waren aus Holz und hatten auf der Rückseite eine Buchablage. Darauf lagen Bücher, die wie selbstgemacht aussahen. Etwa zehn Leute standen im Raum verteilt, tranken Tee und unterhielten sich. Ich konnte nicht widerstehen und nahm eines der Bücher in die Hand.

„Was sind das für Bücher?", fragte ich die ältere Frau.

„Das sind unsere Gesangbücher", erklärte sie stolz. „Von Hand abgeschrieben, aber voller wunderbarer Lieder."

Mutter Su schlug eines der Bücher auf und ließ ihre Finger zärtlich über die Seite gleiten, während sie die Worte halblaut vor sich hin murmelte. „Ich habe noch nie so schöne Texte gelesen", sagte sie. „Sie machen mich ganz glücklich beim Lesen."

Yatou folgte mir auf den Fersen, während ich durch den Raum ging. Ich versuchte, mir jedes Detail einzuprägen, damit ich später Liko und Vater alles genau erzählen konnte. Für eine Wohnung in dieser Gegend war das Zimmer sehr groß. Ich vermutete, dass sie die Wände zum Schlafzimmer und zur Küche eingerissen hatten, um genug Platz für alle zu haben.

An den Wänden hingen Schriftrollen mit Bibelversen. Noch konnte ich Tom nirgends entdecken. Die ersten zwei Bankreihen füllten sich rasch. Yatou und ich suchten uns unsere Plätze in der dritten Reihe.

„Christ sein macht Spaß, nicht wahr, Mei Lin?" Sie wartete meine Antwort gar nicht erst ab. „Irgendwie ist man etwas Besonderes und gehört zu vielen anderen besonderen Leuten."

„Wir sind alle eine Familie, Zhu. Das ist es, was du hier erlebst. Und das ist auch genau das, was Gott möchte: eine große Familie."

„Wirklich?"

„Natürlich."

Für einen Moment war Yatou still. „Toll! Dann bin ich genauso wie Gott, Mei Lin. Ich will auch eine Familie haben."

Ich lächelte meinen neuen Cousin an. Während der letzten Tage war mir das Mädchen sehr ans Herz gewachsen und nichts hätte mich glücklicher gemacht, als mitzuerleben, wie sie Teil der Familie Gottes würde. So versuchte ich, ihr die Errettung so einfach wie möglich zu erklären. „Gott hat Adam und Eva gemacht, das waren die ersten Menschen. Er hat sie gemacht, weil er eine Familie haben wollte. Aber sie haben gesündigt, und alle ihre Kinder und Nachkommen haben auch gesündigt, und da hat Gott Jesus geschickt, um uns von unseren Sünden zu erlösen. Jesus ist für die Sünden von allen Menschen gestorben, damit Gott seine Familie wiederhaben kann."

„Da muss er sich die Familie aber ganz arg gewünscht haben", sagte Yatou ernst. „Genau wie ich."

Ich drückte ihre Hand. „Er möchte auch, dass du zu seiner Familie gehörst, Zhu. Schau, der Gottesdienst fängt an."

Alle nahmen ihre Plätze ein. Mutter Su saß hinten, neben der Frau, die uns die Tür geöffnet hatte. Vorn stand eine Art hoher Schreibtisch. Vermutlich würde der Redner dahinter stehen oder sitzen, genau wie Pastor Chen immer hinter einem Tisch gestanden hatte, als die Gemeinde in der alten Scheune zusammenkam. Mein Blick blieb an einer Schriftrolle hinter dem Tisch hängen. Darauf stand: „Wenn du mir treu bleibst, treu bis zum Tod, werde ich dir den Preis des Siegers geben: das ewige Leben. Offenbarung 2,10."

Ich griff nach meiner Bibel. *Stand das wirklich da drin?*, fragte ich mich. Ich fand den Vers, und sofort kamen alle Erinnerungen an die Zeit im Gefängnis zurück – Bilder, die ich verdrängt hatte und die ich in der vergangenen Woche versucht hatte zu vergessen: die Dunkelheit, die Einsamkeit, den Hunger, die Ratten, die Exkremente, die Schläge, die Elektroschocks. Ich spürte das Selbstmitleid in mir aufsteigen und ballte meine Fäuste. Dann erinnerte ich mich an Sun Tao, Mutter Sus Mann, und all die anderen Gefangenen, die gläubig geworden waren und den kennengelernt hatten, der sein Leben für sie gelassen hatte.

„Herr, bin ich treu gewesen?", flüsterte ich leise.

Yatou merkte, dass ich auf einmal ernst geworden war, rückte näher an mich heran und lehnte ihren Kopf an meinen Arm. Ich küsste ihren kleinen Jungenkopf. „Ist schon in Ordnung", flüsterte ich und war selbst erstaunt, wie leicht es mir fiel, ihr meine Zuneigung zu zeigen.

Dann senkte ich den Kopf, faltete die Hände und betete Gott an. Ich hatte das Gefühl, dass er jede einzelne Träne, die von meinem Kinn tropfte, auffing. Ich musste an die Frau in der Bibel denken, die ihr teuerstes Parfüm über Jesu Füße gegossen hatte, und betete im Stillen: „Herr, bitte nimm meine Tränen an, so wie du das Parfüm von der Frau angenommen hast. Sie hat dich mit dem Teuersten gesalbt, was sie hatte. Ich möchte dich so anbeten, wie sie dich angebetet hat."

Plötzlich fing eine Frau in der zweiten Reihe leise an zu singen:

„Nimm mein Leben! Jesus, dir
übergeb ich's für und für …

Nimm du meine Hände an,
zeig mir, wie ich dienen kann …

Nimm du meiner Liebe Füll';
Jesus, all mein Sehnen still;
Nimm mich selbst und lass mich sein
ewig, einzig, völlig dein!"

Mein Herz wurde weit und aus meinem tiefsten Inneren betete ich immer wieder: „Ewig, einzig, völlig dein, ewig, einzig, völlig dein ..." Und wie noch vor kurzem in meiner dunklen Gefängniszelle hatte ich jetzt das Gefühl, dem gekreuzigten Jesus zu Füßen zu sitzen. Aber diesmal sollte ich nicht sein Leiden teilen, sondern ihn mit meinem ganzen Sein anbeten.

Wunderschöner vierstimmiger Gesang ertönte beim nächsten Lied:

„Sieh an sein dorngekröntes Haupt,
aus seinen Wunden quillt sein Blut,
und wer an solche Liebe glaubt,
dem kommt sein Kreuzesschmerz zugut."

Es war Vaters Lieblingslied. Ich konnte mich nicht mehr daran erinnern, was wir noch sangen, ich hatte jedes Zeitgefühl verloren. Ich war ganz bei meinem Herrn und sah, wie er dort am Kreuz hing. Ich berührte es, ich weinte, ich klammerte mich daran fest, als sei es die einzige Rettung inmitten eines stürmischen Meeres. Ich spürte, wie die Wogen in mir sich unter der Macht des Kreuzes allmählich glätteten, bis sie zu sanften Wellen des Segens wurden, die mich umspülten, mich ganz ausfüllten und reinigten.

Als ich wieder aufsah, war es im ganzen Raum still. Rings um mich konnte ich nur geneigte Köpfe sehen, alle beteten. Yatou saß aufrecht neben mir und hatte ebenfalls den Kopf gesenkt. Ich betete, dass Gott sie berühren möge.

Nachdem es eine Weile still gewesen war, stand ein Mann auf und ging nach vorn. Er schien die Versammlung zu leiten. „Geschwister, Gott ist in seiner Gnade hier und heute mitten unter uns. Lasst uns ihn still anbeten." Alle hoben die Hände und den Kopf, manche standen leise auf und Lob und Dank erfüllte wortlos den Raum. Ich nahm an, dass alle still waren, um nicht von der Sicherheitspolizei entdeckt zu werden.

Ich hatte noch nie so eine Versammlung erlebt und ließ mich von der Begeisterung mitreißen. *Gott verdient wirklich diesen Dank,* dachte ich.

Diese Zeit der Anbetung dauerte etwa zehn Minuten. Ich war wie elektrisiert. Ich schloss die Augen und versuchte, so viel von Gottes Gegenwart aufzunehmen, wie ich konnte.

Schließlich stand der Mann vorn wieder auf und sagte: „Bruder Tom hat heute einen ganz besonderen Gast eingeladen." Ich sackte auf meinem Platz zusammen. Am liebsten hätte ich mich unter der Bank versteckt. War ich dieser besondere Gast, von dem er sprach? Wollten sie etwa, dass ich etwas sagte?

„Wie die meisten von euch wissen, ist Bruder Tom bei einer ganz besonderen Gefängnisarbeit hier in Shanghai. Er arbeitet mit Organisationen in den USA zusammen, um Christen, die wegen ihres Glaubens ins Gefängnis kommen, zu befreien."

Einige erstaunte „Ahs“ waren zu hören. *Von was redet dieser Mann nur?*, dachte ich.

„Heute möchte ich euch unseren Redner vorstellen, der durch Bruder Toms Bemühungen erst vor einigen Tagen aus dem Shanghaier Gefängnis Nummer 14 entlassen wurde. Bitte kommen Sie nach vorn und sprechen Sie zu uns, Pastor Wong.“

Es verschlug mir den Atem, als ich mich umdrehte und Pastor Wong den Gang entlang nach vorne gehen sah. Er hielt seine gebrochenen Finger an die Brust. Sie waren bandagiert. Plötzlich waren mir die anderen im Raum gleichgültig. Ich rief nur noch: „Mein Gott! Mein Gott, du bist so treu!“

Pastor Wong blieb auf Höhe meiner Reihe stehen und unsere Blicke trafen sich.

„Du ... du bist ... du bist doch Kwan Mei Lin!“, sagte er fassungslos.

Meine Lippen zitterten und ich konnte den Blick nicht von ihm abwenden. „Ja, ja“, antwortete ich, während ich immer wieder meine Hände zu Fäusten ballte. „Mein Gott ist so treu!“

In der Menge erhob sich ein Gemurmel. „Komm“, sagte Pastor Wong mit Tränen in den Augen. „Lass uns gemeinsam erzählen, was wir erlebt haben.“

Ich drückte Yatou die Hand und ging dann nach vorn zu Pastor Wong. Ich konnte es einfach nicht fassen, dass ich hier neben diesem Heiligen stand. Ich klammerte mich ans Pult, um das Gleichgewicht zu halten, und schüttelte ungläubig den Kopf. „Mein Gott ist so treu“, murmelte ich.

Pastor Wong, der neben mir stand, fing an zu sprechen. „Letzten Monat predigte ich in einer Hausgemeinde, als die Sicherheitspolizei eine Razzia machte. Sie haben mich verhaftet und einige der anderen bedroht. Als sie mich verhörten, fragten sie mich nach den Namen der anderen Gemeindemitglieder und nach meinen Auslandskontakten. Als ich mich weigerte, die Namen preiszugeben, da, nun ja, da haben sie mir die Finger mit Zangen zerquetscht.“

Bei diesen Worten mussten alle weinen, auch Pastor Wong.

Aber dann hob er seine bandagierten Hände zum Himmel und lobte Gott. „Würdig ist das Lamm, würdig ist das Lamm, würdig ist das Lamm." Alle stimmten mit ein und im Nu wurde aus dem Weinen ein heiliges Lobopfer, wie ich es noch nie zuvor erlebt hatte.

Nach einer Weile fuhr Pastor Wong fort: „Als ich im Gefängnis saß, schickte Gott mir jemanden, der meine Wunden versorgte und mich in dieser schweren Situation tröstete. Später habe ich mich gefragt, ob alles nur ein Traum war, aber die Beweise waren greifbar: meine kaputten Finger waren mit kaltem Wasser gewaschen worden. Ich fragte mich, ob Gott einen Engel geschickt hatte. Das hier neben mir ist die Glaubensschwester, die Gott in meine Zelle geschickt hatte. Ich wusste nicht, ob wir uns jemals wiedersehen würden, und offensichtlich wusste sie es auch nicht."

Stille Ehrfurcht erfüllte den Raum. Einige der älteren Frauen hoben schweigend die Hände, um Gott zu loben. Pastor Wong erzählte weiter: „In der Bibel steht: ‚Ich war im Gefängnis und ihr seid zu mir gekommen.' Kwan Mei Lin ist zu mir gekommen. Sie war dünn und schmächtig und noch keine zwanzig Jahre alt." Er wandte sich mir zu. „Erzähl ihnen doch, wie es dazu kam, dass du mit einem Eimer Wasser und einer Bürste in meine Zelle kamst."

Ich fühlte mich unwohl. Ein Eimer Wasser und eine Bürste schienen irgendwie nicht in diese geistliche Atmosphäre zu passen. Ich zögerte.

„Es ist schon in Ordnung, Mei Lin", sagte Pastor Wong. „Erzähl ihnen von deiner Aufgabe im Gefängnis."

„Ich ... ich komme aus der Provinz Jiangxi", begann ich. „Ich wollte schon immer nach Shanghai kommen – ich träumte davon, hier an der Universität zu studieren." Ich fühlte mich so klein und mager, dass ich nicht wagte aufzusehen. „Sie haben mich ins Gefängnis gesteckt, weil ich mich weigerte, Jesus zu verleugnen.

Eines Tages saß ich in meiner Zelle und sang ein Lied. Da sprach Gott zu mir: ‚Das wird deine Aufgabe sein.' Ich widersprach und sagte: ‚Ich bin doch ganz alleine, wem soll ich denn von dir erzählen?' Aber dann war nur Stille. Ich verstand nicht, was Gott mir sagen wollte, betete aber weiter, dass Gott mir eine Aufgabe geben würde. Dann kam mir plötzlich eine Idee. Ich stand auf und rief die Wache.

‚Wache, kann ich harte Arbeit für euch tun?', fragte ich. Der Wärter sah mich verächtlich und überrascht an. Ich glaube, das war das erste Mal, dass ihn jemand so etwas gefragt hatte. Ich erklärte ihm: ‚Dieses Gefängnis ist so dreckig. Überall liegen Exkremente. Lassen Sie mich die Zellen saubermachen. Sie müssen mir nur einen Eimer Wasser und eine Bürste geben.' Ich versicherte ihm, dass schwere Arbeit helfen würde, mich zu rehabilitieren."

Einige Zuhörer kicherten und ich musste lächeln.

„Ich bekam bald die Erlaubnis dazu und ging von Zelle zu Zelle, um dort auf Händen und Knien den Boden zu schrubben. Ich sah Gefangene, die kaum noch menschliche Züge hatten. Aber wenn ich ihnen erzählte, dass sie ewiges Leben haben könnten, wurden sie ganz aufgeregt. Sie gingen oft auf dem schmutzigen Boden auf die Knie und taten Buße. Und bald schon glaubte fast das ganze Gefängnis an Jesus Christus."

„Aaah", ertönte es aus der Menge. Ich hörte auch ein leises „Halleluja" und „Gott ist treu".

Als ich die Geschichte erzählte, stieg die Freude wieder in mir auf, die ich bei meiner Aufgabe im Gefängnis empfunden hatte. Ich schaute kurz zu Yatou hinüber. Sie hatte ganz große Augen vor Staunen, als würde sie mich zum ersten Mal sehen.

„Eines Tages führten sie mich zu Pastor Wongs Zelle. Im ersten Moment dachte ich, er wäre tot. Er lag so still und reglos da. Ich wollte wieder gehen, weil ... weil ich einem Toten nichts mehr von Jesus erzählen kann."

Wieder ging ein leises Kichern durch die Zuhörer.

„Aber der Wärter sagte nur, er lebe noch, und ließ mich mit ihm alleine. Im Licht der Laterne sah ich, dass seine Hände schrecklich entstellt und voll getrockneten Blutes waren. Ich ... so etwas hatte ich noch nie gesehen." Die Tränen traten mir in die Augen und meine Stimme versagte immer wieder, als ich versuchte, den Rest der Geschichte zu erzählen. „Ich tauchte seine Hände in das kalte Wasser. Pastor Wong war bewusstlos. Aber als er aufwachte, war ich es, dem gedient wurde. Trotz seiner unvorstellbaren Schmerzen machte er mir Mut und zitierte mir Bibelverse."

Ich blickte Pastor Wong an. „Ich fühlte mich sehr geehrt und gestärkt."

Die Gottesdienstbesucher saßen regungslos in ihren Bänken. Ich war fertig und wollte mich hinsetzen.

„Warte, Mei Lin", sagte Pastor Wong. „Wie bist du freigekommen?"

„Ich weiß nicht", antwortete ich. „Irgendwann bekam der Gefängnisaufseher mit, was ich beim Zellenschrubben tat, und war sehr wütend auf mich. Er hat mir gesagt, dass die Gefangenen jetzt nur noch ‚Ich vergebe dir in Jesu Namen' rufen würden, wenn sie angeschrien oder geprügelt wurden. Er sagte, er verliere die Kontrolle über die Gefangenen, und verbat mir, weiter die Zellen zu schrubben. Eine Woche lang haben sie mir Sand ins Essen gemischt. Aber am Ende der Woche kamen zwei Wärter zu mir und sagten, der Aufseher sei gestorben. Sie wollten mich nicht mehr im Gefängnis haben, und einige andere Wachen hätten außerdem Angst vor meinem Gott. Sie haben mich schnell den Gang entlanggeführt und aus dem Gefängnis geschafft."

Da standen alle auf und lobten Gott – diesmal nicht leise. Jetzt schüttelte Pastor Wong ungläubig den Kopf. „Unser Gott ist treu!", rief er und erhob seine umwickelten Hände. „Ihm gebührt alle Ehre!"

Im Nu waren alle Furcht und Zurückhaltung vergessen. „Wenn wir Gott jetzt nicht loben, werden es die Bänke hier tun!", rief der Mann, der die Versammlung leitete.

Im ganzen Raum ertönte Jubelgesang.

„Ehre sei Gott!"

„Halleluja!“

„Gelobt sei Jesus!“

Ich schloss die Augen und dankte Gott im Stillen. Es schien mir so seltsam, vom Zellenschrubben zu erzählen. Ich hatte so viel ausgelassen – die Schmerzen, die Schläge, die Ratten, die Einsamkeit und die undurchdringliche Finsternis. Und dennoch konnte ich jetzt, nachdem ich es erzählt hatte, die Zusammenhänge erkennen. *Es ist unglaublich!*, dachte ich.

Nachdem das Lob verklungen war, fragte Pastor Wong: „Mei Lin, wurdest du geschlagen?“

„Ja“, sagte ich nur.

„Wie oft?“

„Zweimal.“

„Kannst du uns erzählen, was Gott dir dabei gezeigt hat?“

„Ja ... Er ... Er ...“ Wieder versagte meine Stimme und ich musste mich räuspern. Ich versuchte, nicht zu weinen. „Er hat mir das Kreuz gezeigt. Sein Kreuz. Damit ich ihn mehr und mehr kennenlerne und die Gemeinschaft seiner Leiden.“

Ich sah zu Yatou hinüber. Sie hörte zum ersten Mal davon. Ihr Gesicht war tränenüberströmt und mein Herz schlug für sie. Als ich an meinen Platz zurückgekehrt war, umarmte sie mich.

„Mei Lin“, flüsterte sie. „Das habe ich ja gar nicht gewusst. Du hast auch gelitten. Genau wie ich. Das habe ich nicht gewusst.“

Nach der Veranstaltung stellte mich Pastor Wong Tom vor.

„Mei Lin und ich kennen uns schon“, sagte Tom. „Allerdings muss ich zugeben, dass mir nicht klar war, was für eine Frau Gottes ich hierher eingeladen hatte.“

„Ich habe dafür gebetet, dass Sie freigelassen werden“, sagte ich zu Pastor Wong. „Aber wie kam es dazu?“

„Tom steckt hinter meiner Freilassung“, entgegnete Pastor Wong. „Er hat so seine Kontakte.“

„Ins Ausland?“, fragte ich und erinnerte mich daran, dass er so zu dem Spitznamen Tom gekommen war.

Pastor Wong nickte. „In Wirklichkeit habe ich meine Freilassung Christen in den USA zu verdanken. Du kannst das besser erklären, Tom."

Tom rückte seine Brille zurecht. „Christen in den USA beten für unsere Hausgemeinden hier in China. Diese Christen spenden Geld an Organisationen, die verfolgten Christen auf der ganzen Welt und auch in China helfen. Wir bekommen das Geld durch Kontaktpersonen."

„Wirklich?", fragte ich. „Heißt das, dass die Christen in den USA wissen, dass wir verfolgt werden?"

„Manche wissen es. Es gibt viele Christen in den USA und in anderen Ländern, die sich für uns einsetzen. Sie beten und spenden für uns."

„Das habe ich nicht gewusst", erwiderte ich. Ich dachte darüber nach, dass wir in unserem Kampf nicht alleine waren. Es gab andere Christen, die über das himmelschreiende Unrecht Bescheid wussten und denen wir offenbar nicht egal waren. „Das ist großartig! Das heißt, Sie haben Pastor Wong freigekauft?"

„Richtig", antwortete Tom. „Du weißt ja, wie das bei uns in China ist: Mit Geld kann man fast alles kaufen."

„Haben Sie mich auch freigekauft?", fragte ich.

„Nein. Bis Donnerstag, als Pastor Wong freigelassen wurde, wussten wir gar nichts von dir."

Ich spürte, dass Yatou mich von hinten am Ärmel zupfte. „Oh, das ist Zhu, mein kleiner – nun ja, ich sollte vielleicht sagen ..." Ich sah meine kleine Freundin an.

„Ist schon in Ordnung", sagte sie.

„Der Kleine läuft in Shanghai unter dem Namen Zhu und als mein Cousin aus der Provinz Jiangxi. Zhu ist allerdings kein Junge. Ihr Name ist eigentlich – nun ja –, ihr echter Name ist Yatou, einfach nur ‚Mädchen'." Ich erzählte Pastor Wong und Tom Yatous Geschichte von ihrer Flucht aus dem Waisenhaus und wie wir uns gefunden hatten.

„Unglaublich", sagte Pastor Wong.

„Bitte, glauben Sie, dass Sie meinen Freund Zhu finden könnten? Sie haben ihn in die sikitak ..."

Yatou sah hilfesuchend zu mir auf.

„Psychiatrisch", sagte ich.

„Sie haben ihn in die psychiatrische Klinik gebracht."

Die beiden Männer hatten einen seltsamen Gesichtsausdruck.

„Nein, nein", rief Yatou, als sie ihre Gesichter sah. „Er kann ganz normal denken. Sie haben ihn dorthin geschickt, weil sie ihn nicht mögen. Er hat ein lahmes Bein, aber kann wirklich ganz klar denken." Yatou war ganz aufgebracht und flehte sie mit ihren Augen an, ihrem Freund zu helfen. „Oh bitte, mögen Christen nicht auch Kinder? Ich kann aus Zhu einen Christen machen. Er wird bestimmt Christ. Bitte!"

Seit dem Tag, an dem wir ihr die Haare abgeschnitten hatten, hatte ich Yatou nicht mehr so aufgebracht erlebt.

„Yatou, das sind gute Männer. Aber wir müssen Gott vertrauen, dass er Zhu hilft und auch den anderen Kindern."

Pastor Wong ging in die Hocke, um Yatou in die Augen zu sehen. „Yatou, wir haben einen mächtigen Gott. Wir werden für Zhu beten." Pastor Wong nahm Yatous kleine Hände zwischen seine bandagierten Finger und betete voller Glauben, dass Gott Zhu aus der psychiatrischen Klinik befreien möge.

* * *

Mutter Su, Yatou und ich blieben, bis fast alle gegangen waren.

„Es ist Zeit, nach Hause zu gehen, Yatou."

„Müssen wir wirklich gehen?", fragte sie gähnend.

Ich lächelte und umarmte sie noch einmal. „Ja, schau mal, es ist schon halb vier Uhr morgens."

„Mei Lin", sagte Tom. „Ich habe Bibeln für euch drei mitgebracht. Hier, bitte."

„Oh Tom, vielen Dank. Hier haben Sie das Neue Testament zurück."

„Nein, behalte es. Komm noch mal, bevor du nach Hause

gehst. Ich werde dafür sorgen, dass du noch Bibeln für deine Gemeinde in Tanching bekommst."

Liko hatte Recht gehabt!, dachte ich voll Freude. *Es gibt in Shanghai tatsächlich Bibeln.*

Mutter Su, Yatou und ich gingen durch die Dunkelheit der frühen Morgenstunden nach Hause. Ich war erschöpft und erregt zugleich.

„Ich habe mich heute Nacht so geehrt gefühlt, Mei Lin", sagte Mutter Su, „dass Gott dich von allen Bewohnern Shanghais ausgerechnet zu mir geschickt hat. Das gab mir wirklich das Gefühl, jemand Besonderes zu sein."

„Mir auch", sagte Yatou.

„Ich bin diejenige, die geehrt ist und gut umsorgt noch dazu, Mutter Su."

In dieser Nacht nahm ich meine neue Bibel mit ins Bett und befühlte in der Dunkelheit die Seiten. Als ich auf meinem Lager neben Yatou lag, ging ich den ganzen Gottesdienst in Gedanken noch einmal durch.

„Mei Lin?", fragte Yatou. „Bist du noch wach?"

„Ja, bist du auch noch wach?", neckte ich sie.

„Mei Lin, heute Nacht, als alle gesungen haben, bin ich Christ geworden, genau wie du."

Mein Herz jubelte. Ich langte nach unten zu ihrer Matratze und drückte ihren Arm.

„Willkommen in Gottes Familie, Yatou. Mein kleiner Cousin Zhu ist jetzt meine kleine Schwester Yatou geworden."

„Mei Lin?"

„Ja, Yatou?"

„Ich bin gern deine kleine Schwester."

„Und ich bin gern deine große Schwester."

„Gute Nacht, Mei Ling."

Kapitel 20

Es war Montag, und ich war fester denn je entschlossen, mir eine Arbeit zu suchen. Ich sehnte mich so nach meiner Familie und nach Liko und danach, Bibeln mit nach Hause zu bringen. Aber jetzt brauchte ich zwei Zugfahrkarten. Ich wusste, dass ich Yatou niemals zurücklassen konnte.

„Chang, wie kommt man zum Hintereingang vom Bahnhof?", fragte ich beim Frühstück. Ich legte den Stadtplan vor uns auf den Tisch.

„Der Bahnhof ist hier", sagte sie. „Du kannst von hinten nur bis hierher an den Bahnhof kommen." Sie zeigte mir den Weg auf der Karte.

„Und welche Seitenstraße führt zum Flussufer?", fragte ich. „Ich möchte dorthin fahren und versuchen, eine Arbeit zu finden."

„Kann ich mitkommen?", fragte Yatou. „Und warum willst du zum Bahnhof gehen? Wo willst du hinfahren?"

„Ja, du kannst mitkommen. Sobald ich genug Geld verdient habe für die Fahrkarten, fahren wir nach Jiangxi."

Yatou griff nach meinem Arm und drückte ihn so fest, bis er wehtat. „Im Ernst? Wirst du mich wirklich mitnehmen?"

„Wie könnte ich meinen Cousin Zhu oder meine kleine Schwester Yatou hierlassen? Natürlich meine ich es ernst."

Yatou sprang auf und fiel mir um den Hals, dass ich fast keine Luft mehr bekam. „Danke, Mei Lin. Ich werde mir Mühe geben, eine gute Schwester zu sein, ganz ehrlich."

„Ich weiß allerdings nicht, ob ich den Kader bestechen kann, dass du bei uns wohnen kannst. Ich werde es versuchen. Aber wir werden auf jeden Fall versuchen, ein Zuhause für dich im gleichen Ort zu finden. In Ordnung?"

Yatous Augen sprühten vor Begeisterung. Mit in die Hüften gestemmten Armen erklärte sie: „Egal, wo ich wohnen werde, ich werde immer deine Schwester sein, nicht wahr?"

„Genau. Ich wollte schon immer eine Schwester. Jetzt habe ich dich."

Mutter Su eilte in der Wohnung hin und her, weil sie schon spät dran war und auf Arbeit gehen musste. „Ich habe Bruder Tom am Samstagabend unsere Adresse gegeben. Er und Pastor Wong sind die Einzigen, die sie haben."

„Mutter!", widersprach Chang.

„Es ist schon in Ordnung, Chang", sagte ihre Mutter. „Wir kennen diese Männer. Und sie haben Kontakte ins Ausland. Stimmt's, Mei Lin?"

„Kontakte ins Ausland?", schrie Chang auf. „Weißt du, was das heißt? Sie werden wahrscheinlich von der Geheimpolizei beobachtet. Das heißt, sie machen irgendetwas ganz Schräges, Schwarzhandel oder so. Diese Christen sind ganz bestimmt keine Geschäftsleute!"

„Chang, zieh keine voreiligen Schlüsse. Es sind gute Leute – die besten, die ich je zu uns nach Hause eingeladen habe. Wenn sie kommen, möchte ich, dass du dich respektvoll verhältst."

„Nun, ich ..."

„Chang", sagte ihre Mutter mit warnendem Blick.

„Schon gut, ich werde respektvoll sein – falls ich dann zu Hause bin. Aber ich werde mich bemühen, nicht zu Hause zu sein. Ich werde irgendetwas anderes tun. Ich gehe einkaufen oder so."

„Bis um halb sechs", sagte Mutter Su mit einem wissenden Lächeln und eilte zur Tür hinaus.

„Bis später“, murmelte Chang und folgte ihrer Mutter auf den Fersen.

Yatou und ich verbrachten die nächste Stunde damit, die Küche aufzuräumen und die Wohnung sauberzumachen. Als wir fertig waren, warf ich einen Blick auf die Uhr. „Es ist neun. Der Verkehr dürfte jetzt nicht ganz so dicht sein“, sagte ich. „Komm, wir schauen, wie viel Geld wir für die Fahrkarten brauchen.“

Yatou und ich rannten förmlich die Treppe hinunter und zogen das Fahrrad unter der Treppe hervor.

„Schwester Mei Lin!“

Ich drehte mich um, um zu sehen, wer mich gerufen hatte. Tom kam eilig auf uns zugelaufen.

„Bruder Tom!“

„Zum Glück habe ich euch noch erwischt, bevor ihr weggeht.“

Ich erklärte ihm, was wir vorhatten, und er fragte, ob wir uns irgendwo unbeobachtet unterhalten könnten. Nachdem wir wieder in Mutter Sus Wohnung und in Sicherheit waren, gab er mir einen Umschlag. „Vielleicht hast du daran Interesse?“

Ich öffnete vorsichtig den Brief. „Fahrkarten! Und das ganze Geld! Wofür ist das, Bruder Tom?“

„Für euch“, sagte er lächelnd. „Und falls du wissen willst, woher es kommt – du weißt schon: Auslandskontakte.“

„An das Geld für unterwegs hatte ich noch gar nicht gedacht. Vielen Dank! Danke! Das ist mehr als genug für uns beide, um nach Hause zu kommen.“ Ich drehte mich zu Yatou um und platzte fast vor Freude. „Yatou, wir können nach Hause fahren!“

„Das ist noch nicht alles, Mei Lin. Ich habe Pastor Wong gerade zum Bahnhof gebracht. Es ist für ihn nicht sicher, hier in Shanghai zu bleiben. Er wird andere Hausgemeinden besuchen und dort predigen.“

„Ich werde ihn vermissen“, sagte ich traurig.

„Nun, es gibt da zwei Dinge. Zunächst einmal würde er euch beide gerne in WuMa treffen.“

„WuMa?“, fragte ich. „Das WuMa in Jiangxi?“

„Ja. Er wird euch dort am Bahnhof abholen. Er war sich nicht ganz sicher, aber er meinte, euer Dorf läge etwa 70 Kilometer südlich von WuMa.“

„Das könnte stimmen“, sagte ich aufgeregt.

„Möglicherweise wird er mit euch zur Hausgemeinde nach DuYan reisen. Er möchte dort predigen. Und die zweite Sache betrifft dich“, sagte Bruder Tom und sah zu Yatou hinunter.

„Mich?“, fragte Yatou.

„Ich habe Verbindungen zur psychiatrischen Klinik und habe herausgefunden, dass dein Freund Zhu nicht mehr dort ist, sondern nach WuMa verlegt wurde.“

„WuMa?“, fragte Yatou verwirrt. „Aber die Tanten und Onkels haben immer gesagt, wir würden niemals aus Shanghai oder Chongming wegverlegt werden.“

„Zhu wurde auf Anweisung der Klinik verlegt, nicht auf Anweisung des Waisenhauses. Er ist jetzt im Waisenhaus von WuMa. Ich habe es arrangiert, dass ihr ihn dort besuchen könnt.“

„Oh, oh!“ Zum ersten Mal hatte es Yatou die Sprache verschlagen.

„Bruder Tom, das ist unglaublich!“, sagte ich. „Wie konnten Sie all das an nur einem Tag arrangieren?“

„Verbindungen“, sagte er lächelnd und zuckte mit den Achseln. „In China kommt es nicht darauf an, was man weiß, sondern wen man kennt. Diese Reise wird für euch beide gefährlich werden, besonders für dich, Yatou. Du musst als Kwan Zhu reisen, klar?“

„In Ordnung.“

„Am Bahnhof wimmelt es von Polizisten. Ich habe gesehen, dass einige ein Bild von dir aus dem Waisenhaus herumgezeigt haben.“

Yatou legte die Hand auf den Mund und ich konnte die Furcht in ihren Augen sehen. „Ich habe Angst.“

„Yatou, wir beten, dass wir heil durchkommen“, sagte ich. „Gott ist unser Vater. Er wird uns helfen.“

„Ja, aber du musst ein rauer Junge sein und kein süßes kleines Mädchen. Glaubst du, du schaffst das?“

„Klar!“

„Hier“, sagte Tom und holte etwas aus seiner Tasche. „Das sind amerikanische Kleider. Eine Baseballmütze von den Baltimore Orioles, ein T-Shirt und eine Jeans.“

Bruder Tom nahm seine silbern umrandete Brille ab und gab sie Yatou. „Ich dachte, die Brille wäre eine gute Verkleidung, solange die Polizei dich immer noch sucht. Am Bahnhof in Shanghai bist du mein Neffe und Mei Lin meine Nichte. Ich bin euer Onkel aus Amerika, der gerade in Shanghai zu Besuch ist. Daher habt ihr auch die amerikanischen Kleider.“

Ich schaute ihn an und fragte mich, ob das mit den Kleidern, die Chang mir geben wollte, wohl funktionieren würde.

„Hier, für dich, Mei Lin. Aus Amerika.“

Tom zog noch eine Jeans und ein T-Shirt aus seiner Tasche.

„Das sieht sehr amerikanisch aus“, sagte ich. „Was steht auf dem T-Shirt?“

„*The Gap.* Das ist eine amerikanische Marke. Die beliebteste Marke bei den meisten amerikanischen Mädchen. Und hier, das sind ein Paar Nike-Turnschuhe.“

„Oh, Chang hat mir erzählt, dass sie schon immer ein Paar Nike-Turnschuhe haben wollte“, sagte ich. Ich überlegte, was sie wohl denken würde, wenn sie mich darin sah.

„Euer Zug fährt morgen früh um zehn Uhr. Ich komme um sechs Uhr, um euch hinzubringen. Es wird besser für euch sein, wenn ich euren selbstbewussten amerikanischen Onkel spiele. Seid ihr schon einmal Zug gefahren?“

„Nein.“

„Am besten ist man früh dort, damit man ganz vorne in der Schlange steht. Alles ist ruhig, bis die Zugtüren geöffnet werden. Dann müsst ihr aufpassen, dass ihr auf den Füßen bleibt und reinkommt.“

„Morgen früh um sechs?“, fragte ich.

„Genau. Ich bringe ein Fahrrad mit, das ihr nehmen

könnt. Wenn mir jemand folgt, können sie dann wenigstens keine Spur zu Mutter Su finden."

„Ich komme mir vor wie in einem Traum", sagte ich langsam.

„Es ist wichtig, dass ihr genau wisst, was ihr tut. Im Zug werdet ihr beide zusammen im selben Abteil sitzen. Die Fahrt wird etwa achtzehn Stunden dauern. Ihr werdet gegen vier Uhr morgens in WuMa sein. Das ist gut, denn der Zug fährt erst um zehn Uhr am folgenden Morgen weiter. Dann ist der Bahnhof nicht so überfüllt. Pastor Wong erwartet euch am Bahnhof in WuMa. Wenn er nicht dort ist, heißt das, dass ihm wahrscheinlich jemand gefolgt ist. Dann wird er jemand anderes schicken. Wir wissen noch nicht, wer das sein wird. Haltet einfach Ausschau nach jemandem, der so eine Brille trägt", erklärte er und zeigte auf die Brille, die Yatou jetzt trug.

In meinem Kopf fing sich alles an zu drehen. Alles ging so schnell. Ich konnte noch gar nicht glauben, dass ich meine Familie vielleicht schon in einer Woche sehen würde! „Wie geht es weiter, wenn wir in WuMa angekommen sind?", fragte ich, weil ich annahm, dass Bruder Tom schon alles arrangiert hatte.

„Pastor Wong hat eure Bibeln heute Morgen schon im Zug mitgenommen, Mei Lin. Er wollte nicht, dass ihr euch in noch größere Gefahr begebt, als ihr ohnehin schon seid – wegen Yatou."

„Bibeln auch noch? Das ist einfach unglaublich!"

Tom lächelte. „Ihr habt jetzt einen Tag Zeit, euch auszuruhen und euch von Mutter Su zu verabschieden", sagte er. „Bis morgen früh."

Ich konnte ihm nicht einmal mehr antworten. Er war schon weg.

Kapitel 21

„Ich vermisse euch beide jetzt schon“, weinte Mutter Su, als wir ihr von Bruder Toms Besuch erzählten. „Es war so schön, euch beide kennengelernt zu haben.“

„Sie waren so gut zu uns“, sagte ich. „Sie haben uns behandelt, als gehörten wir zur Familie.“

„Auf gewisse Art und Weise seid ihr auch meine Familie“, sagte Mutter Su. „Aber du bist es wahrscheinlich leid, eine *youzi* zu sein, die fern von zu Hause ist.“

Ich wandte mich an Chang. „Chang, ich danke dir für deine Freundschaft. Du hast uns deine Kleider geliehen und dein Essen mit uns geteilt. Danke dafür.“

„Wollt ihr wirklich schon nach Hause fahren?“, fragte sie. „Morgen?“

„Ja, wir fahren tatsächlich nach Hause“, sagte ich und lächelte triumphierend.

„Aber du hast doch noch nicht einmal die Universität gesehen“, widersprach Chang. „Du bist von so weit her gekommen und hast nicht einmal den Ort gesehen, von dem du immer geträumt hast.“

„Weißt du was“, sagte ich, „es ist erstaunlich, aber ich denke überhaupt nicht mehr an die Uni. Das Einzige, woran ich denke, ist, nach Hause zu gehen.“

„Ich freue mich für dich, dass du heimkannst. Dein Vater muss sich schreckliche Sorgen um dich machen."

„Ja, und morgen werden wir richtig amerikanisch aussehen", sagte Yatou. „Schau mal, meine Baseballmütze und die witzige Nickelbrille."

Chang lachte. „Jetzt brauchst du nur noch stärkere Augenbrauen."

„Augenbrauen?", fragte ich.

„Klar, mit ein bisschen Make-up an den Brauen wird sie noch mehr wie ein Junge aussehen. Das wird ihr ganzes Aussehen verändern, was gut wäre, wenn die Polizei nach ihr sucht."

„Das ist eine tolle Idee!", sagte Yatou. „Können wir es gleich ausprobieren?"

Chang und Yatou verschwanden in Changs Zimmer. Ich nutzte die Gelegenheit, um mit Mutter Su zu reden.

„Mutter Su, haben Sie schon einmal überlegt, den Namen Ihres Mannes an Bruder Tom zu geben?"

„Du hast meine Gedanken erraten, Mei Lin. Mein Mann ist zwar kein großartiger Prediger so wie du und Pastor Wong, aber er ist Christ."

„Dann haben Sie vor, weiter zu den Gottesdiensten der Hausgemeinde zu gehen?", fragte ich und überhörte ihre Bemerkung, dass ich ein Prediger sei.

„Oh ja, ich werde jede Woche hingehen!", erklärte Mutter Su nachdrücklich. „Erst einmal müssen du und Yatou in Sicherheit sein, dann werde ich Bruder Tom die Sache mit meinem Mann erzählen. Tom scheint ein echtes Herz für Gefangene zu haben."

„Das hat er. Und er hat ein Herz für Christen, die keine Bibel haben. Das erinnert mich an etwas: Ich werde unsere beiden Bibeln hierlassen. Es ist zu gefährlich, sie mit in den Zug zu nehmen. Aber Pastor Wong hat heute Morgen Bibeln für unsere Hausgemeinde in DuYan mitgenommen."

„Wie kommt es", fragte Mutter Su, „dass ihr jedes Mal über den Berg nach DuYan zur Gemeinde wandert, wenn ihr doch in Tanching lebt?"

„Wir haben keinen Pastor mehr in Tanching. Unseren Pastor haben sie verhaftet, nachdem bei einem unserer Gottesdienste eine Razzia gemacht wurde. – Oh, warum ist mir das denn nicht gleich eingefallen!“

„Was denn?“, fragte Mutter Su.

„Mutter Su, vielleicht hat Bruder Tom auch Verbindungen zu dem Arbeitslager, in das sie Pastor Chen gesteckt haben. Ich weiß zwar nicht mehr, wo sie ihn hingebracht haben, aber Bruder Tom scheint ja alles herausfinden zu können. Vielleicht kann er helfen, dass Pastor Chen wieder nach Hause kommt. Das würde Liko und seine Mutter so glücklich machen. Und Pastor Chen müsste nicht mehr leiden.“

„Du musst unbedingt mit ihm darüber reden, bevor ihr morgen wegfahrt. Ich gehe jetzt auf den Markt einkaufen. Ich werde euch beiden gebratene Nudeln, Fischbällchen und chinesische Maultaschen für die Reise machen. Oh, und natürlich Reis für dich, Mei Lin, für den Fall, dass du die Gewürze an den Nudeln immer noch nicht verträgst.“

„Danke. Aber wie wollen Sie das alles heute Abend noch kochen?“

„Ich mache es einfach, und wenn ich die ganze Nacht auf bin“, sagte Mutter Su entschlossen und ging mit ihrer Einkaufstasche zur Tür hinaus. „Ihr müsst alleine zu Abend essen. Ich bringe euch ein bisschen Gebäck zum Nachtisch mit.“

Es war komisch, dass ich eigentlich nichts zu tun hatte, während alle anderen mit Vorbereitungen für unsere Abreise beschäftigt waren. So beschloss ich, ein letztes warmes Bad in dieser wunderbaren Badewanne zu nehmen. Danach legte ich mir meine Kleider für den nächsten Tag zurecht und nahm dann mein Neues Testament zur Hand. Ich setzte mich aufs Sofa und schlug Offenbarung 2, Vers 10 auf – den Vers, den ich am Samstag in der Hausgemeinde an der Wand gesehen hatte. „Wenn du mir treu bleibst, treu bis zum Tod, werde ich dir den Preis des Siegers geben: das ewige Leben.“

Die nächste Stunde verbrachte ich damit, das ganze Kapitel zu lesen und zu beten. Diese kleine Bibel war unendlich kostbar. Nie würde ich den Moment vergessen, in dem Bruder Tom sie mir gegeben hatte. Sie war mein Souvenir aus Shanghai.

Ich beschloss, mein T-Shirt morgen über der Hose zu tragen, damit ich das Neue Testament in der Gesäßtasche verstecken konnte. Das Geld und die Fahrkarten würde ich sicherheitshalber in die vorderen Taschen stecken.

Chang und Yatou kamen ins Wohnzimmer.

„Was meinst du, Mei Lin?", fragte Chang. „Wir haben uns viel Mühe gegeben."

„Man erkennt sie – ich meine ihn – kaum wieder! Man sieht gar nicht, dass es nur geschminkt ist. Wie hast du das gemacht?"

„Ein bisschen Schminke hier oben und ein bisschen hier in der Mitte", antwortete Chang.

„Ich schätze mal, ich muss jetzt Baseballspielen lernen, nicht wahr?", sagte Yatou kichernd und betrachtete sich im Spiegel.

„Ich gebe euch diesen Stift mit", sagte Chang. „Dann kannst du das Make-up ein bisschen auffrischen, wenn es nötig ist."

„Vielen Dank, Chang", sagte ich ernst, weil mir klar war, wie viel ihre Schminksachen ihr bedeuteten. „Ich habe auch etwas für dich." Ich langte unter meine Liege und zog die Nike-Turnschuhe hervor. „Ich brauche sie nicht, meine alten Schuhe tun es auch."

„Oh, Mei Lin, du hast Nike-Turnschuhe! Woher ..."

Damit hatte ich sie überrascht.

„Danke, Mei Lin, das werde ich dir nie vergessen."

„Sie sehen ein bisschen groß aus."

„Nur ein wenig. Ich stopfe ein bisschen Zeitung vorne hinein. Wer weiß, vielleicht wachse ich ja auch noch und meine Füße werden noch ein bisschen größer."

Chang strahlte. Ich war mir sicher, dass Bruder Tom nichts dagegen haben würde.

* * *

Schneller, als ich denken konnte, war es fünf Uhr morgens. Mutter Su und Chang standen trotz der frühen Stunde mit uns auf. Mutter Su war erst vor drei Stunden mit Kochen fertig geworden.

„Wie kannst du nur arbeiten gehen, wenn du so wenig geschlafen hast?“, fragte ich sie.

„Ich werde meine Kraft aus der Freude bekommen – aus der Freude zu wissen, dass du bald wieder bei deiner Familie sein wirst.“

„Ich freue mich so für euch“, sagte Chang, während sie half, Yatous Tarnung zu vollenden. „Euer christlicher Gott kann tatsächlich Wunder bewirken.“

„Ja, das kann er.“ Ich spürte, dass Chang etwas verschwiegen hatte. „Was für Wunder meinst du?“, fragte ich.

„Na ja, jetzt kann ich es dir ja erzählen. Als du zu uns gekommen bist, hast du gesagt, dass Gott uns liebt. So habe ich eines Nachts tatsächlich so gebetet wie du, dass Gott meinen Vater aus dem Gefängnis holt. Mutter hat mir jetzt erzählt, dass dieser Mann – Tom – uns vielleicht helfen kann. Dann – zugegeben, das war etwas egoistisch – wollte ich schon immer Nike-Schuhe haben. Als du mir gestern Abend die Turnschuhe gegeben hast, hatte ich das Gefühl, sie kämen direkt von Gott, so als ob er sagen wollte, dass er uns wirklich sieht. Verstehst du, was ich meine?“

„Ich verstehe dich“, antwortete ich.

„Ich glaube, ich werde diese Woche mit Mutter in die Hausgemeinde gehen. Ich will das einmal selbst erleben.“

Ich sah zu Mutter Su hinüber. Sie strahlte über das ganze Gesicht. Ich musste an den Vers aus dem Römerbrief denken: „Gottes Güte führt uns zur Umkehr.“ Irgendwie wusste ich, dass alles gut werden würde für diese Familie.

„Hier ist meine Adresse“, sagte ich. „Bitte schreib mir von der Hausgemeinde und was mit deinem Vater geworden ist.“

Wir verabschiedeten uns mit vielen Umarmungen. Alle lachten vor Freude und Mutter Su und Yatou wischten sich die Tränen ab.

„Pass auf, Yatou, deine Augenbrauen verlaufen sonst", sagte Chang. Ich sah nach, ob ich alles hatte. In der Schultertasche waren unsere Jacken und das Essen, das Geld hatte ich in der linken vorderen Tasche, die Fahrkarten in der rechten und das Neue Testament in der linken Gesäßtasche.

„Ihr seht beide sehr amerikanisch aus", sagte Chang. „Hier, Mei Lin, probier diese Schuhe."

Chang gab mir ein bequemes Paar Lederschuhe, die sehr westlich aussahen.

„Hey, die passen wie angegossen", sagte ich. „Danke, Chang."

Ich sah Mutter Su und Chang an und dann verbeugte ich mich vor ihnen, um ihnen meinen Respekt und meine tiefe Dankbarkeit zu zeigen. „Ihr seid wunderbare Freunde. Ich werde euch nie vergessen."

„Wirst du uns auch schreiben?", fragte Mutter Su, während sie sich die Tränen mit ihrer Schürze abwischte.

„Natürlich!" Wir umarmten uns noch ein letztes Mal, dann gingen Yatou und ich die dunkle Treppe hinunter.

Kapitel 22

Die Menschen auf dem Bahnhof waren noch relativ entspannt, bis der Shanghai-Express einfuhr. Yatou und ich standen schon seit zwei Stunden vor dem Durchgang, der zum Bahnsteig führte. Es waren nur etwa ein Dutzend Menschen vor uns. Als der Zug einfuhr, spürten wir zum ersten Mal ein seltsames Kribbeln im Bauch.

Eine kräftige Frau in Eisenbahneruniform schnauzte uns an, wir sollten zurücktreten. Wir klammerten uns an das Geländer, um uns zu stützen. Vor dem Durchgang patrouillierten Polizisten. Bruder Tom hatte uns angewiesen, uns einfach umzudrehen und ihm zuzuwinken, wenn wir das Gefühl hatten, dass sie uns beobachteten oder gleich ausfragen würden. Das würde die Polizisten ablenken und sie würden ihn ausfragen statt uns.

„Zhu, halte meine Hand ganz fest", sagte ich nervös und versuchte mit der Schultertasche auf der einen Seite und meinem kleinen Cousin auf der anderen die Balance zu halten. Die Leute fingen an zu drängeln und zu schieben, um nach vorn zu kommen.

Dann wurden die Zugtüren geöffnet. Die Frau schob die Riegel krachend zurück und Yatou und ich hakten uns ein, waren aber kaum in der Lage, uns zur Zugtür vorzuarbeiten.

„Hey, ihr! Hey, Kleiner! Zeigt mal eure Ausweise!“

Die Angst lief mir eiskalt den Rücken hinunter. Ich ging weiter, drehte mich noch einmal zu Bruder Tom und winkte ihm zu, um ihm zu signalisieren, dass wir möglicherweise in Gefahr waren. Ich sah noch, wie Tom zurückwinkte.

„Hey!“, schrie der Polizist noch einmal.

„Wink Onkel Tom noch mal, Zhu.“ Ich hatte das Gefühl, einen großen Stein im Magen zu haben.

„Ich kann ihn nicht sehen!“

„Egal, wink jetzt einfach!“

Yatou drehte sich um und winkte. Es funktionierte. Die Polizisten konnten uns nicht mehr erreichen und gingen stattdessen zu Bruder Tom. Wir ließen uns von der Menge treiben und zwängten uns ganz außer Atem zum Zug durch.

Irgendjemand wollte sich an uns vorbeidrücken. Ich spürte einen Ruck und Yatous Arm wurde aus meinem gerissen.

„Zhu!“, rief ich in das Gegröle der Menge. Sie war verschwunden. Ich suchte in der Menge schwarzhaariger Köpfe nach einer orange-schwarzen Orioles-Baseballmütze. Nichts zu sehen. Aus Angst, sie könnte niedergetrampelt werden, suchte ich den Boden ab, während ich mich weiterschob. Panik überfiel mich. „Zhu!“, schrie ich noch einmal. Durch die schiebende und drückende Menge wurde ich wie von selbst in den Zug gehoben. Beim Einsteigen drehte ich mich noch ein letztes Mal um und suchte den Bahnsteig nach Yatou ab.

Bruder Tom sah mich und lächelte. Er winkte mit einer orange-schwarzen Baseballmütze und deutete auf das vordere Ende des Zuges.

Da ließ ich mich nicht mehr von der Menge schieben, sondern bahnte mir mit den Ellbogen meinen Weg nach vorn. „Zhu!“, rief ich. Jetzt hatte ich sie entdeckt! Sie hing halb aus dem Fenster und winkte Bruder Tom wild zu. Ich wusste nicht, ob ich sie umarmen oder schütteln sollte.

„Auf Wiedersehen, Onkel Tom!“, rief sie.

„Mei Lin, du hast es auch geschafft!“, sagte sie.

„Ich habe es geschafft?“, fragte ich.

„Schau mal“, rief sie und zeigte aus dem Fenster. „Meine Mütze ist runtergefallen, als ich gewunken habe, aber Onkel Tom hat sie gefunden und aufgehoben.“

„Kein Wunder, dass sie runtergefallen ist. Du hast dich ja halb aus dem Fenster gehängt!“

„Du hast gesagt, ich soll Onkel Tom winken.“

Ich sah aus dem Fenster und winkte Bruder Tom ebenfalls zu. Ich sah, wie die Sicherheitsbeamten einen Mann am Fahrkartenschalter befragten.

Bruder Tom warf uns die Mütze zu, und irgendwie gelang es mir, sie zu fangen.

„Gut gefangen“, sagte Yatou.

Als wir endlich unsere Plätze gefunden hatten, war auch mein Adrenalinspiegel wieder auf ein erträgliches Maß gesunken.

„Schau nur, Mei Lin, wir sitzen am Fenster!“, sagte Yatou aufgeregt, als hätte sie den Schrecken, den wir gerade erlebt hatten, komplett vergessen.

Der Schaffner riss unsere Fahrkarten ab und ließ uns dann in Ruhe. Ich atmete erleichtert auf, als der Zug sich in Bewegung setzte und hinaus in die Sonne fuhr. Wir lehnten uns zurück und ließen Shanghai an uns vorbeiziehen.

Die Viertel, durch die wir jetzt kamen, waren nicht sehr schön. Die industriellen Vororte Shanghais aus grauem Beton schienen sich unendlich weit zu erstrecken. Ich schaute mir alles ganz genau an, während sich Yatou gelangweilt zurücklehnte und einschlief.

Ich verließ Shanghai, den Ort meiner Träume – und den Ort meiner Alpträume. In mir bewegte sich etwas. Es war etwas ganz tief in meinem Innersten, das schon existierte, seit ich denken konnte. Vielleicht war Shanghai tatsächlich auch Gottes Traum für mich gewesen. Vielleicht hatte ich aber in meinen Vorstellungen etwas verwechselt, als mir die Universität in den Sinn kam.

Ich küsste Yatou auf ihre Baseballmütze. *Mein Traum von Shanghai sitzt hier neben mir*, dachte ich. *Es ist ein kleines Mäd-*

chen, das aussieht wie ein amerikanischer Junge ... Ich dachte an Mutter Su und Chang und die Hausgemeinde in Shanghai ... an Sun Tao und all die anderen namenlosen Gefangenen, die jetzt die Hoffnung auf das ewige Leben haben.

Das gleichmäßige Rattern des Zuges wirkte beruhigend nach der Aufregung dieses Morgens, und bald nickte auch ich ein. Nach einem kurzen Halt in Hangzhou ruckelte und keuchte der Zug weiter und tuckerte durch die Reisfelder von Zhejiang.

„Schau mal, Zhu", sagte ich, rüttelte sie wach und deutete auf die baumlose Landschaft. „So ähnlich sieht es in Jiangxi auch aus. Nur dass unser Dorf an einem Berghang liegt, der ganz mit Bambus, Pappeln und Pinien bewachsen ist."

Es war Erntezeit und ich bestaunte einen Traktor, der mit unglaublicher Geschwindigkeit ein ganzes Zuckerrohrfeld aberntete. Eine Weile später kam ein vertrauter Anblick: Eine Reihe von Bauern standen bis zur Brust in einem Weizenfeld und tauchten im gleichmäßigen Rhythmus immer wieder unter, um mit ihren Sicheln die Ähren zu schneiden.

Die terrassenförmigen Reisfelder auf den Hügeln waren dicht bewachsen. Sie hatten eine goldgelbe Farbe und wurden von Mauern eingerahmt. Manche Felder wimmelten vor Feldarbeitern, die die langen Reishalme über dem schwarzen, schlammigen Boden abschnitten. Die Felder schienen absolut symmetrisch und auffallend fruchtbar zu sein. Im Hintergrund sah man eine blaugrüne Bergkette. Die quadratischen Reisfelder mit den schmalen Wegen dazwischen erstreckten sich kilometerweit und wurden nur hin und wieder durch bambusbewachsene Hügel durchbrochen.

„Sie sehen aus wie lauter Beulen", sagte Yatou.

„Das sind die Felsen", sagte ich und erinnerte mich an die Nacht vor etwa einem Jahr, als An, Liko und ich im Regen zu dem Felsen geflohen waren. „Schau, das ist ein Teefeld, und da drüben ist ein Kanal."

„Sieh nur, die Häuser!", rief Yatou. „Sie sind so winzig und haben nur ein Stockwerk!"

Wir fuhren an ziegelgedeckten Hütten, Gemüsegärten und Landarbeitern vorbei, die helle Hemden und große Reisstrohhüte trugen. Auf einmal verspürte ich Heimweh.

„Was ist das?", fragte Yatou und zeigte auf etwas.

„Die beiden Jungen sind in einem Laufrad."

Sie schaute zurück, um noch einen Blick auf das ihr unbekannte Gerät zu werfen. „Wofür ist das?"

„Mit dem Laufrad wird über eine Kette eine Wasserpumpe angetrieben. Hast du nie davon in der Schule gehört? Das gibt es schon seit achthundert Jahren."

„Ich war nicht viel in der Schule", sagte Yatou. „Aber ich kann ein bisschen lesen." Sie schaute wieder aus dem Fenster und sah zu, wie die schwarzen, grünen und weißen Landschaftsflecken an uns vorbeizogen.

Ich begann darüber nachzudenken, was ich wohl mit ihr machen sollte, wenn wir in Tanching ankamen. Sie brauchte ein Zuhause, musste zur Schule gehen, brauchte Kleidung und Nahrung. Wo sollte sie hin? Ich machte die Augen zu und tat so, als ob ich schlief. In Wirklichkeit betete ich aber intensiv um Yatous Zukunft.

Zum Mittagessen aß ich etwas Reis, während Yatou Mutter Sus Fischbällchen und Maultaschen verspeiste. Wir bestellten für uns beide zusammen ein Wasser. Yatou hatte noch nie etwas mit Kohlensäure getrunken.

„Es kitzelt mich in der Nase", sagte sie und sog an ihrem Strohhalm. Einmal verschluckte sie sich und die Flüssigkeit stieg ihr in die Nase. Wir mussten beide so sehr lachen, dass die anderen auf uns aufmerksam wurden.

Ich hörte, wie eine Frau auf der anderen Seite des Ganges zu ihrem alten Mann sagte: „Früher waren die Kinder höflicher und respektvoller."

Später zupfte Yatou mich am T-Shirt. „Mei Lin, ich muss mal."

Ich ging mit ihr zur Toilette und gab vor, mit ihr den Lichtschalter zu suchen.

„Iiiih, was ist das?", fragte Yatou und zeigte auf einen Eimer neben der Toilette.

„Das sind Aale“, antwortete ich mit einem leichten Gefühl von Übelkeit. „Ein großer Eimer Aale.“

„Bä! Was macht der Eimer tote Aale hier?“

Die Antwort bekamen wir später, als ich den Zugbegleiter fragte, was es zum Abendessen gab.

„Aal“, sagte er und Yatou verzog das Gesicht zu einer Grimasse.

Die Frau auf der anderen Seite des Gangs stopfte sich die Delikatesse in den Mund und lamentierte wieder über die schlechten Manieren der Jugend in China. Yatou und ich zogen es vor, Mutter Sus gekochten Reis und das Gemüse zu essen. Unmittelbar nach dem Abendessen erreichten wir die Provinz Jiangxi. Der Himmel über den Reisfeldern leuchtete rosa, rot und dunkelrot. Wir sahen, wie das Dunkelrot sich allmählich in Dunkelblau verwandelte. Schließlich waren die ersten Sterne am Himmel zu sehen. Aufgeregt schaute ich auf die Uhr.

Bald wurde es stockfinster im Zug. Nur auf dem Gang war ein schwaches Licht zu sehen, das den Weg zur Toilette anzeigte. Yatou saß am Fenster und benutzte die Tasche als Kopfkissen. Ich ließ mich in den Sitz sinken und das gleichmäßige Pfeifen der Dampflok wiegte mich schließlich in den Schlaf.

Kapitel 23

Ich erwachte vom Signal der Zugpfeife, die sich wie das Krähen eines Hahns anhörte. Es war halb fünf Uhr morgens. Die Dampflok fauchte und zischte und kam langsam zum Stehen. Ich weckte Yatou und fragte eine Mitreisende: „Entschuldigung, sind wir in WuMa?"

„Ja."

Mein Herz klopfte wild, aber ich war erleichtert, dass ich aufgewacht war. Yatou und ich hakten uns wieder gegenseitig ein. Beim Aussteigen herrschte das gleiche wilde Schubsen und Drängeln wie beim Einsteigen. Aber auf dem Bahnhof in WuMa war nicht annähernd so viel los wie in Shanghai. Als wir auf dem Bahnsteig standen, entdeckte ich Pastor Wong.

Ich winkte. „Da drüben ist er, Zhu."

Pastor Wong begrüßte uns herzlich. Ich sah, dass seine Hände nicht mehr bandagiert waren. Seine Finger hatten einen violetten Farbton angenommen. Sie waren immer noch gequetscht und die Fingerspitzen waren mit Wundschorf bedeckt.

Er folgte meinem Blick. „Die Binden waren zu auffällig", erklärte er. „Sie hätten die Aufmerksamkeit der Polizei auf mich gezogen. Willst du den kleinen Jungen auf meine Schultern setzen? Ich halte mich dann an Zhus Beinen fest. Es ist besser für meine Hände, wenn ich sie hochhalten kann. Außerdem sieht es dann aus, als seien wir eine glückliche Familie."

Pastor Wong bückte sich und ich hob Yatou vorsichtig auf seine Schultern. Sie genoss die Aufmerksamkeit und die Aussicht von dort oben.

„Konntet ihr im Zug ein wenig schlafen?", fragte er.

„Ein bisschen."

„Das ist gut, denn ihr braucht heute Kraft. Alles wird sehr schnell gehen. Ich habe einen Termin für euch beide im Waisenhaus vereinbart. Es liegt außerhalb von WuMa."

„Vielen Dank, dass Sie das für uns tun", sagte ich. „Ich fühle mich geehrt. Sie sind so gut zu uns."

„Es ist mir ein Vergnügen. Ich könnte natürlich nicht viel erreichen ohne die Unterstützung anderer Christen hier in China."

„Meinen Sie Bruder Tom?", fragte ich.

„Ja, auch, aber nicht nur ihn. Es gibt viele, die Gott mit ihren Gebeten bestürmen. Und dann sind da die Menschen selbst, die helfen. Gott tut gerade etwas Großes in China. Er schenkt uns gute Verbindungen. Wir sind nur seine Hände und Füße. Er erledigt den Rest unserer großen Aufgabe."

Ich dachte über das nach, was Pastor Wong da gesagt hatte. „Pastor Wong, mein Pastor, Chen Biao, ist in einem Arbeitslager. Ich weiß nicht mehr, welches es ist. Gibt es irgendeine Möglichkeit, etwas für seine Freilassung zu tun? Oder ihm zumindest eine Nachricht zukommen zu lassen?"

„Ich konnte mich noch an seinen Namen erinnern, weil du mir im Gefängnis davon erzählt hattest. Ich habe Bruder Tom schon gebeten, etwas zu unternehmen."

„Wie schafft er es, dass Gefangene freigelassen werden?", fragte ich.

„Mit Geld. Es ist alles eine Frage des Geldes, Mei Lin. Im Gefängnis läuft alles auf Beziehungen und Bestechung hinaus. Es gibt dort sehr viel Korruption. Wir bekamen nur Kaoliang zu essen, weil die Verantwortlichen das Geld und unsere Verpflegung unterschlagen haben."

„Oh, das habe ich nicht gewusst."

„Das stimmt", sagte Pastor Wong. „Die Folter ist zum Teil tatsächlich von den Behörden angeordnet. Aber zum Teil ist es auch einfach die Willkür der Wärter und Aufseher."

„Ich frage mich, warum der Aufseher so plötzlich gestorben ist", sagte ich.

„Ich habe die Geschichte überprüft. Der Aufseher wurde befördert, wahrscheinlich, damit die Partei nicht ihr Gesicht verliert. Er war in den Schwarzmarkthandel mit Organen verwickelt und die Partei hat das herausgefunden."

„Mit menschlichen Organen?", fragte ich.

„Ja, mit Organhandel kann man viel Geld verdienen. Deshalb werden Verbrecher oft direkt im Krankenhaus hingerichtet. Dann können sie dort gleich die Organe entnehmen und verkaufen."

Yatou verzog angewidert das Gesicht und ich streichelte ihr Bein, um sie zu beruhigen.

„Ich wurde also freigelassen, gleich nachdem er weg war?", fragte ich. „Einfach so?"

„Ich bin mir nicht ganz sicher. Du warst ihnen wahrscheinlich ein Dorn im Auge. Du hast hart gearbeitet, auf Schläge mit Vergebung geantwortet und ihnen so mit deinem Leben ihre Sünde vor Augen geführt. Du hast doch erzählt, dass einige der Wachen gesagt haben, sie hätten Angst vor deinem Gott."

„Gott ist so treu", sagte ich. „Die Bibel sagt, dass das Herz eines Königs in seiner Hand wie Wasser ist. Er lenkt es, wie er will."

„Ein sehr treffender Vers für diese Situation", erwiderte Pastor Wong.

Wir standen jetzt vor dem Bahnhof und Pastor Wong winkte ein Taxi heran. Es war fünf Uhr morgens. Unser Termin im Waisenhaus sollte um zehn Uhr sein.

„Hast du Hunger, Zhu?", fragte er.

„Ja, aber bitte keine Aale."

„Ach, dein Magen ist wohl die feine chinesische Küche nicht gewöhnt?"

„Jedenfalls nicht die Küche, die aus der Toilette kommt“, sagte ich lachend und erzählte ihm von unserem Erlebnis beim Abendessen im Zug.

„Gut, dann fahren Sie uns bitte zu einem Restaurant – einem, wo es keine Aale zu essen gibt, in Ordnung?“, sagte er zum Fahrer.

„In Ordnung.“

Die Sonne ging langsam auf, während sich das Auto durch die fast leeren Seitenstraßen schlängelte.

„Mei Lin“, flüsterte Yatou und sah mich mit ernstem Gesicht an. „Ich kann es kaum erwarten, Zhu zu sehen.“

„Ich freue mich so für dich, meine Kleine. Er wird sehr überrascht sein.“

Yatous Augen wurden ganz groß. „Ja, und er wird noch mehr überrascht sein, wenn ich ihm erzähle, was ich alles gelernt habe – über Adam und Eva und wie sie gesündigt haben und dass Gott gesagt hat, er will eine Familie haben, und dass Jesus am Kreuz gestorben ist, um Gott seine Familie zurückzugeben, und dass Jesus dann nicht mehr tot war ...“

Ich konnte ein Kichern nicht unterdrücken.

„Was ist daran so lustig?“, fragte Yatou und zog einen Schmollmund.

„Na, da hast du dir ja eine schöne Rede zurechtgelegt. Du wirst dann hoffentlich alles ein bisschen langsamer erzählen, oder?“

„Oh, habe ich zu schnell geredet?“, fragte Yatou. „Das hat Zhu auch immer zu mir gesagt.“

„Nun ja, zumindest hast du das Richtige erzählt“, sagte ich und lächelte.

Pastor Wong bezahlte den Taxifahrer und ließ ein Traktat auf dem Boden unter der Rückbank liegen.

Nach einem gemütlichen Frühstück gingen wir wieder hinaus und sahen, dass der Taxifahrer auf der menschenleeren Straße auf uns wartete.

„Darf ich Sie fahren?“, fragte er und streckte dabei den Kopf ganz aus dem Fenster.

Pastor Wong sah vorsichtig in das Taxi. „Nein, danke, wir werden laufen."

Der Fahrer zuckte mit den Achseln und fuhr davon.

„Was war los?", fragte ich. „Ich dachte, wir brauchen ein Taxi, um zum Waisenhaus zu kommen?"

„Brauchen wir auch. Aber das Traktat hinten auf dem Boden war nicht mehr da. Vielleicht war der Fahrer in Ordnung, aber vielleicht wurde er auch von der Sicherheitspolizei angeheuert, um uns zu fahren."

„Ich verstehe", sagte ich.

„Man kann nicht vorsichtig genug sein. Man muss jedes Mal ein anderes Verkehrsmittel nehmen, andere Wege gehen und den Ort wechseln. Das ist die einzige Methode, um unerkannt zu bleiben. Das müsst ihr euch merken für die Fahrt nach Tanching."

„Das werden wir."

„Abgesehen davon fahren Reiseevangelisten normalerweise mit dem Bus oder gehen zu Fuß, weil das billiger ist", sagte Pastor Wong.

„Werden wir zu Fuß zu Zhu gehen?", fragte Yatou.

„Nein, mein kleiner Neffe", antwortete Pastor Wong. „Ich werde uns ein anderes Taxi herwinken."

Aber es dauerte länger als erwartet, bis wir ein anderes Taxi gefunden hatten.

„WuMa ist so früh am Morgen fast wie ausgestorben", erklärte Pastor Wong. „Es ist ganz anders als in Shanghai. Zhu, wenn wir außerhalb der Stadt sind, kannst du Yatou sein, aber wenn wir wieder zurückkommen, musst du wieder Zhu sein."

Yatou nickte und strahlte. „In Ordnung."

Schließlich entdeckten wir ein Taxi und stiegen ein. Schon bald waren wir auf einer zweispurigen, geteerten Straße, die aus WuMa führte. Die Häuser standen dicht an dicht, jedes hatte an der Frontseite ein großes Loch, das als Eingang diente. Ich konnte nicht erkennen, ob manche der Häuser gerade gebaut wurden oder halb eingestürzt waren. Es gab keinen Gehweg, keine Vorgärten, keinen Park. Alles war staubbedeckt.

Schließlich kamen wir am Waisenhaus an. Es war ein heruntergekommenes, von einem hohen Eisengitter umgebenes Gebäude. Die Tore waren sicher verschlossen. Pastor Wong schlug laut mit der Faust dagegen und schon bald kam ein Mann in einer hellen, weiten Hose um die Ecke und öffnete das Tor.

„Wong San Jun?“

„Ja. Sind Sie Toms Freund?"

„Ein Freund seines Freundes. Nennen Sie mich einfach Si Yi. Wir müssen uns beeilen. Wir gehen hier an der Seite des Gebäudes entlang. Ich zeige Ihnen das Waisenhaus von dort aus. Mein Vorgesetzter ist nicht da, aber die anderen wissen Bescheid, dass Sie kommen. Denken Sie daran: Wenn Sie gefragt werden, sind Sie ein Onkel, der ein Mädchen oder einen behinderten Jungen adoptieren möchte.“

„Ich werde es mir merken“, sagte Pastor Wong. „Wir verstehen, dass Sie ein großes Risiko für uns eingehen. Vielen Dank.“

Yatou war ganz still. Sie hatte die Lippen zusammengepresst, hielt meine Hand krampfhaft fest und versuchte mit mir Schritt zu halten.

Bevor wir durch die Hintertür hineingingen, wandte sich Si Yi zu uns um. „In diesem Zimmer sind die Neuzugänge. Es sind alles Neugeborene, die meisten davon Mädchen.“

Nach wenigen Metern standen wir in einem verkommenen, nur schwach erleuchteten Raum, in dem es vor Urin und Kot stank. Hier befanden sich vier Reihen rostiger Kinderbetten, und in jedem lagen vier oder fünf kleine Mädchen in ihrem eigenen Kot. Manche schliefen auf den dreckigen Matratzen, andere schauten unter den zerfetzten Decken hervor. Fast alle, die wach waren, schrien. Unter den kleinen schwarzen Haarbüscheln sah ich wunde Stellen.

„Oh Gott“, murmelte ich leise.

In den Gesichtern der Babys sah ich offene und verkrustete Kratzwunden, weil sie mit ihren kleinen Fingern versuchten, ihre trockene, rissige, gelbsüchtige Haut zu kratzen. Die einzige Möglichkeit zum Lüften bestand aus einem kleinen offenen Fenster, durch das die Fliegen und Mücken hereinkamen.

Ich schloss die Augen und versuchte, nicht ohnmächtig zu werden. Ich war mir sicher, dass ich feststellen würde, dass alles nur ein böser Traum gewesen war, wenn ich die Augen öffnete. Pastor Wong bot mir seinen Arm, um mich zu stützen. Ich öffnete die Augen und sah die Pfleger, die bemüht waren, die Säuglinge zu füttern. Sie stellten ein Fläschchen neben jedes Kind, aber viele konnten es nicht finden oder nicht selbst an den Mund führen. Ein paar von den größeren Säuglingen in der ersten Reihe griffen nach ihren Fläschchen und tranken gierig, aber die meisten schienen Neugeborene zu sein, die noch nicht selber trinken konnten. Sofort wollte ich helfen, aber Si Yi hielt mich zurück. „Wir müssen weiter", sagte er.

Ich sah Yatou an. Sie ging steif und nervös neben mir her. Mir wurde klar, dass sie auch so ein ausgesetztes Baby gewesen war, das man in einem Mülleimer gefunden hatte, bevor die alte Frau, die sie Mutter genannt hatte, sie entdeckte. Ich fragte mich, ob es falsch gewesen war, sie hierherzubringen.

Si Yi führte uns in den nächsten Raum, wo die Krabbelkinder waren. Die kleinen Mädchen waren auf Korbstühlchen angebunden, die in der Mitte ein Loch hatten. Ihre verdreckten Hosen waren zwischen den Beinen aufgeschlitzt und ihre Beine wurden mit Stricken gespreizt. Unter manchen Stühlchen standen Nachttöpfe oder Waschschüsseln, andere Kinder erleichterten sich einfach auf den Betonboden.

Ich hatte schon viele chinesische Frauen gesehen, die mit ihren Kindern auf diese Art übten, aufs Töpfchen zu gehen. Aber diese Kinder hier saßen stundenlang auf den Stühlchen. Ein kleines Mädchen war in dieser unbequemen Haltung eingeschlafen. Einige schaukelten in ihren Stühlchen. Als ich sie beobachtete, hatte ich schreckliche Angst, dass eines von ihnen nach hinten fallen und sich den Kopf auf dem Betonfußboden aufschlagen könnte.

Einige der Mädchen schrien und streckten uns ihre kleinen Arme entgegen, weil sie auf den Arm genommen werden wollten. In ihren Blicken konnte man die Sehnsucht nach menschlicher Zuwendung erkennen. Andere wiederum waren von Furcht gezeichnet und hatten sich in sich selbst zurückgezogen. Ich stand wie angewurzelt. Zu sehen, wie diese Kinder vernachlässigt wurden, machte mich ganz krank. Aber Si Yi führte uns schnell in den nächsten Raum, wo die körperlich und geistig Behinderten waren.

Hier sahen wir einige wenige ältere Kinder – darunter auch ein paar Jungen –, aber die meisten schienen nicht älter als drei oder vier Jahre alt zu sein. Ihr Schicksal war nicht besser als das der Säuglinge und Krabbelkinder. Einige waren mit Stoffstreifen in ihren Betten festgebunden, andere schaukelten in ihren Betten hin und her, bettelten um Aufmerksamkeit oder weinten.

Das Gemisch aus dem Gestank der Exkremente, den Schreien nach menschlicher Zuwendung und der Einsamkeit schlug mir auf den Magen. Am liebsten hätte ich alle in den Arm genommen und ihnen das gegeben, was sie so sehr brauchten: Liebe und Zärtlichkeit, Nahrung und medizinische Versorgung.

Si Yi führte uns zu einer weiteren Tür und drehte sich dann zu uns um. „Dein Freund Zhu ist sehr krank“, sagte er mit einem warnenden Unterton in der Stimme. „Er hat eine Lungenentzündung bekommen, und ich fürchte, er wird nicht mehr lange leben. Er ist schon seit einigen Tagen bewusstlos.“

„O nein“, schrie Yatou, schlang ihre Arme um mich und fing an zu weinen. „Dieses Waisenhaus ist so schrecklich“, flüsterte sie heiser. „Er darf nicht sterben, er darf einfach nicht sterben.“

Pastor Wong sah nachdenklich aus. Er bückte sich, um Yatou in die Augen zu sehen, und fragte sie sanft: „Bist du dir sicher, dass du hineingehen willst?“

Sie schluckte und nickte.

Si Yi öffnete die Tür und wir hielten erschreckt die Luft an. Überall lagen Kinder auf dem blanken Fußboden, wie hingeworfene Putzlumpen. Die meisten lagen still und steif da und atmeten nur schwach. Si Yi zeigte auf die hintere Ecke. „Da drüben, das ist, glaube ich, dein Freund."

Zum ersten Mal, seit wir das Waisenhaus betreten hatten, ließ Yatou meine Hand los. Sie stieg vorsichtig über die sterbenden Kinder.

Si Yi ließ uns alleine. Pastor Wong schien vor Trauer wie versteinert zu sein. Ich folgte Yatou, um ihr beizustehen und sie zu trösten.

„Zhu, Zhu! Ich bin's, Yatou." Yatou schüttelte den kleinen Jungen sanft an der Schulter.

Zhus Gesicht war blass, er hatte nur noch wenige dünne Haare, seine Lippen waren trocken und aufgesprungen. Sein gelähmtes Bein war kürzer als das andere und seine Knochen standen unter der durchscheinenden, trockenen Haut hervor. Er war in eine Art Stoffwindel gewickelt, sein Hemd war offen, sodass man seine Rippen sehen konnte. Das einzig Tröstliche in diesem Raum war, dass einige der Kinder entweder bewusstlos waren oder schliefen. Ich versuchte, mir nicht vorzustellen, was dieser kleine Junge durchgemacht hatte.

„Bitte, er braucht ein Glas Wasser", bettelte Yatou. Pastor Wong ging hinaus, um eines zu besorgen.

Yatou schüttelte ihren Freund noch einmal. „Zhu, bitte wach auf!"

Zhu reagierte nicht. Ich hielt meinen Finger unter seine Nase. „Er atmet noch, Yatou. Versuch es noch einmal."

„Zhu, du musst aufwachen. Ich bin so weit gereist, um dich zu finden. Bitte wach auf und sieh mich an!" Es schmerzte zu sehen, wie die kleine Yatou ihren Kopf auf Zhus Brust legte und schluchzte. Ich kniete mich neben sie und legte meine Arme um ihre zitternden Schultern.

Die Zeit kroch dahin. Wir knieten so lange neben Zhus kleinem Körper, dass Si Yi wieder hereinkam, um nach uns zu sehen. Es schien hoffnungslos, aber ich wusste nicht, wie ich

Yatou das sagen sollte. Immer wieder rief sie Zhu beim Namen, tauchte ihren Finger in das Wasserglas und strich damit über seine trockenen Lippen.

Pastor Wong hatte sich hingekniet und untersuchte jedes der Kinder. Die meisten waren Säuglinge. Ich sah, wie er voll Kummer für jedes betete.

„Zhu, Zhu!“ Yatou schüttelte ihn immer wieder. „Bitte wach auf und rede mit mir. Ich will dir doch von dem erzählen, der den Himmel und die Erde gemacht hat. Du musst vom ewigen Leben hören.“

Plötzlich zuckten Zhus Augenlider. Langsam öffnete er die Augen und sah an uns vorbei zur Decke. Pastor Wong bemerkte, dass er aufgewacht war, und kam herüber.

„Zhu, du bist aufgewacht! Ich bin's, Yatou! Ich bin hier bei dir.“

Einen Augenblick lang schien es, als würde er wieder bewusstlos werden. Aber dann sah er wieder an die Decke, sein Gesicht strahlte und er fing an zu sprechen.

„Schau, Yatou. Sind sie nicht wunderschön?“ Seine Stimme war rau und er konnte nur mühsam atmen. Wir schauten alle drei an die Decke, aber was wir sahen, war alles andere als wunderschön.

„Was ist wunderschön?“, fragte Yatou und beugte sich tiefer über ihn.

„Sie sind so groß und stark. Ich versuche immer wieder, zu ihnen hinüberzugehen, aber sie haben mir gesagt, dass du kommst und mir etwas sagen willst. Sie haben gesagt, ich muss noch warten.“

Yatou sah mich mit tränenverschmiertem Gesicht an.

„Er sieht Engel, meine Kleine“, sagte ich sanft zu ihr und strich ihr übers Haar. „Gott hat wunderschöne Engel geschickt, um ihn in den Himmel zu holen. Aber sie haben ihm gesagt, dass er warten muss, bis du kommst. Erzähl ihm von Jesus, er wird sich sehr freuen.“

Yatou nahm Zhus Hand in ihre und erzählte ihm die Geschichte von Adam und Eva. „Weißt du, Zhu, Adam und Eva haben gesündigt, und ihre Kinder haben auch gesündigt, und das ging so weiter, bis zu uns. Wir haben auch gesündigt, aber vielleicht nicht so viel wie die Tanten und Onkels im Waisenhaus."

Ich musste über ihre kindliche Perspektive lächeln.

Sie erzählte weiter. „Und unsere Sünde hat alles kaputt gemacht, sodass Gott keine Familie mehr haben konnte. Du kannst nicht mit Sünde in den Himmel kommen."

Jetzt sah Zhu Yatou mit angsterfüllten Augen an. „Heißt das, dass ich nicht gehen darf?", flüsterte er erschreckt.

„Doch!", rief Yatou und weinte. „Du kannst in den Himmel kommen. Gott hat seinen einzigen Sohn, Jesus, geschickt, damit er wieder eine Familie haben kann. Ist das nicht wunderbar, Zhu? Obwohl nie jemand ins Waisenhaus gekommen ist, um uns zu adoptieren, hat Gott schon vor vielen Jahren beschlossen, dass er uns adoptieren würde. Du und ich, wir sind genauso wie Gott – wir wollen auch eine Familie."

Pastor Wong fing an zu weinen, als seien Zhu und Yatou seine eigenen Kinder. Ich biss mir auf die Lippe und versuchte, die Tränen zurückzuhalten.

Yatou nahm Zhus eingefallenes Gesicht in ihre kleinen Hände. „Glaub einfach, dass Jesus für dich gestorben ist. Gott möchte alles, was du falsch gemacht hast, von dir abwaschen. Er liebt dich."

Zhu schloss die Augen und rang nach Luft. „Hilf mir, Gott. Ich glaube an Yatous Jesus. Bitte hole mich an diesen wunderbaren Ort – bitte hole mich jetzt."

Wir waren alle still vor Staunen über das Wunder, dass ein Mensch in Gottes Familie hineingeboren wurde. Dann brach Yatou das Schweigen. „Zhu, du bist jetzt kein Waisenkind mehr!", flüsterte sie erregt.

Zhu lächelte. Er hatte die Augen immer noch geschlossen. Dann öffnete er sie und sah Yatou an. Sein Gesicht strahlte Frieden und Licht aus. „Danke, Yatou ..." Er hörte auf zu keuchen und zu husten. „Danke, dass du gekommen bist. Halte nach mir Ausschau, wenn du in den Himmel kommst."

„Nein, du wirst wieder gesund werden, warte nur ab, Zhu. Wir sehen uns morgen wieder“, sagte Yatou.

„Ich will aber jetzt gehen, merkst du das nicht?“ Der kleine Junge legte seine Hand auf die von Yatou und flüsterte: „Sie warten auf mich.“

Yatou sah verzweifelt zu Pastor Wong, dann zu mir und schließlich wieder zu Zhu.

„Aber ...“

Ich legte ihr die Hand auf die Schulter, damit sie aufhörte zu reden. „Yatou, Zhu will zu seiner Familie gehen. Dort hat er es besser.“

Plötzlich wurde es hell im Zimmer. Zhu setzte sich auf, hob die Hände zur Decke und rief: „Jesus!“ Dann sank er in Yatous Arme. Sie hielt ihn fest, wiegte ihn und weinte. Ich drückte Zhus Augenlider zu und ging dann einen Schritt zurück, um Yatou einen Moment mit ihrem geliebten Bruder alleine zu lassen.

Si Yi kam herein. Er sah zu Pastor Wong. Der schüttelte den Kopf, um ihm zu verstehen zu geben, dass Zhu tot war. Si Yi ging wieder hinaus und kam mit einer zerschlissenen Decke zurück. „Das ist zum Zudecken. Wir müssen die Leiche ins Leichenhaus bringen, bevor es zu heiß wird.“

„Danke“, sagte ich benommen und konnte kaum glauben, dass ich ihm gerade für diese lumpige Decke gedankt hatte. Ich freute mich für Zhu. Er war jetzt wirklich im Himmel. Aber was sollte aus all den anderen Kindern hier werden? Würde ihnen jemals jemand etwas Gutes tun? Nachdem ich so viele Zimmer mit dahinvegetierenden Kindern gesehen hatte, konnte ich keine Dankbarkeit empfinden. Diese Kinder waren am Verhungern, durstig und weggeworfen wie Müll. Ich ging auf die Knie, umklammerte die Decke und brach weinend zusammen. Ich konnte nicht einmal mehr beten. Ich rief nur noch „Jesus!“ und weinte.

Nach einer Weile spürte ich Yatous Arme um mich, und ich drehte mich zu ihr, um sie zu trösten. Aber stattdessen nahm sie die Decke und wischte mir das Gesicht ab. „Nicht weinen, Mei Lin. Zhu geht es jetzt gut.“

„Ja, Yatou, du hast Recht. Und du bist eine gute kleine Schwester." Ich schluckte und versuchte, meine Gefühle unter Kontrolle zu bekommen, um sie nicht wissen zu lassen, dass ich für die weinte, die noch lebten.

Si Yi kam wieder herein und winkte Pastor Wong zu sich. „Ich werde ihn jetzt ins Leichenhaus bringen."

Ich gab Yatou die zerrissene Decke und sie trug sie zu Zhus leblosem Körper. Sie strich ihm übers Haar und hielt einen Moment lang seine Hand. Dann beugte sie sich über ihn, küsste ihn zärtlich auf die Wange und deckte sein Gesicht und seinen Körper mit der Decke zu.

„Ich würde ihn gerne tragen", sagte Pastor Wong.

„Ich darf niemanden ins Leichenhaus lassen", antwortete Si Yi. „Das kann mich meinen Job kosten, wenn man uns sieht."

„Können wir dann bitte warten, bis die Pfleger in der Mittagspause sind?", fragte Pastor Wong. „Wir möchten unserem Freund so gerne die letzte Ehre erweisen."

Si Yi sah nervös zur Tür und zum Fenster. „In Ordnung. Ich bin in zehn Minuten wieder da."

„Warum wollen Sie für ihn beten?", fragte Yatou mit verweinten Augen. „Er ist doch schon im Himmel, oder?"

Pastor Wong nahm sie auf den Arm und drehte ihre Baseballmütze zur Seite. „Ja, er ist schon im Himmel. Aber ich möchte einen Blick in das Leichenhaus werfen. Ich will sehen, ob dort viele Kinder liegen, und ich möchte den Totenschein sehen."

Si Yi kam mit einer kleinen stämmigen Frau zurück. Sie befühlte Zhus Handgelenk und seine Stirn und bewegte seine Arme und Beine. Sie machte sich ein paar Notizen auf einem Block, gab ihn Si Yi und ging wieder.

Si Yi beobachtete nervös die Tür. „Wir müssen jetzt gehen", sagte er. Pastor Wong deckte Zhus leblosen Körper wieder zu, nahm ihn auf den Arm und folgte Si Yi nach draußen in einen kleinen Schuppen neben dem Hauptgebäude. Ich folgte ihnen, war mir aber nicht sicher, ob ich wirklich einen Blick ins Leichenhaus werfen sollte. Yatou war bei dieser kleinen Prozession sehr ernst. Sie hatte wieder meine Hand gefasst und wandte ihren Blick nicht von dem zugedeckten Körper in Pastor Wongs Armen.

Nachdem wir Yatou überredet hatten, draußen auf uns zu warten, trat ich in das Leichenhaus. Der Gestank nahm einem den Atem. Fünf tote Körper lagen auf dem Zementboden. Ich sah genauer hin und bemerkte, dass zwei von ihnen nicht einmal richtig zugedeckt waren und nur noch aus Haut und Knochen bestanden. Ich schwankte bei dem Gedanken an das Leid, das diese Kinder vor ihrem Tod durchgemacht hatten. Si Yi legte einen Zettel für das Krematorium in ein Regal an der Rückseite der Tür. Während die Männer Zhus Körper neben die anderen auf den Boden legten, warf ich einen kurzen Blick auf Zhus Akte. Es war kein Geburtsdatum eingetragen. Die psychiatrische Klinik hatte ihn bei seiner Verlegung ins Waisenhaus als körperlich in gutem Zustand und im Vollbesitz seiner geistigen Kräfte beschrieben. Die Akte ließ erahnen, dass sie Zhu systematisch und absichtlich hatten verhungern lassen.

Sollte die Frau, die Si Yi hereingeführt hatte, etwa eine Ärztin gewesen sein? Sie hatte nicht einmal eine Arzttasche bei sich. Welche medizinische Behandlung hatten sie Zhu wohl zukommen lassen, dass er darauf nicht angesprochen hatte?

„Wofür ist das?", fragte ich Si Yi und hob einige Tüten Obstsaft hoch.

„Das ist unsere Art, uns bei den Leuten vom Krematorium zu bedanken, dass sie die Toten mitnehmen. Im Sommer weigern sie sich manchmal, die Leichen mitzunehmen."

„Ach so" war alles, was ich herausbrachte. Ich musste an die Geschichten denken, die Mutter Su vom Waisenhaus in Shanghai erzählt hatte.

„Vielen Dank für Ihre Hilfe", sagte Pastor Wong ruhig.

„Es tut mir leid um Ihren Freund", entgegnete Si Yi. Er klimperte mit seinem Schlüsselbund und drehte sich dann mit einem fragenden Blick zu Pastor Wong um. „Es war so, als ob er auf Sie gewartet hatte, bevor er ... Sie wissen schon, bevor er uns verlassen konnte."

Pastor Wong lächelte. „Ja, ich glaube, Sie haben Recht. Hier."

Damit drückte er dem Mann ein Traktat und etwas Geld in die Hand.

„Vielen Dank", erwiderte dieser unbeholfen. „Ich lasse Sie noch zum Tor hinaus."

Si Yi nahm seinen großen Schlüsselbund aus der Tasche und führte uns zum Ausgang. Als er das Tor hinter uns abschloss und wieder hineinging, musste ich an Shanghais Gefängnis Nr. 14 denken. In mir kochte die Wut hoch.

„Glaubt er eigentlich, dass irgendeines von diesen Kindern davonlaufen könnte? Vielleicht die Krabbelkinder, die an ihre Stühlchen gefesselt sind? Oder einer der Säuglinge in den überfüllten Bettchen? Oder etwa eines der sterbenden Kinder? Klar, sie sahen aus, als würden sie jeden Moment davonlaufen." Ich war außer mir vor Wut. „Ich kann kaum fassen, dass wir ihm überhaupt für irgendetwas gedankt haben. Warum? Sind wir höfliche Chinesen, die Angst haben, vor so einem Waisenhauspfleger das Gesicht zu verlieren? Wofür sollen wir denn eigentlich dankbar sein?"

Ich sah Pastor Wong wütend an und bemerkte dann, wie Yatou mich anstarrte, so wie sie es immer tat, wenn sie vor etwas Angst hatte. Mir sank das Herz in die Hose. „Es tut mir leid, meine Kleine. Ich bin nur so wütend darüber, wie die Kinder hier vernachlässigt werden. Es ist so ... so ..."

„Sündig", beendete Pastor Wong meinen Satz.

„Ja, sündig." Ich war fast mein ganzes Leben lang Christ gewesen. Vielleicht war es ein zu behütetes Leben gewesen, das mir den Blick vor der menschlichen Grausamkeit verstellte.

Pastor Wong und Yatou starrten mich nur an. Einen Augenblick teilten wir schweigend den Schmerz über das Schreckliche, das wir gesehen hatten. Schließlich sagte Pastor Wong: „Lasst uns zu Fuß zurück in die Stadt gehen. Ein bisschen frische Luft und Bewegung tun uns allen gut."

Kapitel 24

„Wir sind alle zu so schrecklichen, grausamen Dingen fähig, Mei Lin“, unterbrach Pastor Wong die Stille. „Wenn wir Gott nicht hätten, könnten auch du oder ich so ein gleichgültiger Pfleger sein.“

„Aber warum? Warum müssen sie verhungern? Es gab jede Menge Saft für die Leute vom Krematorium, aber Zhus medizinische Unterlagen zeigten doch eindeutig, dass er dehydriert war. Wo bleibt da die Gerechtigkeit? Warum unterhält unsere Regierung solche Waisenhäuser?“

Yatou sah mich an. „Das ist doch ganz einfach. Weißt du nicht, dass wir ein Problem mit der Überbevölkerung haben?“

„Yatou!“ Ich war erschrocken, dass sie diese Menschen zu verteidigen schien.

„Das haben sie uns im Waisenhaus in Shanghai jeden Tag erzählt. Es gibt zu viele Menschen in China, und deshalb müssen die schwächeren sterben, damit die anderen genug Platz haben.“

„Glaubst du das?“ Ich schrie sie fast an.

„Das haben sie uns gesagt. Unser Waisenhaus war größer, aber wir hatten auch solche Räume. Nur diejenigen, die schon etwas größer waren, als sie ins Waisenhaus kamen, oder richtig kräftige Babys haben die ersten paar Jahre überlebt. Die

Tanten haben mir immer erzählt, dass ich Glück gehabt hatte, dass ich neun Jahre alt geworden bin, obwohl ich schon fünf war, als ich ins Waisenhaus kam."

„Yatou, das ist ja schrecklich." Ich war müde, verwirrt und traurig. „Was sagen Sie dazu, Pastor Wong?"

„Ich muss gerade an Psalm 139 denken: ‚Im Leib meiner Mutter hast du mich gebildet ... wunderbar und einzigartig gemacht! Großartig ist alles, was du geschaffen hast, oh Gott!' Für Gott sind wir alle etwas ganz Besonderes, jeder Einzelne ist Gott seine Zeit wert. Ich schlage vor, dass wir jetzt beten. Fragen wir Gott. Wir haben heute jede Menge Informationen bekommen. Fragen wir ihn, was er möchte, das wir tun sollen."

„Ich werde beten", sagte ich entschlossen. „Aber ich werde den Kommunismus hassen. Ich werde dafür beten, dass in China Freiheit und Demokratie herrschen, damit alle Menschen das Recht haben zu leben."

„Mei Lin, die Demokratie würde uns Christen das Recht geben zu leben, aber sie würde nicht notwendigerweise verhindern, dass neugeborene oder ungeborene Kinder vernachlässigt werden."

„Wie bitte? Wollen Sie damit sagen, dass die Menschen den Kindern so etwas auch antun würden, wenn keine Regierung sie dazu zwingt? Das ist doch unmöglich!"

„Es ist nicht unmöglich. Die Vereinigten Staaten sind ein freies, demokratisches Land, aber Millionen von amerikanischen Frauen treiben ihre eigenen Kinder ab. Nicht, weil ihre Regierung es so will, sondern einfach, weil sie sie nicht haben wollen. Und es gibt auch dort ausgesetzte Kinder, die von ihren Müttern in den Müll oder ins Feld geworfen werden."

„In den USA?" Ich konnte meine Verwunderung nicht verbergen. Das hatte uns nie jemand gesagt.

„Die meisten Frauen in den USA lieben ihre Kinder. Aber manche werden dazu verleitet abzutreiben. Viele der Schwangeren sind noch Teenager. Ihnen wird weisgemacht, dass es ihr gutes Recht sei, ein Kind abzutreiben, wenn sie es nicht wollen."

Ich war schockiert, und plötzlich erinnerte ich mich an das, was Fei mir damals in DuYan gesagt hatte: „Meine Freundin Fei aus DuYan hat gesagt, dass Satan Kinder hasst. Er hat versucht, Mose und Jesus zu töten, als sie noch Babys waren. Und er betreibt das gleiche üble Spiel heute immer noch."

„Es scheint, als ob deine Freundin Fei sehr weise ist", sagte Pastor Wong. „Denke nur immer daran, dass weder der Kommunismus noch der Sozialismus noch die Demokratie wirklich Menschenherzen verändern können. Das kann nur Jesus. Egal, unter welcher Regierung wir leben: Nur ein Leben mit Jesus bringt wirklich Freiheit."

„Sind alle Waisenhäuser in China so wie das in WuMa?", fragte ich.

„Nein, nicht alle", antwortete Pastor Wong. „Ich habe von einem sehr reichen Chinesen in Peking gehört, der mit seinem Geld ein Waisenhaus eröffnet hat. Und er hatte die offizielle Genehmigung dafür. Aber dieses Jahr ist ihm das Geld ausgegangen. Er hatte vor, seine Lunge zu verkaufen, damit das Waisenhaus noch eine Weile weitergeführt werden kann."

„Was ist dann passiert?"

„Auf dem Schwarzmarkt hätte er für seine Lunge zwanzig- oder vierzigtausend Dollar bekommen. Aber ein Christ hat von seinen Schwierigkeiten erfahren und ihm geholfen, Spenden für den Unterhalt der Waisenkinder zu sammeln."

„Das ist ja wunderbar!" Diese Geschichte machte mir wieder Hoffnung, nach all den Grausamkeiten, die wir gerade in Zhus Waisenhaus erlebt hatten.

„Es gibt noch weitere Waisenhäuser, in denen andere Verhältnisse herrschen", fuhr Pastor Wong fort, „sogar hier in WuMa. Dort arbeiten fürsorgliche, liebevolle Menschen und den Kindern in diesen Häusern geht es gut. Dort habe ich noch nie ein ganzes Zimmer voller sterbender Kinder gesehen."

Ich ging schweigend weiter und versuchte zu verarbeiten, was Pastor Wong gerade erzählt hatte. Durch die Straße, die heute Morgen noch vollkommen menschenleer gewesen war, zog sich nun ein breiter Strom aus Fahrrädern, Lastwagen, Autos und Bussen. Wir waren die Einzigen, die zu Fuß gingen. Pastor Wong beugte sich zu Yatou hinunter und flüsterte ihr zu: „Jetzt musst du wieder Zhu sein."

Yatou nickte.

„Gibt es solche Waisenhäuser auch in Amerika?", fragte ich.

„Nein. Die meisten amerikanischen Ärzte wären zutiefst schockiert, wenn sie von den Zuständen hier wüssten. Viele Amerikaner vertreten die Menschenrechte und fordern ihre politischen Vertreter auf, etwas dagegen zu unternehmen, dass in vielen Ländern wie China die Menschenrechte missachtet werden. Aber Amerika hat seine eigenen Probleme. Deshalb sage ich: Sünde ist immer Sünde. Und nur Jesus ist die Lösung, egal, ob wir Asiaten, Amerikaner oder Afrikaner sind."

„Ich verstehe." Ich wusste, dass Pastor Wong aus dem Wissen heraus sprach, das er von seinen amerikanischen Freunden hatte, und dass das, was er sagte, stimmte. Trotzdem war es für mich kaum zu glauben.

„Sind alle Amerikaner Christen?", fragte Yatou.

„Nein, alle Menschen müssen dazu ihre eigene Entscheidung treffen, Zhu", antwortete Pastor Wong.

Wir schwiegen eine Weile, jeder war in Gedanken mit den Ereignissen dieses Tages beschäftigt. Nach ein paar Minuten fragte Yatou: „Wo gehen wir hin?"

Pastor Wong lächelte. „Auf diese Frage habe ich schon gewartet. Wir gehen zurück nach WuMa, um die Nacht dort zu verbringen. Wir werden bei einem jungen Ehepaar schlafen. Es sind Christen und meine Freunde. Ich dachte nur, es ist am sichersten für uns, wenn wir zu Fuß zurückgehen. Es sind etwa fünfzehn Kilometer."

„Hast du Hunger, Zhu?", fragte ich.

„Ein bisschen, aber ich glaube, ich kann nichts essen. Hast du noch Wasser?"

Wir tranken alle etwas und gingen dann zügig weiter. Ich

fragte mich, wann wir wohl nach DuYan aufbrechen würden und wann ich wieder in Tanching sein würde. Je länger wir unterwegs waren, desto mehr Heimweh bekam ich.

Ich lachte im Stillen und stellte mir vor, wie Großmutter sich am Herd zu schaffen machte und sich alle Mühe gab, mich wieder aufzupäppeln. Ich sehnte mich danach, in den starken Armen meines Vaters zu liegen. Ich dachte an Liko. Was würde er wohl denken, wenn er mich sah? Ich war kaum mehr als ein Knochengestell, obwohl meine Augen nicht mehr ganz so eingesunken waren wie noch vor zwei Wochen. Liko hatte einmal gesagt, er würde auf mich warten. Ich fragte mich, ob er das immer noch tat.

„Wie weit ist es nach Tanching?", fragte ich.

„Etwa siebzig Kilometer", antwortete Pastor Wong. Er beugte sich zu mir herüber und sprach leiser. „Hast du dir schon überlegt, was du mit deinem kleinen Cousin Zhu machen wirst? Dort wird jeder wissen, dass sie nicht wirklich dein Cousin ist. Du musst einen anderen Plan haben."

„Ich denke, es ist das Beste, wenn ich die Wahrheit sage. Vielleicht gibt es in DuYan, dem Dorf auf der anderen Seite des Berges, einen Kader, der Christ ist. Der Pastor dort hat gute Beziehungen."

„Kann ich nicht bei dir bleiben?", fragte Yatou. „Bitte, lass es uns versuchen."

„Wir werden es versuchen, meine Kleine. Aber denk daran, sogar Si Yi hat erkannt, dass du genau im richtigen Moment zu Zhu gekommen bist. Durch seine Bemerkung hatte Pastor Wong die Gelegenheit, ihm heimlich ein Traktat zu geben. Gott plant alles perfekt. Aber das ist keine Garantie dafür, dass immer alles so kommt, wie du es gerne hättest."

„Ich weiß. Ich kann mir nur nicht vorstellen, ohne dich zu leben. Ich würde dich schrecklich vermissen."

Ich sah auf das kleine neunjährige Mädchen hinunter, das gerade miterlebt hatte, wie ihr bester Freund in ihren Armen starb. Sie war sehr stark für ihr Alter und so erstaunlich voller Leben. Ich legte meinen Arm um ihre schmalen Schultern, während wir weitergingen. „Ich kann mir auch nicht vorstellen, ohne dich zu leben. Gott wird es schon irgendwie machen."

„Ich würde gerne mit euch nach DuYan und Tanching gehen", sagte Pastor Wong. „Wie viel Geld habt ihr noch?"

„Fünfzig Yuen."

„Das ist mehr als genug für zwei Busfahrkarten nach DuYan", sagte Pastor Wong. „Ich werde für mich selbst zahlen."

„Und von dort aus können wir dann nach Tanching laufen", sagte ich erregt. „Ich kann es kaum erwarten. Was machen wir mit dem übrigen Geld?"

„Den Rest könntest du deiner Familie geben oder wir nehmen es, um Zhu unterzubringen", sagte Pastor Wong. „Für unser Abendessen ist gesorgt. Wir essen bei meinen Freunden in WuMa. Aber erst müssen wir einen Blick auf den Busfahrplan werfen."

Sofort beschleunigte ich meinen Schritt.

* * *

Um halb fünf waren wir wieder inmitten des geschäftigen Treibens in WuMa. Pastor Wong führte uns durch die Stadt, hielt dabei aber immer nach der Geheimpolizei Ausschau. Wir waren müde und hungrig, aber ich und Yatou waren damit einverstanden, dass wir zuerst zum Busbahnhof gingen.

„Der nächste Bus nach DuYan fährt morgen früh um elf Uhr", sagte Pastor Wong, als er mit den Fahrkarten in der Hand zurückkam. „Und mit dem fahren wir!"

„Das ist wunderbar! Wie viel haben die Fahrkarten denn gekostet?"

„Zehn Yuen eine", antwortete er.

„Ich kann es kaum erwarten!", rief Yatou.

Das junge Ehepaar empfing uns begeistert. Sie waren offensichtlich erfreut, Pastor Wong zu Gast zu haben. Und weil wir mit ihm zusammen kamen, behandelten sie Yatou und mich königlich. Nach dem Essen erzählten wir dem Ehepaar und einigen ihrer christlichen Freunde der Reihe nach unsere Geschichte. Allmählich wurde mir das riesige Netz von Christen und die Verbindungen der Hausgemeinden untereinander bewusst.

Als wir ins Bett gingen, war ich dankbar, dass wir am nächsten Morgen ausschlafen konnten, bevor wir zum Bus mussten. Ich wollte frisch aussehen, wenn ich meine Familie wiedersah. Am anderen Tag gab uns das großzügige Ehepaar Geld und Proviant für die Reise.

Ich bemerkte, dass Pastor Wong zwei große Rucksäcke trug.

„Bibeln?", flüsterte ich.

„Ich hoffe, es sind genug für eure ganze Gemeinde", antwortete er lächelnd.

Als das Taxi kam, verabschiedeten wir uns von unseren neuen Freunden.

„Vielen Dank für euren Besuch", sagte Gui Jian. „Ihr seid jederzeit herzlich willkommen."

„Ja, bitte besucht uns bald wieder", sagte seine Frau Sheng. „Gott segne euch."

Als wir in das Taxi stiegen, sah ich noch einmal zu dem Ehepaar hinüber und prägte mir ihre Gesichter und die Straße, in der sie wohnten, genau ein. Irgendwie hatte ich das Gefühl, ich würde einmal wieder hierherkommen, vielleicht, um den Waisenkindern zu helfen. Vielleicht würde ich auch Vater oder Liko oder Pastor Chen mitbringen.

„Ich heiße Kwan Mei Lin", rief ich aus dem Fenster. „Vergesst mich nicht!"

„Wir werden dich nicht vergessen!", riefen sie uns nach und winkten lebhaft.

Kapitel 25

Als Pastor Wong den Bus bestieg, tat er so, als kannte er uns nicht. Er wollte nicht, dass man Yatou und mich mit ihm zusammen sah – für den Fall, dass er mit den Bibeln erwischt würde.

Am Anfang war die Straße nach DuYan noch asphaltiert und hatte auf beiden Seiten Streifen für die Fahrradfahrer. Aber nach einer Weile umgab uns nur noch eine dicke Staubwolke und wir fuhren durch Schlaglöcher und Spurrillen. Zu dritt saßen wir auf einem Sitz gequetscht, aber Yatou amüsierte sich prächtig. Sie kicherte bei jedem Schlagloch und machte sich einen Spaß daraus, höher zu hüpfen als die anderen Reisenden. Als sie allmählich genug von ihrem Spiel hatte, kuschelte sie sich an mich, um mit mir zu reden.

„Ist deine Großmutter eine liebe Frau?“, flüsterte sie und legte ihre Stirn besorgt in Falten.

„Sie ist sehr lieb, obwohl sie sich manchmal wünscht, ich wäre ein Junge geworden“, antwortete ich und lächelte der Baseballmütze neben mir zu.

„Und dein Vater? Ist er Christ?“ Ihr Mund war so nah an meinem Ohr, dass ihr Atem mich kitzelte.

„Ja.“

„Was ist, wenn sie mich nicht haben wollen? Ich bin ja auch ein Mädchen.“

„Sie werden dich wollen, meine Kleine, mach dir keine Sorgen", antwortete ich und stieß sie aufmunternd an.

„Aber niemand wollte den echten Zhu haben", sagte sie ernst. „Nur, weil er ein lahmes Bein hatte."

„Jesus wollte ihn", flüsterte ich ihr sanft ins Ohr, „und du wolltest ihn. Und wenn er gelebt hätte, hätte ich ihn auch gewollt."

„Wirklich?"

„Ja. Aber lass uns nicht hier über diese Dinge reden, in Ordnung?"

Sie nickte.

Für den Rest der Fahrt knabberte ich ein wenig an unserem Proviant und beschrieb Yatou DuYan und Tanching. Das schien sie zu beruhigen.

Nach drei Stunden kam der Bus schließlich in DuYan an. Ich tastete nach meiner Gesäßtasche – das Neue Testament war noch da. Yatou und ich stiegen unbemerkt aus, und Pastor Wong folgte uns in einigem Abstand, bis wir uns ein gutes Stück vom Busbahnhof entfernt hatten.

Über schmale Seitenstraßen und Gassen, die ich selbst kaum kannte, führte ich unsere kleine Gruppe zu Pastor Zhangs Haus. Ich platzte fast vor Aufregung, als ich das verabredete Klopfzeichen gab. Die gleiche alte Frau wie damals öffnete uns.

„Mei Lin? Bist du das?", fragte sie.

Plötzlich schämte ich mich. Hatte ich mich so sehr verändert? War ich so mager, dass man mich kaum noch erkannte?

„Ja, ich bin es."

Die alte Frau hielt meine Hände und rief vor Freude: „Komm herein, komm doch herein!"

Es war Pastor Zhangs Mutter. Sie rief ihren Sohn und er kam sofort heraus. Alle freuten sich, und so versuchte ich, mein Aussehen zu vergessen, und stellte die beiden Männer einander vor. Pastor Zhang wollte Pastor Wong die Hand schütteln, aber der zögerte. Als Pastor Zhang die blau verfärbten Fingerspitzen sah, machte er nur eine respektvolle Verbeugung.

„Es ist mir eine Ehre, Pastor Wong.“

„Ebenfalls, Pastor Zhang. Mei Lin hat die Hausgemeinde in DuYan in den höchsten Tönen gelobt.“

„Pastor Wong hat ein Geschenk für Sie“, posaunte Yatou hinaus.

Pastor Wong und ich lachten und er sagte: „Das hier ist unser Freund Zhu. Und es stimmt, ich habe ein Geschenk für Sie.“ Er zwinkerte Yatou zu, griff nach einem der beiden Rucksäcke und stellte ihn vor sie hin.

„Möchtest du ihm gerne das Geschenk überreichen?“, fragte er sie.

„Au ja, darf ich?“, fragte sie und tanzte dabei fast vor Freude. Sie interpretierte Pastor Wongs Lächeln als Zustimmung und öffnete schnell den Rucksack, sodass Pastor Zhang und seine Mutter sehen konnten, was darin war.

Pastor Zhang stand mit offenem Mund da. „Sind das ... sind das tatsächlich Bibeln?“

„Ich hoffe, es sind genug für die Gemeinde in DuYan und die Christen in Tanching“, entgegnete Pastor Wong.

„Der andere Rucksack ist auch voller Bibeln“, sagte Yatou, während sie den zweiten Rucksack öffnete und ein weiterer Berg von Bibeln zum Vorschein kam.

„Gepriesen sei Gott!“, rief Pastor Zhangs Mutter. Sie schlug die Hände zusammen und hob sie zum Himmel. „Unser Gott ist so treu!“

Pastor Wong und ich sahen uns an und grinsten. „Darin scheinen wir alle übereinzustimmen“, sagte ich. „Pastor Zhang, wie geht es meinem Vater?“

„Er war hocherfreut, als er deinen Brief bekam, Mei Lin. Er kam gestern erst an und heute bist du schon hier. Das wird eine großartige Überraschung für ihn sein.“

„Ich kann es gar nicht erwarten, ihn wiederzusehen“, sagte ich. „Aber wie geht es denn Liu An? Ihr Kind muss inzwischen doch schon zehn Monate alt sein.“

„Ich habe eine Überraschung für dich, Mei Lin“, sagte Pastor Zhang. „Liu An!“, rief er.

Ich drehte mich um und stand An Auge in Auge gegenüber. Sie hatte das hübscheste Baby im Arm, das ich je gesehen hatte.

„Ach, Mei Lin, ich habe es kaum ausgehalten da drin", sagte An, und die Worte sprudelten nur so aus ihr heraus, als wir uns umarmten. „Ich war gerade da, um Manchu abzuholen. Mutter Zhang passt auf ihn auf, während ich arbeiten gehe. Als sie dich vor der Tür sah, hat sie mich ins Hinterzimmer gescheucht, um dich zu überraschen."

„Oh, Liu An, Sie wissen gar nicht, wie oft ich an Sie gedacht und für Sie gebetet habe! Und was für einen hübschen Jungen Sie haben! Erinnern Sie sich noch an die Zeit vor einem Jahr, als Sie wie ein brauner Buddha aussahen?"

„Und du wie ein Schlammmonster!" Es tat so gut, mit ihr zu lachen. Manchu streckte mir seine kleinen, dicken Ärmchen entgegen und ich rieb meine Nase an seiner. Ich atmete den milchigen Geruch eines gesunden Babys ein. Nach den Erlebnissen im Waisenhaus musste ich den Kleinen auf den Arm nehmen. Irgendwie schaffte ich es, An Pastor Wong und Yatou vorzustellen, während ich mich mit Manchu beschäftigte.

„Wie war die Geburt?", fragte ich An.

„Einen Tag vor Weihnachten habe ich einen gesunden Jungen zur Welt gebracht", sagte sie. Pastor Zhang bat uns, Platz zu nehmen und Tee zu trinken, und An erzählte ihre Geschichte weiter: „Mein Mann und meine Mutter haben auf die kleine Sha aufgepasst, während ich mich einen Monat lang bei der Familie deiner Freundin Fei versteckt hielt. Sie waren sehr freundlich zu mir. Sie haben mir auch bei der Geburt geholfen. Ich habe Sha schrecklich vermisst, aber ich bin nach der Geburt noch einen Monat bei ihnen geblieben, bevor ich nach Hause ging – um sicher zu sein, dass sie mir das Baby nicht wegnehmen. Als ich schließlich mit Manchu wieder zu Hause war, kamen die Leute von der Frauenvereinigung und überreichten meinem Mann und mir eine Rechnung über 450 Yuen. Sie sagten, das sei für die viele Arbeit, die ich ihnen gemacht hätte."

An strahlte. „Am Abend, nachdem die Leute von der Frauenvereinigung da waren, kam halb DuYan zu uns zum Vollmondfest. Stolz präsentierten wir unseren Sohn und ich habe allen von dem Wunder erzählt, wie Gott ihn gerettet hat. Meine Mutter gab natürlich allen ein rotgefärbtes Ei, um sie an unserem Glück Anteil nehmen zu lassen. Es war eine riesige Feier."

„Oh, wie schön!", rief ich. „Glückwunsch, Liu An! Und Gottes Segen! Konnten Sie die Strafe abbezahlen?"

„Nach einer Weile schon. Wir haben unsere Betten und Möbel verkauft und unsere ganzen Ersparnisse genommen." Sie sah Manchu an, der zufrieden zu unseren Füßen saß und spielte. „Aber das war es wert. Eine Woche nachdem ich mit Manchu wieder zu Hause war, kam die Polizei am helllichten Tag. Ich dachte, sie wollten meinen Sohn holen, und drückte ihn meiner Mutter in die Arme, damit sie mit ihm zur Hintertür hinausflüchtete. Aber sie wollten mich. Sie packten mich und schoben mich in ihr Auto. Ich war so perplex, dass ich mich nicht einmal wehrte."

„Wo haben sie Sie hingebracht?", fragte ich.

Liu An schaute zögernd zu den Männern, dann sagte sie: „Auf Anordnung der Frauenvereinigung brachten sie mich ins Krankenhaus und zwangen mich zur Sterilisation."

„Oh nein! Dann können Sie ja gar keine Kinder mehr bekommen!"

„Wir haben einen hohen Preis bezahlt", sagte An. „Aber wenn ich unseren kleinen Schatz ansehe, weiß ich, dass es die Sache wert war. Gott hat den kleinen Manchu beschützt. Sha betet ihren kleinen Bruder förmlich an und mein Mann interessiert sich allmählich für das Evangelium."

„Was für eine Geschichte, Liu An! Ich werde meine Geschichte bald einmal in der Hausgemeinde hier in DuYan erzählen. Aber jetzt müssen wir gehen, um noch vor Einbruch der Dunkelheit in Tanching zu sein."

„Mei Lin, ich habe darüber gebetet", sagte Pastor Wong. „Ich glaube, ich werde einige Tage bei Pastor Zhang bleiben, wenn er erlaubt."

„Erlauben? Das wäre wunderbar!“, sagte Pastor Zhang. „Es gibt so viel zu erzählen und wir möchten von Ihren Erlebnissen hören.“

„Das werden Sie.“ Pastor Wong sah mich an. „Ich werde dich und deine Familie am Sonntag hier beim Gottesdienst sehen, in Ordnung?“

„Die Gemeinde aus Tanching trifft sich jetzt wieder in Tanching“, sagte Pastor Zhang.

„Wirklich?“, fragte ich. „Ist Pastor Chen wieder zu Hause?“

„Mei Lin, ich fürchte, ich habe einige sehr traurige Nachrichten für dich. Vielleicht solltest du das besser schon jetzt erfahren, bevor du nach Hause kommst.“

Pastor Zhangs Tonfall beunruhigte mich. „Was ist passiert?“

„Euer geliebter Pastor Chen ist jetzt bei Jesus.“

Ich musste mich setzen. Ich konnte nicht glauben, was ich gerade gehört hatte. „Wie ist das geschehen?“

„Am sechsten Januar wurde er verhört und stundenlang verprügelt. Sie haben ihn an den Handgelenken aufgehängt und mit Brettern auf den Kopf und ins Gesicht geschlagen.“

„Oh nein“, stöhnte ich und die Tränen traten mir in die Augen. Pastor Wong legte seine krummen, zerschundenen Finger auf meine Hand, um mich zu trösten.

„Wir erfuhren von einem anderen Gefangenen, dass sie ihm die Schneidezähne ausgeschlagen hatten“, fuhr Pastor Zhang fort. „Als er tot war, hat man ihm alle inneren Organe entfernt und seinen Leichnam verbrannt – ohne Erlaubnis seiner Angehörigen.“

„Armer Liko!“, weinte ich. „Und Frau Chen.“ Trauer und Verzweiflung überfielen mich. An stand hinter mir und legte mir tröstend die Hände auf die Schultern.

Meine Gedanken spielten verrückt. Warum war ich auf so wunderbare Weise freigekommen und der arme Pastor Chen war zu Tode geprügelt worden und konnte seine Familie nie wiedersehen? Zum ersten Mal, seit ich aus dem Gefängnis gekommen war, hatte ich ein schlechtes Gewissen, weil ich die

Prügel im Gefängnis überlebt hatte. Ich fühlte mich schuldig, weil ich am Leben war. Eine Welle der Traurigkeit und Hoffnungslosigkeit überrollte mich.

Pastor Wong schien meine Gedanken lesen zu können. Er legte seine kaputte Hand auf meinen Arm und sagte: „Mei Lin, es war nicht unser Wille, es war noch nicht einmal Gottes Wille, dass du oder ich oder Pastor Chen geschlagen wurden. Es war der Wille unserer Regierung. Vor drei Jahren hat Premierminister Peng Liko zwei neue Religionsgesetze unterschrieben, die in China viel Leid verursacht haben. Aber diese Gesetze entstehen aus Furcht, weil die Regierung die Menschen nicht mehr im Griff hat, vor allem die Christen nicht."

„Ich fühle mich schrecklich", sagte ich, den Kopf in den Händen vergraben.

„Du darfst dich nicht schuldig fühlen, weil du hier bist und er im Himmel. Vertraue Gott und seinem Plan." Pastor Wongs Worte kamen von Herzen und waren sehr tröstend. Ich spürte ihm ab, dass er diese Schuldgefühle auch durchlebt hatte. Ich fühlte, wie sie zusammen mit der Hoffnungslosigkeit allmählich verschwanden.

„Danke, Pastor Wong." Ich versuchte, ihn zuversichtlich anzulächeln, und wandte mich dann Pastor Zhang zu: „Wie geht es den Chens jetzt?"

„Zuerst war es sehr schwer für sie, Mei Lin. Sie hatten Tag und Nacht für seine Freilassung gebetet. Aber es scheint, als habe Gott das Böse, das passiert ist, benutzt und etwas Gutes daraus gemacht."

„Was kann denn aus solch einer Tragödie Gutes entstehen?", fragte ich.

„Vielleicht überzeugst du dich am besten selbst davon, wenn du wieder in Tanching bist. Ich sage dir nur, dass sich offensichtlich Kader Fangs Einstellung seit deiner Verhaftung geändert hat. Er ist zwar noch kein Christ, aber er tut so, als wüsste er nichts von der Hausgemeinde, und zeigt sie nicht mehr an."

„Ach, wirklich?" Ich konnte es kaum glauben. „Gott ist so

treu, nicht wahr?“, sagte ich ernst. Dennoch konnte ich die Gedanken an Pastor Chen nicht verdrängen. Eine Träne lief mir die Wange hinunter. „Es ist so sinnloses Leid, verursacht von so skrupellosen Peinigern. Pastor Wong, ich weiß, Sie haben gesagt, dass uns nur Jesus echte Freiheit schenken kann. Aber wir müssen für Demokratie in China beten. Wir brauchen Religionsfreiheit. Ich kann nicht anders. Ich glaube, wir sollten auch noch etwas anderes tun, aber ich weiß noch nicht, was.“

„Vielleicht hast du Recht, Mei Lin“, sagte Pastor Wong. „Es ist nur schwer, sich diese Freiheit vorzustellen. Ich versuche mir auszumalen, wie es wäre, wenn wir beides hätten – Freiheit von innen, durch Jesus, und Freiheit von außen, um den Glauben offen auszuleben.“

„Eines Tages werden wir es wissen, davon bin ich überzeugt“, sagte ich. „Eines Tages werden die Menschen unsere rote Flagge ansehen und dabei an Freiheit statt an Folter und Kommunismus denken.“ Ich sah meine christlichen Freunde an. „Vorerst einmal betrachte ich es als Segen, solche Heilige als Freunde zu haben.“ Ich umarmte meine Brüder und Schwestern und sagte: „Komm, Yatou, wir müssen jetzt nach Tanching aufbrechen.“

„Ein Mädchen?“, fragte Pastor Zhang.

„Siehst du, Zhu, so gut haben wir dich verkleidet“, sagte Pastor Wong. „Pastor Zhang, darf ich Ihnen noch einmal Yatou vorstellen?“

„Sehr erfreut“, sagte Yatou. „In Shanghai halten alle mich für Zhu, Mei Lins Cousin, aber eigentlich bin ich nur ihre Freundin.“

Pastor Zhang lachte. „Ich sehe schon, dass du eine sehr gute Freundin für Mei Lin bist.“

„Ich werde am Sonntag in eure Hausgemeinde kommen, Mei Lin“, sagte Pastor Wong.

„Gut, ich werde jemanden schicken, der Ihnen den Weg zeigt.“

„Das ist nicht nötig“, sagte Pastor Zhang. „Ich werde ihn begleiten.“

„Dann ist ja alles klar“, lachte Pastor Wong. „Friede sei mit dir, meine Schwester, und mit dir, meine kleine Schwester Zhu.“

„Komm, lass uns gehen, meine Kleine“, sagte ich. „Ich will zu Hause sein, bevor es dunkel ist.“

Yatou und ich verabschiedeten uns und schlugen den wohlvertrauten Pfad nach Tanching ein.

Kapitel 26

Der breite Pfad, den Liko letztes Jahr für uns freigeschnitten hatte, war von Gebüsch und Bambus zugewuchert. Dennoch bahnte ich mir in kurzer Zeit einen Weg durch das Dickicht.

„Ich habe noch nie so viele Bäume auf einmal gesehen", sagte Yatou, die Mühe hatte, mit mir mitzuhalten. Ich musste mich selbst ermahnen, weil ich ihr fast davonlief, und bemühte mich, langsamer zu gehen. Es war etwa vier Uhr und ich wusste, dass einige der Dorfbewohner bald mit der Feldarbeit fertig sein würden. Schließlich waren wir an der alten Scheune angelangt, und ich beschloss, auf der Straße weiterzugehen.

Wäre Yatou nicht bei mir gewesen, wäre ich gerannt. Stattdessen nahm ich sie auf meine Schultern, die durch das Zellenschrubben kräftig geworden waren. Ich befühlte meine Haare. Sie waren immer noch sehr dünn und spröde. Ich sah an meinen dünnen Armen und Beinen hinunter. Die Tränen standen mir in den Augen. Ich biss mir auf die Lippen und ging weiter. *Chen Liko,* dachte ich, *du wirst mich so zu sehen bekommen, wie ich nun einmal bin. Ich kann im Moment nicht anders sein.*

„Mei Lin! Mei Lin, bist du es?"

Ich schaute nach links zum Reisfeld hinüber und sah, wie meine Freundin Ping angerannt kam.

„Ping!" Ich rannte ihr entgegen und Yatou hüpfte auf meinen Schultern.

„Wie siehst du denn aus, Mei Lin! Wie eine Amerikanerin, in diesen Jeans!" Sie lachte. „Und wen hast du da mit?"

Ich ging in die Hocke und ließ Yatou absteigen. „Das ist meine neue Adoptiv-Schwester Yatou. Yatou, das ist Ping, meine beste Freundin." Sie lächelten sich an, kicherten und verneigten sich zum Spaß voreinander. Erst jetzt sah ich die Veränderung an Ping. „Ping, warum arbeitest du auf dem Feld? Aber Ping! Bist du ... bekommst du ...?" Ich brachte den Satz nicht zu Ende.

„Ja, Mei Lin, ich trage Glück."

Ich starrte die leichte Rundung ihres Bauches an. Mir fehlten die Worte.

„Es ist schon in Ordnung, Mei Lin. Ich hoffe, es macht dir nichts aus. Ich habe Kader Fang geheiratet."

„Du hast was?" Mit offenem Mund stand ich da.

„Bist du mir böse?"

„Aber nein! Warum? Warum hast du ihn geheiratet? Tut mir leid, die Frage war zu direkt. Wir haben uns seit fast einem Jahr nicht mehr gesehen."

Ping lächelte. „Ich habe ihn geheiratet, weil er mich gefragt hat. Und wir wollten unser Kind sofort haben. Weißt du, dass er ein schlechtes Gewissen hatte wegen dem, was sie mit dir gemacht haben? Er gibt sich die Schuld dafür und war seither sehr freundlich zu deiner Familie."

„Freundlich?" Schon zum zweiten Mal hatte ich jetzt gehört, dass der Kader freundlich geworden sei. Ich konnte es immer noch nicht glauben. „Bist du fertig mit der Feldarbeit?"

„Ja." Sie hakte sich bei mir ein, Yatou griff nach meiner freien Hand. Zusammen gingen wir die Straße entlang.

Ich sagte nichts zu Pings Traum, auf die Uni zu gehen oder einen Soldaten zu heiraten, und davon, dass sie auf keinen Fall ihr ganzes Leben in Tanching verbringen wollte. Offensichtlich hatte sich nicht nur mein, sondern auch ihr Traum im vergangenen Jahr gewandelt. Ich fragte mich allerdings, wie sie inzwischen zum christlichen Glauben stand.

„Hat Kader Fang, dein Mann, dir erzählt, warum ich verhaftet wurde?“, fragte ich.

Ping nickte. „Weil du deinen Glauben nicht verleugnen wolltest. Nicht einmal, wenn du dafür geschlagen würdest oder nicht nach Shanghai gehen könntest. Ich konnte es zuerst gar nicht glauben, als er es mir erzählte. Zunächst dachte ich, du wärst verrückt.“

„Zunächst?“

„Nun ja, ich habe eigentlich nie verstanden, wie wichtig dir das ist. Ich war schockiert, dass du für deinen Glauben so weit gehen würdest. Aber es hat mich nachdenklich gemacht.“

„Und was denkst du jetzt darüber?“, wollte ich wissen.

„Ich möchte einmal mit dir darüber reden. Ich möchte, dass du mir noch einmal von dem erzählst, der den Himmel und die Erde gemacht hat. Ich wünsche mir sehr, auch so glauben zu können wie du – falls mein Mann es erlaubt.“

Wir waren jetzt fast bei unserem Haus angelangt und ich konnte meine Aufregung kaum noch verbergen. „Lass uns etwas ausmachen. Wie wäre es morgen nach dem Abendessen? Meinst du, der Kader lässt dich zu uns zum Tee kommen?“

„Darf ich kommen? Ich dachte, du bist vielleicht böse, weil ich den Mann geheiratet habe, der dich in so große Schwierigkeiten gebracht hat.“

„Nein, ich bin nicht böse. Ich habe für euch beide gebetet. Du bist mit deinem Mann herzlich willkommen. Ich werde alle eure Fragen beantworten.“

Mit diesen Worten trennten wir uns. Ich wollte jetzt nur noch Vater und Großmutter wiedersehen.

Ich betrat den Hof, immer noch Hand in Hand mit Yatou. „Vater, Großmutter! Vater, Großmutter, ich bin wieder daheim!“, rief ich.

Großmutter erschien in der Tür. Sie warf die Hände hoch

und rannte humpelnd auf mich zu, um mich zu begrüßen. „Mei Lin, Mei Lin, meine Enkelin!“ Und zum ersten Mal in meinem Leben umarmte mich Großmutter. „Das ist der glücklichste Tag in meinem Leben. Ach, Mei Lin!“ Dann schien sie sich zu sammeln und ging einen Schritt zurück. „Geht es dir gut? Lass dich ansehen.“

Ich ließ den Kopf hängen und schämte mich für mein Aussehen.

„Ich sehe schon, du bist immer noch so schön wie eine Lotusblüte“, sagte Großmutter und hob mein Kinn hoch. „Nur gut füttern müssen wir dich.“

„Mei Lin! Bist du es?“

Ich drehte mich um und sah meinen Vater. Seine braune Haut glänzte vor Schweiß. „Vater!“ Mein Herz schlug wie wild, als ich ihn sah. Er rannte den Hügel hinab und ich genoss den Anblick seines starken Schrittes und seiner ausgestreckten Arme.

„Vater“, rief ich noch einmal. Innerhalb von Sekunden hatte er mich in seine Arme geschlossen.

„Meine kleine Mei Lin. Ich habe dich so vermisst. Gott sei Dank bist du in Sicherheit. Gott sei Dank.“ Wir umarmten uns, lachten und umarmten uns wieder. Ich fühlte, wie in seinen starken Armen alle Unsicherheit und Anspannung der vergangenen Monate wichen.

„Ach, Vater, Gott war so treu“, rief ich, während mir fast die Stimme versagte. Dann spürte ich, wie jemand an meinem T-Shirt zog, und wurde wieder an Yatou erinnert.

„Vater, das ist meine neue, kleine Freundin, Yatou. Und wir haben euch noch eine lange Geschichte zu erzählen.“

„Yatou? Ist das ... ein Mädchen?“

Yatou und ich sahen uns an und kicherten. „Ja, Vater. Ich werde es dir später erklären, aber das ist wirklich ein Mädchen.“

„Hallo, kleine Yatou. Willkommen in unserem Haus.“ Vater verbeugte sich und Yatou erwiderte schüchtern die Verbeugung.

Als wir ins Haus gehen wollten, sah ich, dass die Nachbarn in ihren Haustüren standen, uns beobachteten und den kleinen Fremdling und mich in unseren westlichen Kleidern neugierig anstarrten. Ein ganz neuer Mut erfüllte mich. Ich drehte mich zu ihnen und sagte: „Der Gott und Herr, der den Himmel und die Erde gemacht hat, ist treu. Er ist treu!"

Die Nachbarn sahen sich an und einige flüsterten miteinander.

Vater nahm mich an der Hand. „Komm, Kind. Du kannst später noch mit ihnen sprechen."

„Warte, Vater."

Die Leute standen immer noch da und starrten uns an. Sie hörten zu, und ich hatte ihnen etwas zu sagen.

„Derjenige, der den Himmel und die Erde gemacht hat, liebt euch. Sein Sohn Jesus starb für euch. Er hat mir geholfen. Er liebt euch." Ich sah ihre fragenden Blicke. „Bitte kommt morgen Abend zum Tee, dann werde ich euch mehr erzählen."

„Wir werden kommen, Tochter von Kwan So", sagte Herr Lang.

„Willkommen daheim, Mei Lin", sagte Frau Lang, „Willkommen in Tanching", ein anderer.

Ich lächelte und winkte ihnen zu. Noch nie hatte ich so viel Liebe für diese Menschen empfunden. Ich gab Yatou ein Zeichen, mit uns ins Haus zu gehen.

„Weißt du, Mei Lin, du predigst genauso wie einst deine Mutter." Vater fasste mich an den Schultern. „Du siehst dünn und blass aus."

Ich ließ den Kopf hängen. „Ja, ich weiß."

„Aber für mich warst du noch nie so schön wie jetzt."

„Vater ..." Ich lehnte mich an seine starke Brust. Einen Moment lang fühlte ich mich gar nicht mutig und stark. Mir war noch nicht einmal nach Predigen zumute. Ich war einfach nur erleichtert, daheim und in Sicherheit zu sein, in den starken Armen meines Vaters.

„Kommt, das Abendessen ist fertig", sagte Großmutter, die sich in unserer kleinen Küche zu schaffen machte. „Ihr beiden seht aus wie Bambusstäbe in amerikanischen Kleidern. So etwas gibt es bei uns nicht. Setzt euch!“

Ich lächelte Yatou an und zwinkerte ihr zu.

„Mei Lin! Mei Lin!“, rief jemand vom Hof.

Ich sprang auf und ging nach draußen. Es war Frau Chen. Ich umarmte sie herzlich.

„Frau Chen, woher wissen Sie, dass ich wieder zu Hause bin?“, fragte ich und hielt die Tränen zurück, die bei dem Gedanken an den grausamen Tod von Pastor Chen in mir hochstiegen.

„Ping hat es mir gesagt“, antwortete sie.

„Ich war furchtbar traurig, als ich vom Tod Ihres lieben Mannes hörte“, sagte ich. Aber ich kam mir bei diesen Worten ziemlich hilflos vor.

Die Witwe sah mich forschend an und sagte dann ganz ruhig: „Danke, Mei Lin. Du bist vielleicht die Einzige, die mir erzählen kann, wie es im Gefängnis wirklich zugeht. Wirst du mich bald einmal besuchen, damit wir miteinander reden können?“

„Das werde ich! Es ist auch noch ein anderer Prediger und Freund von mir da, der mit mir im gleichen Gefängnis war. Er und Pastor Zhang werden am Sonntag kommen.“

Frau Chen strahlte. „Ich freue mich so darauf, eure Berichte zu hören. Aber ich möchte auch unter vier Augen mit dir sprechen.“

„Sehr gerne“, antwortete ich. „Wo finden die Gottesdienste jetzt statt?“

„Wir treffen uns wieder in der alten Scheune.“

„Das ist unglaublich. Und Kader Fang weiß davon?“

„Er weiß es, aber tut so, als wüsste er nichts. Mei Lin, ich habe eine Nachricht für dich von Liko.“

Schnell faltete ich den Zettel auf: „Treffen wir uns heute Abend um sieben im Kuhstall?“

Ich zitterte innerlich. „Bitte sagen Sie Liko, dass ich kommen werde.“

* * *

Es dauerte eine Weile, bis ich Großmutter davon überzeugt hatte, dass ich im Moment nur Reis und ungewürztes Gemüse essen konnte. Während des Abendessens erzählte ich Vater und Großmutter in groben Zügen von meinen Erlebnissen im Gefängnis in Shanghai, von meiner Freilassung und wie ich Mutter Su und Yatou kennengelernt hatte. Ich wollte meine Heimkehr und unsere erste gemeinsame Mahlzeit nicht mit den Details der Geschichte belasten. Meine größte Sorge war Yatou.

„Vater, kann Yatou eine Weile bei uns wohnen?“, fragte ich. „Sie ist ein Waisenkind. Ich sage euch jetzt nicht, aus welcher Stadt und welchem Waisenhaus sie kommt. Das ist unwichtig. Sie wird niemals dorthin zurückkehren. Sie ist jetzt auch Christ, und ich werde versuchen, ein dauerhaftes Zuhause für sie zu finden. Am liebsten hätte ich sie bei uns.“

„Meine kleine Mei Lin, du steckst voller Überraschungen“, sagte Vater kopfschüttelnd. „Yatou, du kannst bei uns wohnen, solange es die Behörden erlauben.“

„Amah, würdest du dich ein wenig um Yatou kümmern? Ich möchte baden und wieder meine eigenen Kleider anziehen, bevor ich mich mit Liko treffe.“

„So, du bist ein Mädchen“, sagte Großmutter. „Nun, Yatou, willst du einmal unseren Fischteich sehen?“

„Mei Lin und ich haben im alten Shanghai Goldfische beobachtet. Und du hättest mal den großen Buddha dort sehen sollen. Mei Lin hat gesagt, dass er ein dicker, stummer, tauber Gott ist.“

Alle brachen in Gelächter aus, nicht einmal Großmutter war beleidigt.

„Yatou, verpetz mich nicht“, meinte ich scherzhaft. „Amah wird dir die Hühner, Enten und Fische zeigen, in Ordnung?“

„Mei Lin, morgen möchte ich noch mehr von deinen Erlebnissen im Gefängnis hören“, sagte Vater.

„Wir reden noch darüber.“ Ich stand auf und legte meine Arme von hinten um seinen Hals. „Ach, Vater, Gott war so treu!“

Sorgfältig versteckte ich mein kostbares Neues Testament unter meiner Matratze. Dann stieg ich in den hölzernen Badezuber, den Großmutter mir in unser Schlafzimmer gestellt hatte. Ich war außer mir vor Freude, dass Liko mich an unserem alten Treffpunkt wiedersehen wollte. Hastig zog ich meine karierte Bluse und meine alte Schulhose an. Es sah aus, als hingen die Kleider auf einer Bohnenstange. Ich kämmte meine Haare und frisierte mich, so gut es ging. Dann wollte ich den Badezuber ausleeren.

„Jetzt siehst du wieder wie die alte Mei Lin aus", sagte Großmutter, die herbeigeeilt kam, um mir zu helfen, den Zuber nach draußen zu tragen.

„Amah, sehe ich schrecklich aus?"

„Du bist dünn, mein Kind. Du weißt, dass ich dich nie anlügen würde. Aber mach dir keine Sorgen. Du wirst wieder zunehmen und deine Haare werden auch wieder kräftiger werden. Außerdem hast du ein Leuchten in den Augen und ein Strahlen auf deinem Gesicht, das dich sehr schön macht."

„Amah, meinst du das ernst?"

„Eines tue ich ganz bestimmt nicht, meine liebe Enkelin, und das ist lügen." Sie tätschelte meine Wange. „Geh jetzt zu ihm. Er hat schon fast ein Jahr auf diesen Tag gewartet."

„Wirklich? Bist du sicher?"

„Ganz sicher."

Die Sonne ging schon langsam unter. Ich drückte Großmutters Hand und lief den Hügel hinauf, durch die frisch umgegrabenen Gärten zum alten Kuhstall. Unsicher trat ich in den kleinen Schuppen und war froh, dass es drinnen dämmrig war.

„Mei Lin!"

Ich drehte mich um und sah Liko an. Er war noch größer und muskulöser als vor einem Jahr.

„Liko! Aber du weinst ja! Ich habe von deinem Vater gehört ..."

„Nein, es ist wegen dir, Mei Lin. Du bist wieder in Sicherheit! Ich bin so froh! Nachdem Vater auf so schreckliche Art gestorben ist ... habe ich die ganze Zeit gebetet.“ Liko stand mit hängenden Armen da, als wüsste er nicht recht, was er mit sich anfangen sollte.

Dann sagte er: „Bitte, kann ich ... darf ich dich in den Arm nehmen?“

Likos Tränen berührten mich im Innersten meiner Seele. „Ja“, flüsterte ich.

Er legte seine Arme um mich und zog mich an sich. Ich spürte, wie seine Brust bebte vor innerer Erregung. Ich hatte ganz vergessen, wie zartfühlend Liko war.

„Ich habe dich so vermisst, Liko. Pastor Zhang hat mir die Sache mit deinem Vater erzählt. Es tut mir so leid.“

„Ach, Mei Lin. Vater musste so viel leiden. Und ich weiß, dass du auch gelitten hast. Als ich erfuhr, was sie mit ihm gemacht hatten, hatte ich das Gefühl, dass mein Herz zerspringt. Und ich habe mich gefragt, ob ich dich wohl jemals wiedersehen würde. Nach seinem Tod quälten mich die Gedanken daran, was sie dir wohl alles angetan hatten. Ich muss dich in den Arm nehmen und spüren, dass du lebst.“

Ich klammerte mich an Liko und wünschte mir so sehr, ihn trösten zu können. Und ich brauchte es, dass er sich nach mir sehnte. „Ich hatte Angst, dass du mich vielleicht nicht mehr magst. Ich bin so dünn ...“

Liko hielt mich etwas von sich weg und legte seinen Finger auf meinen Mund. „Pssst. Sag so etwas nicht. Du bist *shiquan shimei*, perfekt und wunderschön. Deine Augen strahlen wie Lotusblüten in einem klaren Teich.“

Ich senkte den Kopf und versuchte, die Tränen zurückzuhalten. Meine Lippen zitterten. Aber Liko hob mein Kinn hoch und strich mir die Haare aus dem Gesicht. Plötzlich wünschte ich mir, dass er mich küsst. Ob er das gespürt hatte? Ich schloss die Augen und kam näher an sein Gesicht. Ich spürte seinen Atem auf meiner Wange. Seine Lippen strichen über meine Haare. „Darf ich?“, fragte er. „Oder muss ich immer noch warten?“

„Nein, nicht mehr“, flüsterte ich. Und dann berührten seine Lippen meinen Mund und er küsste mich sanft. Ich erwiderte den Kuss und genoss seine Zärtlichkeit.

Als seine Lippen sich von meinen lösten, sah er sehr ernst aus.

„Mei Lin, ich möchte dich heiraten. Ich möchte dich beschützen und dich lieben, für den Rest meines Lebens. Ich kann dir nicht viel bieten ..."

„Du kannst mir alles bieten, was ich brauche, Chen Liko. Dein Herz ist mehr wert als der Verdienst von zehn Ärzten. Und deshalb liebe ich dich."

„Meinst du das ernst?"

„Oh ja, sehr ernst", sagte ich und schlang meine Arme um ihn. Ich wünschte mir, er würde mich für immer festhalten.

„Dann macht dir mein neuer Beruf nichts aus?", fragte er.

Ich trat einen Schritt zurück und sah ihm forschend in die Augen. „Dein neuer Beruf?"

Liko grinste und ich sah wieder dieses wunderschöne, vertraute Zwinkern in seinen Augen. „Was hältst du davon, die Frau eines Pastors zu werden?"

„Heißt das ... du meinst ...?"

„Pastor Chen. Pastor Chen Liko. Ich hoffe, dass ich das genauso gut kann wie mein Vater."

„Liko, das hat mir noch keiner verraten. Pastor Zhang hat nur gesagt, dass Gott aus dem Bösen, das geschehen ist, etwas Gutes gemacht hat. Bist du tatsächlich der neue Pastor?"

„Ja, ich bin Pastor, ein sehr einsamer Pastor." Er grinste.

Ich lachte. „Nicht mehr, Pastor Chen Liko. Die Regierung wird uns erst erlauben zu heiraten, wenn ich einundzwanzig bin, aber dann wird Kwan Mei Lin stolze Missionarsfrau sein."

„Lass uns zu dem Felsen im Reisfeld gehen, Mei Lin. Von dort können wir den Sonnenuntergang beobachten und du kannst mir von deinen Erlebnissen im Gefängnis erzählen."

Ich griff nach seiner starken Hand und wir gingen hinauf zu dem Felsen, bei dem wir uns vor einem Jahr mit An versteckt hatten. Die Sonne malte rosa, violette und dunkelrote Streifen an den Himmel, während wir uns gegenseitig die schönen und tragischen Erlebnisse unseres vergangenen Jahres erzählten. Wir redeten, bis der Vollmond auf die goldgelben, reifen Reishalme schien.

Ich sah in Likos ausdrucksstarkes Gesicht. „Kader Fang tut zwar so, als wüsste er nichts von unseren Versammlungen, aber die Geheimpolizei wird mich wahrscheinlich bespitzeln."

„Ja, das machen sie immer", antwortete Liko nachdenklich.

„Liko, dein Vater und meine Mutter wurden erbarmungslos gefoltert und sind als Märtyrer für ihren Glauben gestorben."

Liko schwieg einen Moment lang. „Hast du Angst, dass uns das Gleiche passieren könnte?"

„Nicht nur das. Es gibt so viele Schwierigkeiten, die wir überwinden müssen. Wir dürfen erst in zwei oder drei Jahren heiraten und dann dürfen wir nur ein Kind bekommen. Dann ist da noch die Frage, was aus Yatou wird. Habe ich dir schon erzählt, dass ich gerne noch einmal in das Waisenhaus bei WuMa gehen möchte, um diesen armen Mädchen irgendwie zu helfen?"

Liko lächelte. „Ja, du hast mir jetzt bestimmt schon ein Dutzend Mal erzählt, dass du dorthin zurückgehen möchtest." Er wollte mich necken, aber dann wurde er ernst. „Ja, es gibt Probleme, viele Probleme. Das scheint zum Leben dazuzugehören, wenn man in China auf die Welt kommt."

„Ja und noch mehr, wenn man in China als Mädchen auf die Welt kommt. Du hättest diese süßen Waisenmädchen sehen sollen, die einen so hohen Preis dafür bezahlen, dass sie Mädchen sind."

Liko blickte über die Reisfelder hinweg und zeigte in die Ferne. „Siehst du, wie die Reisfelder in Terrassen den Hügel dort hinaufsteigen?"

„Ja."

„Unsere Verlobung ist der erste Schritt, Mei Lin, so wie das Reisfeld, auf dem wir jetzt stehen. Gott wird uns Tag für Tag, Monat für Monat und Jahr für Jahr führen, einen Schritt nach dem anderen. Und bevor wir es merken, sind wir oben auf dem Hügel und schauen zurück auf die Stufen, die uns dorthin gebracht haben."

Ich lächelte und musste an unsere Wettrennen denken, die wir am Hügel hinter unserem Haus durchführten, als wir noch klein waren.

Liko sah mich forschend an. „Was ist?", fragte er. „Weshalb lächelst du?"

„Rennen wir noch einmal den Hügel hoch?", fragte ich und sah ihn an, um zu sehen, ob er sich noch daran erinnerte.

Liko grinste. „Vielleicht. Nur diesmal treten wir nicht gegeneinander, sondern als Team an."

Ich rückte näher an ihn heran und kuschelte mich an seinen Arm, um warm zu bleiben. „Ein Team", wiederholte ich, „das alles daransetzt weiterzukommen, egal, wie schwierig der nächste Schritt auch sein mag."

Eine Zeit lang saßen wir schweigend da. Ich führte mir das Ausmaß dessen, was da vor uns lag, vor Augen.

Dann hob ich meinen Blick zum tiefschwarzen Himmel und sprach mit dem, der den Himmel und die Erde gemacht hat. „Hilf uns, Herr, geh mit uns den Hügel hinauf."

Anmerkungen und Danksagung

Ich möchte denjenigen danken, die zu den Fakten dieses Buches beigetragen haben durch

1. Veröffentlichungen

„The Coming Influence of China“ (Chinas zukünftiger Einfluss) von Carl Lawrence und David Wang

„In the Lion's Den“ (In der Löwengrube) von Nina Shea

„Their Blood Cries Out“ (Ihr Blut schreit zum Himmel) von Paul Marshall und Lela Gilbert

„Death by Default: A Policy of Fatal Neglect in China's State Orphanages“ (Chinas staatliche Waisenhäuser und die Politik der Vernachlässigung mit Todesfolge), herausgegeben von der Menschenrechtsbewegung *Human Rights Watch Asia*

„Broken Earth: The Rural Chinese“ (Kaputte Erde: Chinas ländliche Gegenden) von Steven W. Mosher

„A Mother's Ordeal: One Woman's Fight Against China's One-Child Policy“ (Martyrium einer Mutter: Der Kampf einer Frau gegen Chinas Ein-Kind-Gesetz) von Steven W. Mosher

2. Videos und Dokumentarfilme

„China Cry“ (Aufschrei in China)

„Bamboo in Winter“ (Bambus im Winter)

Life-Today-Fernsehsendungen mit dem Titel „China's Orphans“(Chinas Waisen), 1995, 1996

„Return to the Dying Rooms" (Rückkehr in die Sterbezimmer), Dokumentarfilm von *True Vision Productions*

3. Organisationen, die Fakten über verfolgte Christen lieferten

amnesty international
Das Zentrum für Religionsfreiheit von Freedom House
Christian Freedom International
Christian Rescue Committee
Christian Solidarity Worldwide
International Christian Concern
Open Doors (Bruder Andrew)
Population Research Institute
Stimme der Märtyrer

Der Fernseher lief, während ich beim Putzen war. Was ich sah, war der Alptraum jeder Mutter. *Life Outreach International* zeigte Bilder von Krabbelkindern, die auf ihren Toilettenstühlchen angebunden waren und mit ausgestreckten Armen darauf warteten, in den Arm genommen zu werden. Bis zu vier oder fünf Säuglinge langen dicht gedrängt in einem Bettchen. Fliegen saßen auf den offenen Stellen in ihren kleinen Gesichtern. In einem anderen Raum lagen kranke und sterbende Kinder wie hingeworfene Putzlumpen auf dem blanken Boden. Ich hatte das Gefühl, dass jedes einzelne Kind mir seine Arme entgegenstreckte, um mich in seine Welt zu holen und um sie zu schmecken, zu hören, zu sehen, zu fühlen und zu riechen.

Dann schwenkte die Kamera auf einen großen Pappkarton auf dem Boden: Das Neugeborene darin hatte man gerade auf der Treppe des Waisenhauses gefunden.

„Chinas Ein-Kind-Gesetz“, lautete der Kommentar. Ich musste etwas unternehmen – ich „unternahm“ dieses Buch.

Ich rief den Missionsleiter von *Life Outreach International*, Phil Caldwell, an und stellte ihm einige Fragen. Ein Hinweis führte zum nächsten, bis ich Menschen entdeckte, von denen ich bis dahin noch nie gehört hatte: die verfolgten Christen in China.

Ich schulde denen Dank, die mit ihrer Zeit und ihrer Kenntnis der Situation bereitwillig zu den Fakten, auf denen dieses Buch basiert, beigetragen haben. Paul Marshall, Steven Mosher, Steve Snyder, Phil Caldwell, Jim Jacobson, Randy C., Wina, Jun und die kleine Hope sind nur einige der Personen, die mir unschätzbar wertvolle Erkenntnisse, Ermutigung, Kritik und Kraft gegeben haben.

Meine größte Wertschätzung und Dankbarkeit gilt denjenigen, die mich gebeten haben, ihre Namen nicht zu erwähnen. Sie sind meine wahren Helden.

Mein Dank gilt auch Elizabeth Sherman, Sherry Mitchell und L. B. Norton, die Stunden damit verbracht haben, das Manuskript für dieses Buch zu lektorieren, bis es druckreif war.

Meine besten Wünsche gehen auch an Dave Norton, Teresa Fogarty, Brett Benson und das Verlagsteam von Bethany House – ihr seid großartig!

Ich möchte denen danken, die mich beim Schreiben begleitet haben: meinem Mentor Dandi Daley Mackall und Marlene Bagnull, die mich als Erste zur Veröffentlichung des Manuskriptes gedrängt hat.

Außerdem: ein „High Five“ an Steve Laube und Pat Judd!

Dank auch an Carol Johnson, die nicht nur die Frauen in China unterstützt, sondern auch ein Herz für andere Völker hat.

Ich danke meinen Freunden, die mich in meiner Leidenschaft für China unterstützt haben. Das waren Diddie, Diney,

Cin, Etta, Giovanna, Glenn, Grace, Janet, Jim, Kathy, Louise, Latinya, Marie, Mama und Papa, Sally, Selena, Shirley. Ich muss zugeben, dass ich mich einige Male vor meinen beiden freiwilligen Computerspezialisten Steve und Dennis verneigt habe, die mir bei viel mehr Abstürzen und Problemen geholfen haben, als mir noch im Gedächtnis sind.

Steve, ich werde nie vergessen, wie dein Auto über den Parkplatz gerollt ist, während du im Computergeschäft warst und mir ein neues Motherboard gekauft hast. Danke für deine Rettungsaktionen!

Obwohl es die Sendung von *Life Outreach International* über die Waisenkinder Chinas war, die mich zum Handeln veranlasst hat, wurde mir die Liebe zu China schon als kleines Kind von meiner Mutter ins Herz gelegt. Sie erzählte mir all die Geschichten der großen Asien-Missionare wie Adoniram Judson, John und Betty Stam und Hudson Taylor. Als Teenager gab mir mein Vater die packenden Biografien mutiger China-Missionare und die Bücher Watchman Nees zu lesen und ließ damit die Saat aufgehen, die meine Mutter ausgestreut hatte. Ich habe ein reiches Erbe und hoffe, dass ich es mit Gottes Gnade auch meinen Kindern und Kindeskindern weitergeben kann. Ich danke euch, Mama und Papa.

Ein ganz herzliches Dankeschön gilt meinem Mann, Scott, der sich meine unzähligen Versionen des ersten Kapitels anhören musste, der meine Vision für dieses Buch unterstützt hat und zu Hause immer wieder „die Stellung gehalten hat", damit ich Zeit hatte zu schreiben.

Für alle Zeiten stehe ich in der Schuld dessen, „der den Himmel und die Erde gemacht hat" – dafür, dass er mir gezeigt hat, was er in China tut, und es mir möglich gemacht hat, darüber zu schreiben.

Wenn auch Sie „etwas unternehmen" wollen, besuchen Sie die Internetseite der Autorin www.seehope.com. Dort finden Sie weitere Informationen über China.